新しい教職教育講座 教職教育編 ③

原 清治／春日井敏之／篠原正典／森田真樹 [監修]

教育社会学

原 清治／山内乾史 [編著]

ミネルヴァ書房

新しい教職教育講座

監修のことば

　現在，学校教育は大きな転換点，分岐点に立たされているようにみえます。

　見方・考え方の育成を重視する授業への転換，ICT教育や特別支援教育の拡充，増加する児童生徒のいじめや不登校への適切な指導支援，チーム学校や社会に開かれた教育課程を実現する新しい学校像の模索など。切れ間なく提起される諸政策を一見すると，学校や教師にとって混迷の時代に突入しているようにも感じられます。

　しかし，それは見方を変えれば，教師や学校が築き上げてきた地道な教育実践を土台にしながら，これまでの取組みやボーダーを超え，新たな教育を生み出す可能性を大いに秘めたイノベーティブな時代の到来ともいえるのではないでしょうか。教師の進むべき方向性を見定める正確なマップやコンパスがあれば，学校や教師の新たな地平を拓くことは十分に可能です。

　『新しい教職教育講座』は，教師を目指す学生や若手教員を意識したテキストシリーズであり，主に小中学校を対象とした「教職教育編」全13巻と，小学校を対象とした「教科教育編」全10巻から構成されています。

　世の中に教育，学校，教師に関する膨大な情報が溢れる時代にあって，学生や若手教員が基礎的知識や最新情報を集め整理することは容易ではありません。そこで，本シリーズでは，2017（平成29）年に告示された新学習指導要領や，今後の教員養成で重要な役割を果たす教職課程コアカリキュラムにも対応した基礎的知識や最新事情を，平易な表現でコンパクトに整理することに心がけました。

　また，各巻は，13章程度の構成とし，大学の授業での活用のしやすさに配慮するとともに，学習者の主体的な学びを促す工夫も加えています。難解で複雑な内容をやさしく解説しながら，教職を学ぶ学習者には格好のシリーズとなっています。同時に，経験豊かな教員にとっても，理論と実践をつなげながら，自身の教育実践を問い直し意味づけていくための視点が多く含まれた読み応えのある内容となっています。

　本シリーズが，教育，学校，教職，そして子どもたちの未来と可能性を信じながら，学校の新たな地平を拓いていこうとする教師にとって，今後の方向性を見定めるマップやコンパスとしての役割を果たしていくことができれば幸いです。

監修　原　　清　治（佛教大学）

春日井敏之（立命館大学）

篠　原　正　典（佛教大学）

森　田　真　樹（立命館大学）

は じ め に

　本書は，大学の教職課程において教育社会学を学ぶ人々のために編まれたものである。教育社会学は規範的な学問分野ではなく，学校で起こる様々な事象を機能的に分析することを得意とする学問分野である。

　教育社会学には二面性がある。一方には，ミクロな，学校現場や家庭に密着した，いわゆる「学校臨床社会学」的な領域がある。本書にも学校臨床社会学的な視点からの章が多く収録されており，その代表が編者，原清治によるいじめ問題の考察である。他方には，マクロな，社会構造と学校教育との関連を考察する領域がある。その代表がもう一人の編者，山内乾史による学歴社会の考察である。

　本書は教員を志す方を対象に編まれたものであるから，教員になる上で教育社会学を学ぶことがどのような意義をもつのかを十分考慮しながら，両者のバランスに配慮しつつ，現在，教育社会学で論じられている重要な領域を広く取り上げたものである。教育社会学に限らず，教育を社会科学的に捉える学問分野，たとえば，教育行政学，教育経済学，教育経営学などは，社会構造との連関を論じる鳥瞰的な視座をもつ学問領域である。教育社会学もその仲間である。しかし，教育社会学が他の社会科学的な教育研究の学問分野と異なる点は，学校臨床社会学のように現場に密着した虫瞰的な視座をも併せもつ点である。研究対象との距離を自在に変化させ，研究の手法を必要に応じて選択しえるのが教育社会学である。本書によって，あるときには大きく社会構造の視点から，またあるときには現場に密着した臨床的な視点から，教育を機能的に捉える能力を身に付けることができるようになるのではないかと考える。この両面を合わせて学ぶことで得られるものは，教員になった後もきっと大いに役立つものと信じる。

　　　　　　　　　　　　　　　執筆者を代表して　原　　清治

　　　　　　　　　　　　　　　　　　　　　　　山内乾史

目 次

はじめに

第1章　学歴社会の基本理念……………………………………………… 1
　　　　　──学歴社会と学力（1）

　1　急速な高学歴化…………………………………………………… 1

　2　学歴社会を支える理念とその条件……………………………… 3

　3　身分社会から学歴社会へと転換するための条件 ……………… 4

　4　学歴の諸側面 ……………………………………………………… 5

　5　日本はどのようにして〈学歴社会＝能力（業績）社会〉へと
　　　転換したのか……………………………………………………… 8

　6　職業的地位を学歴に応じて配分する具体的な過程について ……… 14

第2章　エリートの近代化……………………………………………… 19
　　　　　──学歴社会と学力（2）

　1　学歴社会の経済的側面 …………………………………………… 19

　2　日本社会におけるエリートの構成と変遷 ……………………… 22

　3　学歴社会は能力（業績）社会なのか …………………………… 29

第3章　学力論の展開…………………………………………………… 36
　　　　　──学歴社会と学力（3）

　1　「学力低下」論の構造 …………………………………………… 36

　2　日本の学歴社会の展望 …………………………………………… 46

第4章　学校で起こる問題を捉える視点……………………………… 51
　　　　　──ネットいじめの実態を通して

　1　「ぼっち」化する若者と「つながる力」 ……………………… 51

iii

2 現代の子どもたちを取り巻く「息苦しさ」……………………………… 52

3 島宇宙とマスク文化──つながりをあおられる子どもたちのリスク回避……… 53

4 大規模調査からみる高校生のネットいじめの実態 ……………………… 55

5 学力とネットいじめの関係 …………………………………………… 56

6 価値観や文化の葛藤が生じやすい学校という場 ……………………… 58

7 ネットいじめを抑止するために ……………………………………… 60

第5章　子どもの貧困と教育支援 …………………………………… 64

1 日本における子どもの貧困の実態 …………………………………… 64

2 貧困とは何か ………………………………………………………… 66

3 貧困の帰結としての重複する不利とその要因 ……………………… 69

4 子どもの貧困対策としての学校のプラットフォーム化 ……………… 71

5 子どもの貧困対策と教育支援 ……………………………………… 73

第6章　少年非行と教師の関わり ……………………………………… 80

1 日本における少年非行の現状 ……………………………………… 80

2 少年非行に対する社会学的アプローチ ……………………………… 82

3 児童生徒の規範意識と教師の関係 …………………………………… 91

4 今後の少年非行とその指導・支援 …………………………………… 94

第7章　リスク社会における教育格差問題 ……………………………… 96

1 リスク社会の進展 …………………………………………………… 96

2 教育をめぐる格差問題 ……………………………………………… 99

3 日本社会における教育費負担の考え方 ……………………………… 102

4 変化の激しい社会を生き抜くための学力形成 ……………………… 105

5 子どものリスクとしての貧困問題と学力保障 ……………………… 108

第8章　マイノリティの学力問題 ……………………………………… 113

1 いまのあなたの実力は，あなたそのものではない ………………… 113

2 学力問題を捉える視点 …………………………………………………… 114

3 学校の挑戦 ……………………………………………………………………… 120

4 頑張る学校のジレンマ ……………………………………………………… 124

第9章　学校危機管理 ……………………………………………………………… 129

1 リスクと危機管理 …………………………………………………………… 129

2 学校危機管理＝学校安全の基本的考え方 ……………………………… 131

3 事例から考える学校安全危機管理——災害安全に着目して ………… 136

4 学校ぐるみ，地域ぐるみによる安全の実現 …………………………… 143

第10章　学校における多職種協働と教員の役割 ………………………… 146
——生徒指導に注目して

1 生徒指導に関わる職種の多様化 ………………………………………… 146

2 多職種の配置による教員の役割の変化 ………………………………… 151

3 協働のために何をすればよいのか ……………………………………… 157

第11章　地域社会と教育 ……………………………………………………………… 163

1 教育を取り巻く様々な思想 ……………………………………………… 163

2 地域の教育力 ………………………………………………………………… 164

3 地域で支える学校づくり …………………………………………………… 172

第12章　子どもの成長を支える「地域の教育力」とは ……………… 179
——子どもと地域の大人のつながりがもつ教育効果の分析

1 いま，なぜ地域の教育力に注目するのか ……………………………… 179

2 地域社会が果たす教育上の役割とその変容 …………………………… 181

3 子どもを取り巻くつながりがもつ教育効果の検証 ………………… 184

4 地域の教育力の分析とその知見 ………………………………………… 185

5 子どもが地域の大人から得る「栄養分」 ……………………………… 192

第13章　ジェンダーと教育 ……………………………………………………194

1 教育の分野におけるジェンダー・ギャップ …………………………………194

2 教育制度に埋め込まれていたジェンダー ………………………………………199

3 学校文化とジェンダーの再生産機能 ……………………………………………202

4 ジェンダーの多層性とセクシュアリティの複雑性への視点 …………205

第14章　カリキュラム改革の社会学………………………………………210

1 授業が変わる　入試も変わる ……………………………………………………210

2 理想の教育活動や授業からカリキュラム改革を考える ……………………212

3 カリキュラム・マネジメントと学校責任論の強化 …………………………215

4 家庭環境による学力や学習意欲の格差と家庭責任論の強化 …………217

5 カリキュラム改革と教師の役割………………………………………………221

索　引　224

第1章 学歴社会の基本理念
——学歴社会と学力（1）

この章で学ぶこと

　かつて，マーチン・トロウという高等教育の研究者は，高等教育の発展段階をエリート段階，マス段階，ユニバーサル段階の3つに分けた。エリート段階とは進学率15％以下の段階，マス段階とは15～50％の段階，ユニバーサル段階とは50％以上の段階である。日本の高等教育進学率は専修学校を含めると80％近くに達し，ユニバーサル段階を迎えている。しかも，高等教育の中でも四年制大学進学者が増加し，大学院進学者も増加している。

　なぜ，こんなに多くの人々が学校教育にむかうのだろうか。そこにどういう個人的なニーズがあり，そして，どういう社会的な需要があるのだろうか。この問題を考えるための材料を本章では提示したい。

1　急速な高学歴化

（1）高学歴社会日本

　日本は世界的にみても，アメリカ合衆国，カナダとならんでかなり高学歴者の多い国である。2018（平成30）年の時点でみると，幼稚園就園率は44.6％，認定こども園就園率は11.9％，義務教育就学率は99.95％，高等学校等への進学率は98.8％（含む高等専門学校），大学・短期大学等への進学率は57.9％，大学院への進学率は10.6％となっている。さらに，高等学校卒業者の専修学校（専門課程）への進学率は16.0％である。すなわち，大学・短期大学，高等専門学校に加えて，専修学校（専門課程）も高等教育と考えれば，同世代の約74％が何らかの高等教育を受けていることになるのである。また，これらの周辺に存在する教育産業も大きく成長しており，GDP に占める比率も無視できない。

「教育大国」という表現もあながち誇張ではないわけである。比較的知られていない事実であるが，人口1億人を超える経済的な先進国はアメリカ合衆国と日本の2国しかないのである。この2国がそろって高学歴化が最も進展しているというところに国家の経済的発展と教育の発展との連関を読みとることもできるだろう。

　いずれにせよ，この状況にあっては，もはや高等学校まで進学することについては，権利ではなく義務にさえなっている。また高等学校中退率は，受け皿となる私立通信制高等学校の相次ぐ設置によって1.5％程度にまで減少し，高等学校卒業も以前にもまして当然のことになっている。さらに高等教育を受けることについても，上層階層の子女の特権であろうはずはなく，むしろ当然のこととさえ受け止められるようになっている。とくに近年の18歳人口の減少は，進学率の上昇傾向に拍車をかけている。また前世紀末から今世紀初頭にかけて相次いだ短期大学の四年制大学化の動向のため，高等教育の中でも四年制大学への進学率が急速に伸びている。さらに，つい先年まで一般にはなじみの薄かった大学院が，理工系，医療系のみならず人文系や社会系においてさえも，いまや学歴の一つとして認知され，進学率も10％を超えるようになっている。

（2）本章の焦点

　もちろん，多くの人々がより高度な教育を受けることそれ自体は歓迎されるべきことである。そして，学校教育を受けることによって個々人に与えられる学歴なるものが，本人の能力＝業績を表すものであるとすれば，学歴を基準にして様々な社会的・職業的地位が配分される，いわゆる「学歴社会」も問題はないということになるだろう。しかし，現実の社会をみると，そこには日本型学歴社会の問題ともいうべきものが山積していることに気づく。本章では，総論として，学歴社会はどのような経緯で登場し，どのように展開したのか，さらに，具体的にどのような問題が発生しているのか，その原因はどこにあるのか，いったい学歴社会はどうなるのか，などについて論じることとしたい。

第1章　学歴社会の基本理念

2　学歴社会を支える理念とその条件

（1）学歴社会とは

　学歴社会とは，社会における社会的・職業的地位などの配分の基準として学歴が重きを占める社会であると考えられる。やや乱暴にまとめれば，江戸期以前は，親の職業が子どもの職業を（その能力＝業績のいかんにかかわらず）ほぼ決定していた。つまり武士の子どもは武士に，農民の子どもは農民になることがほぼ決まっていたのである。もちろん，出世という概念がなかったわけではない。しかし，それは「分限思想」と呼ばれ，武士なら武士といった身分内での出世を指すものであり，身分間の移動を指すものではなかった。少なからぬ例外はあるものの，いわゆる身分社会が江戸期以前には根づいていたわけである。

　しかし，親の職業にかかわらず，その能力＝業績に応じて，社会的・職業的地位の配分がなされるシステムへの移行を近代学校教育制度は促すものと考えられるし，むしろそういうシステムとして明治政府が積極的に利用したと考えられる。

（2）学歴社会の起源

　明治政府がスタートした時点で，欧米に比べて日本は2世代分（つまり，60年間）近代化が遅れていたといわれている。この遅れを取り戻すべく，欧米に追いつくという国家的な目標はきわめてはっきりしていた。この目標を具体的にいえば，周知のとおり「富国強兵」ということに落ち着く。この場合，「富国」は国家の経済的発展を意味し，それは文官，とりわけ政治家・官僚によって主導され，一方「強兵」は国家の軍事的発展を意味し，武官（つまり軍人）によって主導される。したがって，優れた高級官僚と高級将校の計画的育成が差し当たり重要な課題であったわけである。この国家的な目標の達成にとって，学校教育をとおした人材発掘・育成の方法は実に効率的な手段であったわけである。

3

ただし，後にみるように，いわゆる学歴社会が，現在のような大衆化した教育社会となったのは，ごく最近のことに過ぎない。したがって，学歴社会と一言にいっても，取り扱う時代によってその含意が異なることには注意を要する。

ここでは，ひとまず，学歴社会が能力（業績）社会であるという前提にたって，議論を進めてみたい。もちろん，〈学歴社会＝能力（業績）社会〉とすることは多くの問題をはらんでいる。そして，それこそが日本型学歴社会の根本にあるものである。それについては後ほど述べることとしたい。

3 身分社会から学歴社会へと転換するための条件

さて，もちろん，仮に〈学歴社会＝能力（業績）社会〉であるとしても，近代学校教育制度の発足をもって，ただちに身分社会から〈学歴社会＝能力（業績）社会〉へと転換するわけではない。今田高俊によれば，転換するためには３つの条件が必要である（今田，1983，21～26頁）。

第一に，国民諸階層の多くの子女が学校教育に参加することが重要である。特定階層の子女しか学校教育を受けられないのであれば，身分社会と変わらないからである。つまり，国民に広く教育機会を開くことが必要なのである。これは「機会均等化」という概念で表現されている。

第二に，学歴というものを社会が十分に評価していなければならない。企業や官庁に採用される際に，あるいは昇進の際に，学歴が何ら影響力をもたないというのでは，〈学歴社会＝能力（業績）社会〉への転換が起こりうるはずはない。学歴はその人の能力＝業績を表す指標であり，したがって学歴を主たる基準として採否を決定するという認識とシステムが社会に広く存在する必要がある。つまり，社会全体の「能力（業績）主義化」が必要なのである。

第三に，〈学歴社会＝能力（業績）社会〉に転換したとしても，その社会がもとの身分社会よりも優れた発展的な社会であるというのでなければ，転換の意味はあまりないということになってしまう。したがって，〈学歴社会＝能力（業績）社会〉は身分社会よりも発展的な社会である必要がある。そして逆に，

第1章　学歴社会の基本理念

仮に〈学歴社会＝能力（業績）社会〉が発展しているというのであれば，その結果ますます高水準の知識・技術をもつ人材が必要とされるようになるはずである。つまり，必然的に「高学歴化」が進行することになると考えられる。

　この「機会均等化」「能力（業績）主義化」「高学歴化」が〈学歴社会＝能力（業績）社会〉を進展させる3つの条件である。この3つの条件が整って初めて，身分社会から〈学歴社会＝能力（業績）社会〉への転換がスムーズに起こると考えられるのである。

［4］　学歴の諸側面

（1）学歴の何が評価されるのか

　さて，社会学・教育社会学の立場からは，人々が学歴を評価する場合には，3つの要素があると考えられる。

　第一に，きわめて漠然とした世俗的評価である。これは，世間一般でいわれる，受験偏差値だの，大企業就職率だのといったものさしに基づいて，漠然と存在している学歴の格付けである。これは学歴を「タテの学歴」（高卒，大卒等）としてばかりではなく，「ヨコの学歴」，すなわち「学校歴」として考えるということである。ただし，これに関しては，地域によるバリエーションがあろう。すなわち，どの地域をみても地元の学校が他の地域の学校よりも高く評価される傾向があるということである。たとえば，木村和久の『平成ノ歩き方①』に出てくるバブル期の「使い分け交際」というものは，「結婚するなら東大，恋人は慶大，友達は早稲田，引っ越しは法政」と関東の女子大生の間でよくいわれたフレーズで知られる（木村，1992）。これなどは「きわめて漠然とした社会的評価」の一例であろう。

　第二に，学校の文化的価値あるいは象徴的価値に基づいた，ブランドとしての評価である。これも「学校歴」として考えるということである。ある種の学歴は，仮に実質的に就職などの場面につながらなくとも，そういった面での序列とはまったく独立した価値をもっている。つまり，学歴が職業的技術・技

5

能・知識に限らず，その人の文化的背景を表現するものとして，出身階層や教養・知的水準を表現するものとして，捉えられることがある。たとえば，私立ミッション・スクールの「○○学院大学卒業」とか，「××女学院大学卒業」とかいった肩書きの中には，良家の子女であるということを暗示する一種のブランドとして通用しているものが少なからずある。こういう肩書きは就職の場面などよりも，交友関係や結婚の場面などで威力を発揮するのであろう。

図1-1は柴門ふみの

図1-1 『女ともだち』

出典：柴門（1985）131頁。

『女ともだち③』に出てくるものである（柴門, 1985, 131頁）。「役満（麻雀での最高の上がり方）」として示されるコマはブランドとしての学歴の例といえよう。

第三に学歴の機能的価値に基づいた評価である。つまり，より高度な学歴をもつということは，ある種の高度な能力をもっていることを示すという考え方である。この側面は学歴の実質的な側面であり，あまり説明を要しないであろう。

（2）制度的な担保と動機づけ

さて，学歴はこの3つの側面を織り込んで，〈学歴社会＝能力（業績）社会〉

において評価されていくのであるが，その評価が意図的につくられる場合がある。たとえば，企業や官庁において，学歴によって採否，初任給，昇進のスピード，昇進の可能性に差をつける場合，あるいは，ある特定の学歴をもつ者にだけ特権を認める場合がそれである。「ある特定の学歴をもつ者にだけ特権を認める場合」とは，たとえば，かつての東京帝国大学法学部出身者は高等文官（現在では国家公務員試験I種合格のキャリア官僚に当たる）に任用される際，優遇されたとか，卒業後自動的に弁護士になれたなど，社会的地位が非常に高いとされる職業につくための「特急券」が用意されている場合である。この場合，意図的・制度的に学歴の評価がつくり出されているということになるのである。

〈学歴社会＝能力（業績）社会〉の浸透を図るために，初期段階でまず必要なことは，最高の学歴を獲得した者に最高の社会的地位，すなわちエリートの地位を保証することである。そして，このエリートの地位につく「特急券」を誰でもが努力によって手にすることができるという「夢」を与えることである。「丸太小屋からホワイトハウスへ」式の，貧しい階層の出身者がエリートに到達したというサクセス・ストーリーがそこで必要とされるのである。もちろん，「夢」が「夢」にとどまらず，現実に努力すれば自分の手の届くところにあるものと認識される必要がある。

一言でいえば，制度的な担保が必要であるばかりでなく，同時に個々の構成員をその制度にむかわせる動機づけが必要なのである。それは，明治時代の日本の場合には，「立身出世」という言葉で集約される。「誰でも頑張れば偉くなれる」「末は博士か大臣か」などの掛詞のもとに，国民は学歴取得競争へと駆り出されていったのである。一般に業績主義とはIQ＋努力とされているが，日本の場合は努力の重要性が強調される傾向にある。したがって「頑張る」ことが肝心であり，刻苦勉励が奨励されてきた。この業績観が，大衆化した受験社会の競争を加熱気味にさせた一因であろう。前世紀末にみられた学級崩壊・学校崩壊などの現象は，こういったサクセス・ストーリーが一部にせよ綻んできていることを示すものであったのである。

（3）学歴の多面性

　ところで、「学歴社会とは何か」と問われたときに、様々なレベル、様々な領域からの回答が可能である。本節で述べてきたことは、人がその学歴によって、社会からどのように、何を評価されるのか、という側面についての議論である。しかし、こういった社会学的な側面からだけではなく、たとえば、心理学的な側面からも説明は可能である。この場合、「学歴主義、学歴社会とは何か」という問いとそれに対する答えは、次のように考えることができる。つまり、「一体あなたは何なのか、どういう人間なのか」という問いが発せられ、それに対して、人は「自分は○○の生まれで、◎◎を父親とし、△△を母親とし、□□で育って……」と答えるであろう。その中で、学歴というものがどの程度のウエイトを占めることになるのか、それこそが、その人の学歴主義、学歴社会に対する認識と密接に関わってくるわけである。やや乱暴に総括すれば、学歴へのアイデンティティということである。

　このように多方面から学歴主義、学歴社会へのアプローチは可能なのであって、ある特定の側面だけをみて学歴主義の昂進とか、学歴社会の終焉とかというのは、やや早計である。ただ日本の近代化との関連においては、学歴主義、学歴社会の最も重要な点が、人材の選抜・配分であったことは間違いない。

5　日本はどのようにして〈学歴社会＝能力（業績）社会〉へと転換したのか

（1）転換のスピード

　明治時代以降の日本において、身分社会から〈学歴社会＝能力（業績）社会〉への転換はどのようなスピードで展開したのだろうか。それを知るための有効な手だては3つあると考えられる。

　第一に、就学率がどのように変化したのかを検討することである（図1-2を参照）。初等教育（義務教育）・中等教育・高等教育のすべてのレベルで就学率が急速に上昇していることが明らかである。

第1章　学歴社会の基本理念

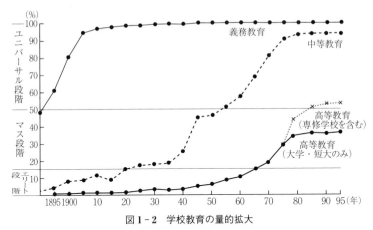

図1-2　学校教育の量的拡大

注：義務教育：義務教育学齢人口に対する就学者数の比率（就学率）。
　　中等教育：1947年以前は、小学校卒業者のうち、旧制中学校、高等女学校、実業学校
　　　　　　（甲種）および師範学校（第1部）の各本科へ進学した者の割合。
　　　　　　1948年以降は、新制中学校卒業者のうち高等学校へ進学した者の割合（進学率）。
　　高等教育：当該年齢人口のうち在学者の占める割合（在学率）。
資料：文部省編（1962）『日本の成長と教育』、『教育指標の国際比較』（各年度版）および
　　　『文部統計要覧』（1997年版）。
出典：天野・藤川・苅谷（1998）37頁より。

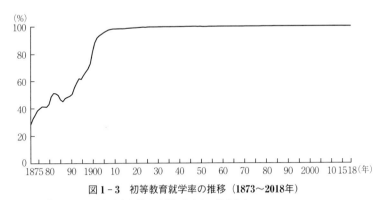

図1-3　初等教育就学率の推移（1873～2018年）
出典：『学校基本調査報告書』（各年度版）をもとに筆者作成。

　まず初等教育の就学率（図1-3）については、1905（明治38）年にはすでに90％を超えており、中等教育（新制高等学校）の進学率（図1-4）についても、1975（昭和50）年に90％を超えている。高等教育の進学率（図1-5）について

9

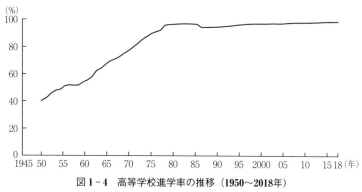

図1-4　高等学校進学率の推移（1950～2018年）
出典：『学校基本調査報告書』（各年度版）をもとに筆者作成。

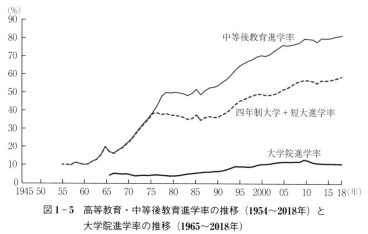

図1-5　高等教育・中等後教育進学率の推移（1954～2018年）と
大学院進学率の推移（1965～2018年）
出典：『学校基本調査報告書』（各年度版）をもとに筆者作成。

も，いまや60％近くが大学・短期大学に進学する時代なのである。

　第二に，学歴と出身階層との関係がどのように変化したのかを検討することである。就学率がいくら急速に上昇しようとも，先述の機会均等化が図られねば〈学歴社会＝能力（業績）社会〉へと転換したとはいえない。社会階層と教育機会の問題は，教育社会学においては古くからオーソドックスなテーマとして研究が積み重ねられてきた。しかし，近年はプライバシーの問題や調査経費の高騰などの理由もあり，あまり行われなくなっている。その中で，菊池城司

によれば，戦後40年間については，社会階層の格差を維持しながら全体の高学歴化が達成されてきたが，それはむしろ，進学に不利とされる社会階層が産業構造の変動に伴い縮小して，他方，進学に有利とされる社会階層が拡大した結果，高学歴化が達成されたということである（菊池，1990，7頁）。また，荒牧草平が2005（平成17）年の SSM 調査（The national survey of Social Stratification and social Mobility：日本社会学会が1955年以降10年ごとに実施している社会階層と社会移動に関する全国大規模調査）に基づき指摘するように，高学歴化が進行するにつれ階層間格差が縮小したという研究，維持されたという研究，拡大したという研究のそれぞれがみられるが，少なくとも階層の影響力が一定程度残っている（その評価は別として）ことが確認されている（荒牧，2011，253～266頁）。

　第三に，高学歴者のエリートの地位へのアクセスがどのように変化したのかを検討することである。すなわち，先述の「能力（業績）主義化」の度合いを検討するということである。高学歴者のエリートの地位へのアクセスについては，次章で詳しく検討するが，これまで麻生誠（1978）および麻生誠・山内乾史ら（1994）によって研究されてきた。麻生によれば，エリートに占める高等教育学歴所有者の比率は，明治期・大正期には30％にも達しておらず，昭和初期にようやく過半数に達するということである（表1-1）。つまり，藩閥・門閥・閨閥（けいばつ）など前近代的な基準による社会的・職業的地位の配分をする側面が明治期・大正期にはまだ色濃く残っていたのであり，たとえば，政治エリートであれば土着エリート，ビジネス・エリートであれば父の地位を引き継ぐ世襲エリートなどがまだかなりいたのである。さらに，軍隊のような近代的組織においても藩閥が長らく幅を利かせていたことはよく知られている。

　以上，3つの指標を検討してわかることは，就学率だけは急速に上昇したが，他方で学歴獲得に対する社会階層間の格差は残り，エリートの地位において高学歴者が多数を占めるのにもかなりの時間がかかっている。つまり，前節で述べた〈学歴社会＝能力（業績）社会〉が存立の前提とする条件が十分に満たされるのには，かなりの時間が必要であるということである。もちろん，社会経済的条件の向上により，長期的にみれば各社会階層の就学率は向上しているし，

表1-1 エリートの高等教育学歴所有率の
時系列的変化 (%)

年度	高等教育学歴所有者	非所有者	合計
1911 (明治36)	24.5	75.5	100
1915 (大正4)	25.5	74.5	100
1921 (大正10)	21.0	79.0	100
1928 (昭和3)	39.0	61.0	100
1933 (昭和8)	39.5	60.5	100
1941 (昭和16)	50.3	49.7	100
1948 (昭和23)	74.0	26.0	100
1953 (昭和28)	74.0	26.0	100
1957 (昭和32)	80.5	19.5	100
1964 (昭和39)	83.0	17.0	100
1975 (昭和50)	82.5	17.5	100
1991 (平成3)	87.7	12.3	100

注:ただし,1964 (昭和39) 年までのエリートには女性が
含まれていない。
出典:麻生 (1978) 220頁,麻生・山内編 (1994) 11頁。

エリートの地位につく者で高等教育学歴を所有していない者——スポーツ,芸術,芸能など一部の領域を除いて——はもはや稀であると考えられている。

ただし,スポーツ等の領域においても,指導者層については,例外とはいえないようである。表1-2を参照されたい。

表1-2は日本プロ野球 (NPB) 関係の統計であり,これは筆者が作成したものである。いわゆる名監督,名打者,名投手の学歴である。NPB 誕生の1936 (昭和11) 年度シーズンから2018 (平成30) 年度シーズンまで82シーズン (1945 (昭和20) 年度は第二次世界大戦のため不開催) にわたって残した実績の上位者である。具体的には,監督については通算勝利数上位30名に日本シリーズ優勝経験3度の2名 (広岡達朗,工藤公康) を加えた32名 (うち,現役監督3名),打者については通算安打数2000本以上52名 (うち,現役選手4名),投手については通算勝利数170勝以上40名+通算セーブ数150セーブ以上14名 (うち,現役選手5名) である。江夏豊投手は勝利数上位にもセーブ数上位にも重複ランクインしているので合計53名である。

なお,打者のラミレス,投手のサファテ,クルーンについては外国人であるため,別扱いとしたが,NPB 草創期の名投手スタルヒンについては日本国内で教育を受けているので外国人として扱わなかった。メジャーリーグの記録は合算していない。名監督,名打者,名投手の定義には異論もあろうが,以上の定義に従ってここでは分析していく。

このデータを検討すると,名投手で名監督になった者は1名,名打者で名監

第1章　学歴社会の基本理念

表1-2　NPB 名監督，名打者，名投手の学歴　　　（名）

| | 大学卒業者・中退者 | | 中等教育卒業者 | | 外国人 | 合　計 |
	東京六大学	他の大学	旧制中学卒	新制高校卒		
監督	16	5	3	8	0	32
打者	6	9	1	35	1	52
投手	6	12	7	26	2	53

出典：筆者作成。

督になった者についても6名に過ぎない。名監督の現役時代の出身ポジション別内訳（プロ野球選手としての実績のない藤本定義，石本秀一両監督を除く）は投手4名，捕手6名，内野手16名，外野手4名である。比率として捕手と内野手の比率が高くなっている。とくにセンターライン（二塁手，遊撃手，捕手）の比率が高いことがわかる。

　名監督32名のうち半数が東京六大学の出身である。もちろん野球人としての見識もあったのであろうが，それに加えて，東京六大学で築き上げた人脈も重要であろうことが推測される。また，親会社での学閥との対応関係も予想されるが，ここではそこまで踏み込まない。

　「名選手必ずしも名監督ならず」とよくいわれたとおり，監督と投手・打者とでは求められる資質において大きな違いがあるということがわかる。

（2）日本におけるエリート育成と学校教育

　日本は，欧米に遅れをとった後発の国家として，「富国強兵」のスローガンのもとに，初等教育の普及を目指す一方，東京大学を1877（明治10）年に発足させ（後に「帝国大学令」により帝国大学となり，さらに京都に2番目の帝国大学が設置された際に東京帝国大学となる），高級文官や高級専門職など国家の将来を担う人材＝エリートの育成を目指した。もとより，帝国大学は国家の発展に必要な人材を育成し，国家の発展に必要な研究をする——つまり国家が受益者である——教育機関として発足・発展したのであるから，明治政府が〈学歴社会＝能力（業績）社会〉化を意図的に進め，それを利用したのは，いわば当然の帰結である。さらに高等師範学校（東京・広島）や軍関係の学校（陸軍士官学校・海

13

軍兵学校）は，経済的に恵まれない社会階層の子弟も進学できるように配慮がなされていた。国民のより広い階層から才能ある若者を発掘し，エリートの地位につけるべく，国家の近代化を推進する前衛として育成することに国運を賭けたのである。

　以上述べてきたように，発足当初から日本の学校教育システムには，国家の命運を担う役割が深く刻印されてきたわけだが，その理由として，当時の世界情勢があげられる。日本が明治維新を迎えた1868（明治元）年前後といえば，イギリス，フランス，スペイン，ポルトガル，オランダ等が世界の植民地分割の争いに鎬を削り，そこにドイツ，イタリア等が小国分立状態から統一されて割り込むという，いわば帝国主義による侵略，戦争が繰り返された時代であった。この弱肉強食の時代において，多くの植民地や資源をもつわけではない日本は，経済・軍事両面の人材の育成を主たる目標とすることには，疑いの余地はなかったのである。

6 職業的地位を学歴に応じて配分する具体的な過程について

　学歴社会における社会的・職業的地位の配分は，学歴がその人の能力＝業績を表すという前提に基づいて行われる。先述の学歴の機能的側面についての評価である。だが，具体的に，学歴がその人のいかなる能力＝業績を表現するものとして読みとられるのであろうか。それには 3 つの考え方がある。

（1）人的資本論

　第一に，「人的資本論」という理論がある。この理論によれば，より高度な学歴はその人がより高度な知識・技術・技能を身に付けていることを示すということになる。いわば教育の機能的側面に関する理論であるといえよう。いわゆる「学習歴」としての学歴である。

　ただ，この理論が適用可能な程度は，学部や職業の領域に応じて異なるものと考えられる。たとえば，医学部や歯学部，教育学部など特定の職業と直結し

た教育を行う学部では，この理論はかなり適用可能である。だが文系諸学部のように，職業との連関が緩やかにしかない学部にはあまり適用できないであろう。

（2）スクリーニング仮説

　第二に，「スクリーニング仮説」と呼ばれるものがある。この仮説によれば，企業が学歴をみる場合，その人の一般的な基礎能力，つまり潜在能力＝訓練可能性（トレイナビリティ）を表すものとしてみるということになる。いわば，学歴という教育的指標を経済的指標に読み替えるという作業が行われるわけである。そして，この場合，企業は学校を，入学試験や定期試験（あるいは日常的な授業場面）を通じて，スクリーニング（ふるいわけ）機能を果たす装置として活用できるのである。

　訓練可能性とは，当然のことながら，採用以降に受ける企業内訓練・教育によってその人材がどこまで伸びるかを示す指標である。これは，その人がもともともっているものであり，教育によって与えられるものではない。つまり，企業は大学の教育内容を信用しないか無関心かのいずれかであり，いずれにせよ，大学の選抜機能にのみ信を置くという理論なのである。

　もちろん，教育的指標は経済的指標と同一であろうはずはないから，100％読み替えることはできない。したがって，そこに若干の問題が生じることになってしまう。一流大学卒業ではあるけれども，仕事のできない人材とか，職場に適応できない人材とかを採用してしまうリスクは常につきまとうわけであるし，逆に一流大学卒業ではないけれども，仕事のできる人材を不採用にしてしまうというリスクもあろう。

　だが，この仮説によれば，ある程度はそれでもいいのである。というのは，企業が学校のスクリーニング機能を信頼せずに，自前で一人ひとりの人材を吟味することを考えれば，はるかに安上がりであり，そのためには，ある程度のリスクはやむを得ないということになるからである。こういう仮説は，先述の文系諸学部を出てサラリーマンになっていく者の採否を説明する場合に有効で

あろう。

（3）統計的差別理論

　第三に，「統計的差別理論」という考え方がある。この理論は，一言でいって，学歴が職業的知識・技術・技能の水準を表すとか，潜在能力＝訓練可能性を表すとか考えない。企業には過去に採用された人材の仕事ぶりについてのデータが蓄積されており，そのデータによって確率論的に採否を決定するという理論なのである。

　たとえば，Ｚ企業では，Ａ大学卒業者については95％が優れた人材であり，Ｂ大学卒業者については75％が優れた人材であったとしよう。そして，いまここにＺ企業を志望するＡ大学卒業者とＢ大学卒業者がいるとしよう。この場合，Ｚ企業は過去のデータに基づいてＡ大学卒業者を採用するというのが統計的差別理論の説くところなのである。

　統計的差別理論とスクリーニング理論とは一見似ているが，明らかに異なる。というのは，統計的差別理論は企業の多様性を考慮しているからである。言い換えれば，企業によって求める人材が異なっており，どこでも同じように一流大学卒業者を必要としているわけではないということである。上述の例でいえば，Ｙ企業では，Ａ大学卒業者は75％が優れた人材であり，Ｂ大学卒業者は95％が優れた人材であるかもしれない。するとＹ企業はＺ企業とは逆に，Ｂ大学卒業者を採用するであろう。具体的には，サービス業や営業・販売を中心とする職業では，何よりもバイタリティと社交性が求められ，ひ弱な一流大学卒業者よりも，非一流大学の体育会系出身者が求められる場合などもある。

　これら３つの理論はどれが正しく，どれが誤っているというものではなく，学部や職業の領域に応じて適用できる理論が異なっており，多くの場合にはこれら３つの理論が複合的に適用されると考えられる。

（4）学歴とワイン

　学歴をめぐる競争は果てしなく続くのであろうか。

第1章　学歴社会の基本理念

　この点に関して内田樹は2002（平成14）年10月30日付『朝日新聞』第33面「eメール時評」欄で「学歴もワインと同じに？」と題して，次のように述べている。

　　小学校低学年から塾に通わせ，中学校から私立にあげないと，まともな大
　　学には行けない，ということが「常識」になっているらしい。その結果，
　　家庭の経済力がそのまま子どもの学力差に反映し，新たな「身分制」が形
　　成されつつあるのではないかという懸念を語る人がいる。ご心配には及ば
　　ない，と私は思う。…（中略）…親の経済格差が子どもの学歴格差に結び
　　ついているという現実はたしかにあるだろう。だが，「学歴は金で買うも
　　の」ということについて社会的合意が形成されれば，別に実害はない。そ
　　の時，学歴は家具や車やワインと同じただの高額商品になるからだ。「高
　　学歴」が「高級車」と同じようなものであるということになれば，それを
　　羨む人はいても，それを「知性の指標」だと思う人はいなくなるであろう。
　果たしてそうなのだろうか。第2章で引き続き考察しよう。

引用文献

麻生誠（1978）『エリート形成と教育』福村出版。
麻生誠・山内乾史編（1994）『現代日本におけるエリート形成と高等教育』（『高等教
　　育研究叢書』25）広島大学大学教育研究センター。
天野郁夫・藤川英典・苅谷剛彦（1998）『教育社会学（改訂版）』放送大学教育振興会。
荒牧草平（2011）「教育達成過程における階層差の生成——『社会化効果』と『直接
　　効果』に着目して」佐藤嘉倫・尾嶋史章編『格差と多様性』（『現代の階層社会』
　　1）東京大学出版会，253〜266頁。
今田高俊（1983）「産業化と学歴社会——その研究課題」日本教育社会学会編『教育
　　社会学研究』第38集，21〜26頁。
菊池城司（1990）「序論　現代日本における教育と社会変動」菊池城司編『現代日本
　　の階層構造3——教育と社会移動』東京大学出版会。
木村和久（1992）『平成ノ歩き方①』小学館。
柴門ふみ（1985）『女ともだち③』双葉社。

---学習の課題---

　学歴はその人のもつ能力のうち何を表すのか，また何を表さないのか，説明して
みよう。

【さらに学びたい人のための図書】

吉川徹（2006）『学歴と格差・不平等——成熟する日本型学歴社会』東京大学出版会。
　　⇨吉川氏は社会学者であり，社会階層論を専門とする。本書における「現代社会
　　　では高卒と大卒との間に分断線があり，かつ固定化されてきている」という説
　　　明は説得力のあるものの一つである。筆者とは立場がやや異なるが，好著であ
　　　る。

本田由紀・平沢和司編（2007）『学歴社会・受験競争』（リーディングス『日本の教育
　　と社会』第2巻）日本図書センター。
　　⇨本書は学歴社会，受験競争に関して論じた論稿（主として教育社会学）のうち
　　　重要なもの19本を収録し，詳細な解説を付けたリーディングスである。この領
　　　域に関心をもつ人にとって最良の入門書である。

濱中淳子（2013）『検証・学歴の効用』勁草書房。
　　⇨本書は大卒，高卒という学歴について，多方面からデータをもとに教育社会学
　　　的な考察をしたものである。ポスト・バブル期の学歴社会論として重要な書で
　　　ある。

（山内乾史）

第2章 エリートの近代化
——学歴社会と学力（2）

この章で学ぶこと

 ある社会において業績主義が浸透しているかどうかを判断する一つの方法は，その社会で最も恵まれた地位を占有している人々＝エリートの選抜を検討することである。本章では，エリート選抜に教育がどのように関わっているのかを分析することを通じて，この問題を検討する。

1 学歴社会の経済的側面

（1）教育投資論と高学歴化

　前章では，主として就職の側面から学歴社会について論じたわけだが，経済学的な側面から考える場合，「教育投資論」という考え方が1960（昭和35）年前後に大きな力をもったことがあった。日本の学校システムは，欧米社会に対する近代化の遅れを取り戻すという国家目標を達成すべく，国策として築かれたものであった。しかし，日本に限らず，教育が私的な形態ではなく公的な形態をとる場合，教育の発展が国家の経済的発展の段階と関連する，というのはありうる話である。

　教育投資論は，教育への投資を2つのレベルで有効であると考える。つまり，国家のレベルと家庭のレベルである。国家のレベルでは，国家が教育へ投資すればするほど，高度な技術・知識を身に付けた人材が誕生し，生産力の上昇につながり，ひいてはGDPの増加という国家の経済的発展につながると考える。家庭のレベルでは，親が教育へ投資すればするほど，子どもが高学歴を獲得し，生涯所得の増加につながると考える。この2つの考えに基づき，教育投資論は，国家の教育支出の増大，家庭の教育支出の増大を正当化し，促進するものでも

あった。

　もともと，教育が公教育という形態をとる場合，そこには何らかの，いくつかの国家的な要請が織り込まれている。たとえば，政治的には，選挙のために，識字率を高めるという目的をもつ場合がある。多くの民主主義社会は選挙をベースに成り立つが，候補者の書いたパンフレットを読み，演説を理解し，投票の際，名前を書くという基本的な作業ができない人がいたとすれば，その人は選挙に参加できない。あるいは民主主義の理念，それを維持する仕組みを理解させることも必要であろう。その意味で，そういった社会においては民主主義を維持する装置の一つとして公教育が必要とされるわけである（ただし，こういう意味で必要とされる公教育とは，主として義務教育である）。いずれにせよ，国家の公教育への要請には，時代背景と，その時点での国家の発展段階が密接に関わるのである。

（2）教育への投資目的の転換

　1960年代の日本は，高度経済成長の最中にあった。しかし，技術系人材の不足への対策としての国立大学理工系学部の大幅な拡充は，大きな財政支出を伴うことになる。教育投資論は，その支出を正当化する武器だったのである。一方，個人の教育投資の正当化ということに関して，専門家でもない個々の親が，個々の生徒が教育投資論を知悉しているはずはない。だが，漠然とであるにせよ，その意味するところを感じ取り，教育投資を増大させ，学校外教育，あるいは私立進学校へと子どもを駆り立て，受験競争を激化させる一因となったのではないかと考えられる。教育投資論自体は，1970年代の不況期を境に終息するが，教育への投資熱は終息しなかった。むろん，その意味するところは，利鞘を生む「積極的な投資」から，他人と比べて不利な扱いを受けないための「保険」へと大きく変化しているように思われる。いわば，「特急に乗るため」から「バスに乗り遅れないため」という状況に合わせた認識転換が起こったように考えられるのである。

（3）21世紀に入ってからの動向

　しかし，第1章第6節で述べてきた諸理論は，現在においては新規採用者選抜の初期段階で使われることはあっても，そのウエイトはかなり減じていると考えられる。長く続く不況の中，企業は新規採用者数を減らす一方，「即戦力」志向を高め，求めている能力が求めているレベルに達しているかどうかを慎重に見極めようとする傾向が強まっている。それは一般的な能力（訓練可能性）ではなく，よりスペシフィックな能力である。したがって面接を再三繰り返し，慎重に新規採用者を選ぼうとする風潮が高まり，大学生の就職活動期間が長期化する傾向が顕著になった。2015（平成27）年度から，この傾向に歯止めをかけようとする動きがみられるが，いまだに企業，大学生，大学の三者とも混乱の極みにあるようである。

　よりスペシフィックな能力が求められるようになり，企業もそれを明示するようになれば，大学生にとっても，自分が希望する業種，企業に進むには，どのような能力をどのレベルまで引き上げねばならないかという具体的な目標を立てることができるようになるだろう。それが大学での学習へのモチベーションを高めるのであれば，大学にとっても有意義なことではないかと考える。

　現在，こういった就職に当たって求められる能力については経済産業省の社

表2-1　社会人基礎力（経済産業省）

前に踏み出す力	主体性，働きかけ力，実行力
考え抜く力	課題発見力，計画力，創造力
チームで働く力	発信力，傾聴力，柔軟性，情況把握力，規律性，ストレスコントロール力

出典：経済産業省（2006）14頁。

表2-2　就職基礎能力（厚生労働省）

コミュニケーション能力	意思疎通，協調性，自己表現能力
職業人意識	責任感，向上心・探求心，職業意識・勤労観
基礎学力	読み書き，計算・計数・数学的思考力，社会人常識
ビジネスマナー	基本的なマナー
資格取得	情報技術関係，経理・財務関係，語学力関係

出典：厚生労働省（2004）7頁。

会人基礎力（表2-1），厚生労働省の就職基礎能力（表2-2），内閣府の人間力，文部科学省の学士力などにおいて，より細かく，はっきりとした形を取って定められている。

2　日本社会におけるエリートの構成と変遷

さて，この学歴社会におけるエリートがどのような教育を受けてその地位についているのか，言い換えれば，エリートは業績によって選抜されているのか，という点について検討してみよう。教育社会学においては麻生誠の研究（1960）以降，『人事興信録』という人名事典を使用して，この領域の研究が進められてきた。『人事興信録』は1903（明治36）年に初版を刊行し，2009（平成21）年に第45版を刊行して以降，無期限休刊になっている。106年間にわたる日本社会のエリート・インデックスとして貴重な資料である。

過去，『人事興信録』からサンプルを取って行った研究としては，包括的なもの（「政治エリート」などの領域別ではないということ）に関しては麻生（1960，1967，1977，1983），中道実（1973，1974），岩見和彦ほか（1981），麻生・山内編（1994）がある。また女性エリートについては黒岡千佳子（1981），冠野文（1996）がある。

このうち麻生（1960）においては，『人事興信録』初版（1903年），第4版（1915（大正4）年），第8版（1928（昭和3）年），第12版（1939（昭和14）年），第18版（1955（昭和30）年）から100分の1の抽出比，等間隔無差別抽出法で調査対象2000名を選んでいる（こちらを本章では「第Ⅰ系列」と称する）。のちに麻生（1967）で第22版（1964（昭和39）年）から600名を追加している。また同じ麻生（1960）ではそれとは別に初版（1903年），第4版（1915年），第8版（1928年），第10版（1934（昭和9）年），第13版（1941（昭和16）年），第15版（1948（昭和23）年），第17版（1953（昭和28）年），第19版（1957（昭和32）年）から各200名ずつ等間隔無差別抽出法で選んで，合計1800名を分析対象としており（こちらを本章では「第Ⅱ系列」と称する），麻生（1967）においては第22版（1964年）から200

名を追加している。さらに，麻生（1977）においては第27版（1973（昭和48）年）から400名を追加して分析を行っている。

中道の研究（1973, 1974）においては，第25版（1969（昭和44）年）から100分の1の抽出比で956名の調査対象を選んでいる。

黒岡（1981）においては，第28版（1975（昭和50）年）掲載の女性サンプル516名のすべてを対象にしている。質問紙調査を合わせて行い，163名から回収した。回収率は31.6％である。ただし，黒岡の調査についてはのちに冠野（1996）が再集計し，691名であることが判明している（冠野の報告は麻生・山内編（1994）にも収録されている）。

岩見ほか（1981）は，第30版（1979（昭和54）年）から無作為抽出で780名を選んでいる。サンプルはすべて男性である。第1回抽出作業で9件の女性サンプルが選ばれたが，取り除いたとのことである。

なお，黒岡の研究においては女性のサンプル数は全体の約0.6％，冠野の研究においては約0.9％であった。今回，筆者が2009年版を調べたところ，女性サンプル数は全体の約2.4％に増加していた。増田知子・佐野智也（2017）によれば，1915年の全サンプル1万3917名中女性は13名で0.09％であったから，緩やかであるにはせよ確実に増加しているとはいえる。

さらに，麻生（1983）においては第28版（1975年）から無作為に2000名を抽出し，質問紙調査を郵送法で行った。回答者は1304名で回答率は65.2％である。ただし，黒岡（1981）との関係上，調査対象は男性に限定されている。

麻生・山内編（1994）および冠野（1996）は，第36版（1991（平成3）年）から男性は2000名を無作為抽出，女性は全数1006名を抽出し，男性・女性ともに郵送法による質問紙調査を行った。男性については有効発送1957名のうち，849名から回答を回収した。回収率は43.4％である。女性については有効発送984名のうち301名から回答を回収した。回収率は30.6％である。

以上は異なる研究者によって行われてきた研究ではあるが，いずれも『人事興信録』という共通のエリート・インデックスを使用して行われた研究である。したがって，他の研究者による反証への道も開かれているのである。これらの

表2-3 エリート

出 典	麻生（1967）									
年 度	1903(明治36)年		1915(大正4)年		1928(昭和3)年		1939(昭和14)年		1955(昭和30)年	
職 業	N	％	N	％	N	％	N	％	N	％
官僚	39	19.5	32	10.7	33	11.0	89	14.9	80	13.3
ビジネスリーダー	48	24.0	195	65.1	193	64.3	350	58.4	370	61.6
地主	10	5.0	10	3.3	20	6.7	47	7.8	0	―
軍人	30	15.0	9	3.0	8	2.7	15	2.5	0	―
教授・教育家	8	4.0	16	5.3	21	7.0	35	5.8	64	10.7
医者	6	3.0	4	1.3	3	1.0	24	4.0	10	1.7
弁護士	0	―	4	1.3	0	―	3	0.5	13	2.2
芸術家	0	―	0	―	0	―	2	0.3	17	2.8
宗教家	0	―	1	0.3	0	―	2	0.3	2	0.3
オピニオンリーダー	0	―	0	―	2	0.7	3	0.5	3	0.6
政治家	8	4.0	1	0.3	1	0.3	3	0.5	29	4.8
華族	43	21.5	20	6.7	13	4.3	11	1.8	0	―
その他	8	4.0	8	2.7	6	2.0	16	2.7	12	2.0
総 計	200	100	300	100	300	100	600	100	600	100

出典：筆者作成。

諸研究をつなげて，近現代エリートの社会的構成，学歴構成を比較検討することには一定の意義があると考える。

　これらのデータに今回，筆者が『人事興信録』の最終版（正確には休刊中なのだが）である第45版（2009年）から，男性については抽出比50分の1で選んだ1488サンプル，ならびに女性については全数1844サンプルを対象に分析を行った結果を付け加えた（以下，「山内調査」）。このデータによって，『人事興信録』初版から最終版までの106年間にわたるエリートの社会的構成の変遷を検討することとしたい。

　なお，記載内容の濃淡が激しく，とくに家族に関する記載がまったくないサンプルが相当数に上るし，本人に関する記載においても著しく不十分なものが相当数存在する。つまり，『人事興信録』の場合，ほぼすべてのサンプルについて出生年と現職に記載はあるが，この2点しか記載のないものが散見されるのである。そこで，ここでは(1)出生年，(2)現職，(3)学歴の3つの情報に限定し

第2章　エリートの近代化

構成の変遷

	中道 (1974)				麻生 (1983)		岩見ほか(1981)		麻生・山内編(1994)		山内調査	
	1964(昭和39)年		1969(昭和44)年		1975(昭和50)年		1978(昭和53)年		1991(平成3)年		2009(平成21)年	
	N	%	N	%	N	%	N	%	N	%	N	%
	55	9.2	66	6.9	72	5.6	10	1.3	11	1.3	60	4.0
	421	70.2	653	68.2	948	73.5	591	75.8	647	77.9	1,047	70.4
	0	—	0	—	0	—	0	—	0	—	0	—
	0	—	0	—	0	—	0	—	0	—	0	—
	72	12.0	119	12.4	156	12.1	78	10.0	40	4.8	181	12.2
	6	1.0	16	1.7	20	1.6	7	0.9	10	1.2	21	1.4
	13	2.2	37	3.9	42	3.3	30	3.8	34	4.1	42	2.8
	4	0.7	17	1.8	13	1.0	9	1.2	14	1.7	35	2.4
	3	0.5	3	0.3	0	—	2	0.3	0	—	3	0.2
	11	1.8	0	—	0	—	34	4.4	0	—	4	0.3
	10	1.7	33	3.5	12	0.9	14	1.8	8	1.0	57	3.8
	0	—	0	—	0	—	0	—	0	—	0	—
	5	0.8	12	1.3	26	2.0	5	0.6	67	8.1	38	2.6
	600	100	956	100	1,289	100	780	100	831	100	1,488	100

て比較することとする。男性サンプルの場合，学歴に関しては，専修学校，各種学校については課程と本人の経歴を確認した上で，原則として中等教育相当として扱った。また，中退者も卒業者と同様に扱った。上述の経緯から，ここでの分析は上記3点のシンプルな分析に絞る。

① 活躍している分野

　まず，表2-3を参照されたい。麻生（1960）が設定したエリートの分野に合わせて，他の研究を再カテゴリー化したものである。

　男性については，「ビジネスリーダー」が突出しているが，2009年版ではかなり減少している。1991年版との比較に限定していえば，それに代わって増大したのが，「教授・教育家」である。これについては麻生・山内編（1994）が依拠した1991年版刊行と前後して大学設置基準が大綱化され，大学数も大学学長数も大学教員数も激増したことを反映しているのであろう。しかし，1955年版以降「教授・教育家」が安定して10％前後を占めてきたことを考えれば，本

25

表 2-4　女性エリート構成の変遷

黒岡（1981）			冠野（1996）			山内調査		
年　度		1975(昭和50)年	年　度		1991(平成３)年	年　度		2009(平成21)年
職　業	N	％	職　業	N	％	職　業	N	％
芸術エリート	49	30.1	芸術家	50	16.6	芸術家	323	17.5
オピニオンリーダー	21	12.9	ビジネスリーダー	138	45.8	オピニオンリーダー	41	2.2
ビジネスリーダー	41	25.1	教授・教育家	49	16.3	ビジネスリーダー	667	36.2
教育エリート	35	21.5	専門職エリート	25	8.3	教授・教育家	367	19.9
専門職エリート	17	10.4	政治家・官僚	25	8.3	宗教家	1	0.1
総　計	163	100	その他	14	4.7	官僚	26	1.4
			総　計	301	100	政治家	160	8.7
						医者	45	2.4
						弁護士	61	3.3
						俳優・歌手・キャスター等	80	4.3
						料理研究家等	10	0.5
						その他	63	3.4
						総　計	1,844	100.0

出典：筆者作成。

質的な変化ではないのかもしれない。

　ただし，女性エリートについて表 2-4をみると，やはり「ビジネスリーダー」が減少し，「教授・教育家」の増大がみられる。男性と比べると芸術領域と教育領域のエリートが多い点が注目に値する。

② 　出生年

　増田・佐野（2017）によると，1915年のサンプル全数１万3917名を対象にした調査では，平均年齢が数え年で51.3歳，最年長者が1828（文政11）年生まれの88歳，最年少者が1911（明治44）年生まれの５歳であった。中道（1973）によると，1969年のサンプルでは平均年齢が59.5歳，麻生（1983）によると，1975年のサンプルでは64.4歳，麻生・山内編（1994）によると，1991年のサンプルでは63.8歳である。今回行った山内調査によると，2009年のサンプルでは67.9歳と高齢化が進んでいる。なお，最年長が1905（明治38）年生まれ，最年少が1978（昭和53）年生まれであった。

　他方，女性の平均年齢については，冠野（1996）では1991年サンプルで67.8歳，山内調査では2009年サンプルで66.5歳であった。2009年時点で最年長が

1907（明治40）年生まれ，最年少が1979（昭和54）年生まれであった。

　いずれの時代においても，男性にしても女性にしても，活躍している分野間で若干の平均年齢の差異はあるが，大きなものではない。

③　学　歴

　表2-5を参照されたい。前章でも大まかに検討したが，大正期まではエリートに占める高等教育学歴者の比率は30％未満であり，1939年にようやく50％を超える。つまり，高等教育学歴を保有するエリートが，「業績によって選抜されたエリート」であると仮定するならば，昭和戦前期において，ようやく前近代的なエリートから近代的なエリートへと半数が切り替わったのである。戦後になると急激に高等教育学歴保有者率は増加する。1957年に80％を超えて以降，安定している。芸能，スポーツ等の一部の領域で，必ずしも高等教育学歴を必須の要件としないエリートが誕生し続けているためである。

　他方，女性エリートについては，戦前は女性の高等教育機会が十分には用意されていなかったこともあり，1975年で約半数が高等教育学歴を保有するに過ぎないが，2009年になると，74％が高等教育学歴を保有し，男性エリートに近いレベルになっている。

　エリートに占める東大出身者の比率を検討したのが表2-6である。高等教育学歴の保有率が1955年まで上昇し続けたのに対して，東大出身者率は1903年から10％台を上下しており，2009年には10.8％になっている。女性においてはいまなお，5.4％にとどまっており，東大出身者がエリートの地位を独占しているというわけではないことが確認できる。もちろん領域によって東大出身者の比率は異なるのであり，高級官僚においては，東大法学部卒が多数を占めることは周知の事実である。

　表2-7は高等教育機関別の比率についてのものであるが，男性においては旧七帝大と一橋大，東工大，早慶大の11大学で約半数を占め続けているが，その比率は徐々に低下しているようである。女性エリートについてはお茶の水女子大，奈良女子大，日本女子大，神戸女学院大，津田塾大等の四年制女子大学出身者が16.5％，東京芸術大等の四年制芸術大学・学部，音楽大学・学部の出

表 2 - 5　エリートの高等教育学歴保有率の変遷

出　典	年　度	高等教育学歴所有者	非所有者	合　計 (%)	サンプル数	註
麻生(1967)	1903(明治36)年	27.5	72.5	100	200	第Ⅰ系列から集計
	1911(明治44)年	24.5	75.5	100	200	第Ⅱ系列から集計
	1915(大正4)年	26.0	74.0	100	300	第Ⅰ系列から集計
		25.5	74.5	100	200	第Ⅱ系列から集計
	1921(大正10)年	21.0	79.0	100	200	第Ⅱ系列から集計
	1928(昭和3)年	36.7	63.3	100	300	第Ⅰ系列から集計
		39.0	61.0	100	200	第Ⅱ系列から集計
	1934(昭和9)年	39.5	60.5	100	200	第Ⅱ系列から集計
	1939(昭和14)年	52.5	47.5	100	600	第Ⅰ系列から集計
	1941(昭和16)年	50.3	49.7	100	200	第Ⅱ系列から集計
	1948(昭和23)年	74.0	26.0	100	200	第Ⅰ系列から集計
	1953(昭和28)年	74.0	26.0	100	200	第Ⅱ系列から集計
	1955(昭和30)年	76.8	23.2	100	600	第Ⅰ系列から集計
	1957(昭和32)年	80.5	19.5	100	200	第Ⅱ系列から集計
	1964(昭和39)年	82.3	17.7	100	600	第Ⅰ系列から集計
		83.0	17.0	100	200	第Ⅱ系列から集計
中道(1974)	1969(昭和44)年	84.2	15.8	100	916	女性9サンプルを含む
麻生(1977)	1973(昭和48)年	76.5	23.5	100	400	
麻生(1983)	1975(昭和50)年	84.3	15.7	100	1,272	男性のみ
岩見ほか(1981)	1978(昭和53)年	82.1	17.9	100	754	不明を非所有者から除いて山内が再計算，男性のみ
麻生・山内編(1994)	1991(平成3)年	87.5	12.5	100	840	男性のみ
山内調査	2009(平成21)年	87.7	12.3	100	1,488	男性のみ
女性エリート						
黒岡(1981)	1975(昭和50)年	55.1	44.9	100	626	冠野が再集計した麻生・山内編(1994)のデータに基づく
冠野(1996)	1991(平成3)年	68.2	31.8	100	292	質問紙調査に基づくデータ
冠野(1996)	1991(平成3)年	52.6	47.4	100	918	カードに基づくデータ
山内調査	2009(平成21)年	74.4	25.6	100	1,696	

出典：筆者作成。

第2章　エリートの近代化

表2-6　エリートに占める東大出身者比率の推移

出　典	年　度	サンプル数	東大出身者	東大率	註
麻生(1967)	1903(明治36)年	200	24	12.0	第Ⅰ系列から集計
	1915(大正4)年	300	43	14.3	
	1928(昭和3)年	300	51	17.0	
	1939(昭和14)年	600	114	19.0	
	1955(昭和30)年	600	114	19.0	
	1964(昭和39)年	600	103	17.2	
中道(1974)	1969(昭和44)年	916	177	19.3	
麻生(1977)	1973(昭和48)年	400	64	16.0	
岩見ほか(1981)	1978(昭和53)年	754	151	20.0	
麻生・山内編(1994)	1991(平成3)年	840	136	16.2	
山内調査	2009(平成21)年	1,488	161	10.8	
女性エリート					
冠野(1996)	1991(平成3)年	292	9	3.1	質問紙調査に基づくデータ
冠野(1996)	1991(平成3)年	918	17	1.9	カードに基づくデータ
山内調査	2009(平成21)年	1,696	91	5.4	

出典：筆者作成。

身者が10.6％と多くなっているのが特徴である。

　以上，高等教育学歴保有率は男性で80％を，女性で70％を超えてはいるが，しかし，高等教育学歴をすべての領域で同様に必要としているわけではなく，必要としない領域が，2009年の時点でもなお，一定比率で残されていることが理解できる。

３　学歴社会は能力（業績）社会なのか

　第1章において検討した範囲では，〈学歴社会＝能力（業績）社会〉には大きな問題はなく，むしろ理想に近い，平等で民主的な社会と考えられるかもし

表 2-7　エリートに占

出　典	年　度	東　大	京　大	旧七帝大＋一橋大＋東工大
中道(1974)	1969(昭和44)年	19.3	8.0	—
麻生(1977)	1973(昭和48)年	16.0	6.3	—
麻生(1983)	1975(昭和50)年	—	—	37.8
岩見ほか(1981)	1978(昭和53)年	20.0	—	38.9
麻生・山内編(1994)	1991(平成3)年	16.2	7.1	—
山内調査	2009(平成21)年	10.8	5.5	25.8

				女性エリート		
出　典	年　度	東　大	京　大	旧七帝大＋一橋大＋東工大	東京芸大	お茶の水女子大＋奈良女子大
冠野(1996)	1991(平成3)年	3.1	0.3	—	—	—
冠野(1996)	1991(平成3)年	1.9	0.2	—	—	—
山内調査	2009(平成21)年	5.4	2.4	11.3	3.1	2.8

出典：筆者作成。

れない。しかし現実に私たちが日々おかれている社会の現状を考えれば，問題点は数限りなくあるというほかはない。なかでも，最も根本的な問題点は，学歴社会が能力（業績）社会であるといえないのではないかという点であろう。もし，学歴社会がそんなに結構な社会であり能力社会であるならば，盛田昭夫の『学歴無用論』(1987)や「学歴社会から実力社会への転換」などのスローガンが反響を呼ぶはずはないだろう。実際に，世間一般における学歴主義，学歴社会，大学間格差への批判は，過去から一貫してかなり厳しいものがある。日本の学歴社会にはいかなる問題があるのだろうか。ここでは問題を3つに整理して考えてみたい。

（1）学歴は能力（業績）を表すのか

　第一に，学歴社会が学歴を基準にして社会的・職業的地位を配分する社会であり，それが是とされるのは，学歴がその人の能力＝業績を表すという前提があるからにほかならない。しかし，現実に学歴がその人の能力＝業績を表しているのであろうか。

現在，生涯学習化社会などといわれ，いわゆる学齢人口なるものの考え方にも変化がみられる。とはいえ，まだまだ，学年と年齢との関係は，基本的には揺らいでいないとみるのが正しいであろう。したがって，学歴が表すものは18歳の時点での（あるいはその時点までの）受験学力であるといっても過言ではないわけである。つまり，大学入学時点以後の努力，能力開発などは，ここでいう学歴の中には組み込まれていないのである。

める各大学出身者の比率

早 大	慶 大	サンプル数	註
5.6	3.8	916	
3.8	7.3	400	
10.4		1,302	
8.0		754	
11.1		840	
6.1	9.8	1,488	

早 大	慶 大	サンプル数	
3.1		292	質問紙調査に基づくデータ
2.0		918	カードに基づくデータ
3.0	4.1	1,696	

いま仮に，A大学をX君とY君が受験したと仮定しよう。X君は合格最低点でぎりぎり合格し，Y君はわずか1点差で不合格になったとしよう。その結果，X君は晴れてA大学に進学し，Y君はA大学よりも知名度・社会的評価において劣るB大学に進学したとする。

この場合，X君とY君の得点差はわずか1点である。この1点にいかなる意味があるのであろうか。誤差の範囲といえるのではないだろうか。もしかすると，X君はたまたま過去に解いたことのある問題が出題されたため，合格できたのかもしれないし，Y君はたまたま体調が悪かったり，思わぬミスをしてしまったり，などしたのかもしれない。もし，運・不運などの要素をも含めて「実力」と呼ぶのだというのならば，話は終わってしまう。ただ，常識的には，1点の得点差に絶対的な意味を求めるのはナンセンスであろう。

しかし，X君とY君は1点差の非常に近接した実力のもち主と評価されるのではなく，「A大学のX君」「B大学のY君」という非常に歴然とした差のある評価を受けることになる。しかも，Y君は再びどこかの大学や大学院を受け直

さない限り（あるいは編転入しない限り），この歴然とした差のある評価は生涯ついてまわることになるのである。1点刻みの入試に対する批判はかねてから後を絶たないが，しかし，いまもって1点刻みの入試が主流であるといえよう。

　要するに，18歳の時点での受験学力をもとに，学歴が定められてしまうわけである。この場合，学歴はその時点までの能力＝業績とみなすことができるとしても，その時点以降の能力＝業績をも表すとはみなせないのではないかという疑問があるわけである。学歴社会は本来「身分社会からの解放」という大きなメリットをもたらす社会であったはずが，18歳のある一日において決定される「学歴という名の新たな身分」によって，その後の人生をずっと拘束されることになるのではないかという批判はずっと根強く存在している。

（2）18歳時の受験学力が能力（業績）を表すのか

　第二に，そもそも18歳の時点での受験学力が，その時点までの能力＝業績を表すというのは本当なのかという議論がある。これは学校の基本的な性格にも関わってくることであるが，受験学力として養われる能力はその人のもつ多様な能力のごく一部の側面しか表現し得ないのに，それを社会的・職業的地位を配分する基準にするのはおかしいのではないかという議論である。

　日本の学校教育については「詰め込み式教育」などという言葉が表すとおり，記憶力を中心とする受験学力の涵養には熱心な一方，創造性などの能力は涵養されないばかりか，厳しい受験競争の中で摩耗させられてしまうのではないかとの批判が再三なされてきた。

　さらに，医学部は現在でも最難関学部の一つに数えられているが，数学と物理・化学などができれば，それだけで医学部学生としてふさわしいのか，医学教育を受けるにふさわしいのか，医者の卵としてふさわしいのか，という疑問がある。こういった疑問は戦前からずっと根強く残っている。

（3）教育機会は開放されているのか

　第三に，教育機会が開放されているとはいっても，それは表面的なことで

あって，現実には一部の人にのみ有利になっているという批判がある。もしこれが事実だとするならば，学歴社会が是とされる前提が突き崩されることになってしまう。

　確かに一億総中流化などといわれる時代にあっては，社会階層と教育機会の関係を問うことなど，もはやナンセンスという風潮さえもあった。しかし，前世紀末からの近年の私立大学の授業料の高騰化，国公立大学の授業料の大幅な引き上げは，家計を大きく圧迫するものと考えられている。また，東京の私立大学に通うため下宿する場合など，下宿代の高騰によって生活費の負担は実に重くなっている。ここ数年続いている深刻な長期的不況は，この傾向にますます拍車をかけるものである。

　加えて，今日の子どもにみられる塾通いの蔓延は家計をさらに圧迫するものとして認識されねばならない。塾，家庭教師，予備校，通信添削と，学校外教育を受ける子どもが増えるにつれ，それを受ける経済的余裕のない家庭の子どもは受験競争において不利を強いられることになる。

　以上のような傾向が，特定階層を受験競争から排除しているのかもしれないという危惧をもつ人は多い。もちろん，まだ具体的なデータがないため，詳細な議論はできないのだが，一言だけ述べておきたい。それは奨学金制度についてである。日本の奨学金制度は，欧米諸国に比べて大きく遅れているといわれている。進学に不利とされる社会階層の進学状況があまり改善されていないという指摘が事実だとするならば，この奨学金制度の不備が大きな原因となっているのではないかと考えられるのである。

引用文献

麻生誠（1960）「近代日本におけるエリート構成の変遷」日本教育社会学会編『教育社会学研究』第15集，東洋館出版社，148～162頁。

麻生誠（1967）『エリートと教育』福村出版。

麻生誠（1977）「学歴エリートの虚像と実像」麻生誠・潮木守一編『学歴効用論──学歴社会から学力社会への道』有斐閣，65～84頁。

麻生誠（1978）『エリート形成と教育』福村出版（麻生（1967）の改訂増補版）。

麻生誠（1983）「現代日本におけるエリート形成──『学歴エリート』を中心として」

大阪大学人間科学部編『大阪大学人間科学部創立十周年記念論集』515～565頁。

麻生誠・山内乾史編（1994）『現代日本におけるエリート形成と高等教育』（『高等教育研究叢書』25）広島大学大学教育研究センター。

岩見和彦・曽和信一・富田英典・中村勝行（1981）「社会階層と教育――『人事興信録』の学歴分析」『関西大学社会学部紀要』第12巻第2号，85～111頁。

冠野文（1996）「女性エリート輩出に見る戦後改革のインパクト――外面経歴および価値意識の検討を中心に」日本教育社会学会編『教育社会学研究』第58集，東洋館出版社，103～123頁。

黒岡千佳子（1981）「わが国における現代女性エリートの意識と実態」『大阪大学教育社会学・教育計画論研究集録』第3号，大阪大学人間科学部教育社会学・教育計画論研究室，27～61頁。

経済産業省（2006）『社会人基礎力に関する研究会――「中間取りまとめ」』。

厚生労働省（2004）『若年者就職基礎能力修得のための目安委員会報告書』。

中道実（1973）「現代日本における指導層の社会的性格（一）」『ソシオロジ』第57号（第18巻第1号），社会学研究会，79～103頁。

中道実（1974）「現代日本における指導層の社会的性格（二）」『ソシオロジ』第59号（第18巻第3号），社会学研究会，57～89頁。

増田知子・佐野智也（2017）「近代日本の『人事興信録』（人事興信所）の研究（1）」『名古屋大学法政論集』第275号，1～43頁。

増田知子・佐野智也（2018）「近代日本の『人事興信録』（人事興信所）の研究（2）」『名古屋大学法政論集』第276号，225～282頁。

盛田昭夫（1987）『学歴無用論』朝日新聞社。

（学習の課題）

　エリートは民主的な方法によって選抜されていると考えられるのか，また民主的に選抜されたエリートが統治する社会は望ましいものなのか，説明してみよう。

【さらに学びたい人のための図書】

麻生誠（2009）『日本の学歴エリート』講談社（文庫版）。

　⇨本書は教育社会学の領域におけるエリート研究のパイオニアといえる麻生氏によって執筆された最後の著書である。本章で扱ったように麻生氏は『人事興信録』をエリート・インデックスとして近現代日本のエリートの社会的構成と高等教育の関係を分析し続けた。本書はこの研究領域への最良の入門書といえる。

竹内洋（1999）『学歴貴族の栄光と挫折』（日本の近代12）中央公論新社。

　⇨本書はエリートと教育の関係について，麻生氏とは異なるアプローチを用いて

分析した竹内氏の代表作である。竹内氏はピエール・ブルデューの研究枠組み
を援用して，麻生氏が深くは分析しなかった教育の内容とエリート形成の関係
に踏み入っている。エリート教育の質的分析に関心がある人には大いに勧めた
い。

秦由美子（2018）『パブリック・スクールと日本の名門校——なぜ彼らはトップであ
り続けるのか』平凡社。

⇨本書は高等教育ではなく，中等教育に焦点を当てたものである。日本の私立中
高六年一貫校のうち，とくに灘校，麻布校，ラ・サール校，甲陽学院校，英国
のパブリック・スクールのうちイートン校，ラグビー校，ハーロウ校，マー
チャント・テーラーズ校を取り上げ，詳細に校風とカリキュラムを分析した好
著。

（山内乾史）

第3章 学力論の展開
── 学歴社会と学力（3）

この章で学ぶこと

　この章では前章に続いて現代社会における学歴の意味を探る。とくに，前世紀末から今世紀冒頭にかけて起こったゆとり教育における学力論争を類型化してそれぞれの特徴について言及する。そして，2011（平成23）年の学習指導要領改訂以降現在に至る「脱ゆとり教育」の流れは，本当に「ゆとり教育を否定するもの」なのかどうかを検証する。筆者の考えでは，現実には前章に掲げた「社会人基礎力」や「就職基礎能力」のような能力の習得こそが，現在の教育の目指すものであると同時にゆとり教育が重要な能力として理念的に提唱していたものではないかということになる。その見地から，今後の学歴社会のあり方を検討する。

1 「学力低下」論の構造

（1）「学力低下」論の類型について

　第1，2章の議論から考えると，そもそも学力とは何かという疑問がわいてくる。学力をめぐっては20年ほど前に学力低下論が盛んにかわされた。「ゆとり教育」と「学習指導要領の3割削減」を契機にして，議論は大きな盛り上がりをみせた。学力低下をめぐる議論には，いくつかのタイプがある。ここでは，大きく4つの類型を設けて考えてみたい（表3-1）。

（2）タイプ1：「国家・社会の観点」から「ゆとり教育」に肯定的なもの

　このタイプの意見は保守層に広くみられる。いわゆる現代の教育問題の原因は，教育過剰にあるという見解である。政府の供給すべき公教育には適正規模があり，それを超えると望ましくない事態が生じるという考えをもとに，高学

表3-1　学力低下論（ゆとり教育論の類型）

	国家・社会の観点から	児童生徒の観点から
ゆとり教育に肯定的	教育過剰論 新自由主義的教育論	児童中心主義的教育論 体験型・参加型学習論
ゆとり教育に否定的	国際競争力低下論 学習意欲論・階層化論	学習権論 「吹きこぼれ」論

出典：筆者作成。

歴社会を批判的にみる人々である。教育過剰論は教育問題が深刻化すると必ず
わき起こる議論であり，その意味では新しい議論ではない。しかし，現在提言
されている論調はよりラディカルなものである。たとえば，中曾根康弘元総理
と石原慎太郎元東京都知事の対談をまとめた『永遠なれ，日本』（2001）に，
石原の発言として次のような記述がみられる。

　　少し話はそれますが，私は人間の最大の価値である個性を育てるために
　は，義務教育は小学校限りで十分だと思っています。そのあとは中学校に
　しても，行きたくなければ行かせなくてもいい。放っておけばいいのに無
　理に行かせて当人の資質にそぐわぬものを無理矢理つめこんで教えるから，
　子どもはキレてしまう。行かせなければ子どもは，ある時期，多少ほかの
　人間と比べて常識の面では足らなくても，自分が本当に好きなものをけっ
　こう確かに見つけてくるものです（中曾根・石原，2001，240頁）。

また，作家で教育課程審議会会長・文化庁長官を歴任した三浦朱門の発言と
して斎藤貴男の『機会不平等』（2000）には，次のように記されている。ちな
みに三浦が教育課程審議会の会長を務めていたときに，現在のゆとり教育の伏
線となる答申が出されたのである。

　　学力低下は，予測し得る不安というか，覚悟しながら教課審をやっとり
　ました。いや，逆に平均学力が下がらないようでは，これからの日本はど
　うにもならんということです。つまり，できん者はできんままで結構。戦
　後五十年，落ちこぼれの底辺を上げることにばかり注いできた労力を，で
　きる者を限りなく伸ばすことに振り向ける。百人に一人でいい，やがて彼
　らが国を引っ張っていきます。限りなくできない非才，無才には，せめて

37

実直な精神だけを養っておいてもらえばいいんです。…（中略）…平均学力が高いのは，遅れてる国が近代国家に追いつけ追い越せと国民の尻を叩いた結果ですよ。国際比較をすれば，アメリカやヨーロッパの点数は低いけれど，すごいリーダーもでてくる。日本もそういう先進国型になっていかなければいけません。それが"ゆとり教育"の本当の目的。エリート教育とは言いにくい時代だから，回りくどく言っただけの話だ（斎藤，2000，40〜41頁）。

なお，斎藤によれば，京都経済同友会も先述の石原と同じような主張を展開している。

いずれにせよこのタイプの議論は，多かれ少なかれ，学校に適応しない，あるいは適応しようとしない児童生徒を無理して学ばせなくてもいいという議論であり，その資源を優秀な児童生徒の教育に回して有効活用しようという趣旨である。ある意味で学力低下そのもの，ゆとり教育，現行の改革そのものの是非よりも，教育資源をいかにして有効活用するかという議論の一つである。教育内容に関しても，このタイプの議論は現行のものには不満を抱いている者が多い。つまり，道徳，宗教などの情操面の教育をもっと重視せよという議論が多いのである。

確かに，学校教育に目的意識もなく渋々参加する不本意就学の児童生徒が増えるにつれ，学校は学級崩壊など機能不全の状況に陥る。しかし，やりたいこともないのに無理して学校に来ずとも現代日本には放送大学，通信制大学，社会人大学院，カルチャーセンターなどふんだんに生涯学習の機会があり，いったん社会に出て労働を経験してから，必要を感じれば学校へ戻ればいいというものである。その方がやる気もなく学校に通い続けるよりも，児童生徒本人にとっても，教師にとっても，そして公教育を財政的に負担するタックス・ペイヤーたる国民にとっても幸福であるというのだ。児童生徒にしてみれば，興味のない勉強を強いられなくていい。教師にしてみれば，わからない授業に飽きた子どもたちが荒れる教室を経験せずに済む。国民にとっては税金が有効に使われ，これまでのように学校が学級崩壊だの私語の蔓延だのによって，まった

く機能不全の状態ではなくなるのであるから納得がいく，というのである。

　もちろん，次にみるタイプ２の論者から反論があるように，人生のはやい時期に学習するということに価値を見出す，学習するという習慣を身に付けることをしておかないと，技術革新などによって将来職場で求められる能力が変化したときに自分で学習して新しい状況に対応していく能力が養成されない，との見方もある。つまり，せっかくの生涯学習機会を生かす能力を養成しておかないと，そういう児童生徒は学校へ戻ってこないというわけである。しかし，タイプ１の論者からすれば，学校で学ぶことにこだわるのが，そもそもおかしいということになる。すなわち，学校という組織，学校で展開される学習内容・学習スタイルになじまない子どももいるのであり，そういう子どもを長く学校という場にとどめておくのは，本人はもとより周囲の人間にとっても何のメリットももたらさない。人間は日々学習しているわけであり，すべての児童生徒が学校で組織化された形で勉強し続けることはない。自分に適合する学習形態を選択し，学習すればいいのであり，定型化された形ではない，学校で教えられない形の知識・技術などは学校外で学習せざるを得ないのである。現在子どもの生活において学校の占めるウエイトが大き過ぎるので，家庭や地域社会と連携して子どもの教育にあたるべきであり，学校教育をもう少しスリム化すべきという主張もこのタイプの論者にはみられる。

　そうして，学校教育をスリム化した後は，その余剰資源を学校で勉強したい，やる気のある子に振り向けるというのである。資源の有効利用という観点がこの議論には含まれるのである。しかし，当然のことではあるが低学歴化が起こる見込みは少なく，現実には分岐型教育システムになる，あるいはそうなるべきだという見解がみられる。つまりゆとり教育中心の教育を受け AO 入試で非ブランド大学に入学する，あるいは高等学校卒業後すぐに就職する児童生徒と，旧来型に近い教育を受け選抜のきびしい入試を受けブランド大学に入学していく児童生徒とに分かれるというのである。このような分岐（＝トラッキング）を肯定的に捉えるのがこのタイプである。当然，学力が低い子どもを切り捨てようとする考え方だとの批判もあった。

（3）タイプ2：「国家・社会の観点」から「ゆとり教育」に否定的なもの

これは学力低下が，一国の，あるいは当該社会の活力（ことに経済力）の減退につながるという議論である。しばしば，オイルショック以降の欧米諸国が例として取り上げられる。つまり，マイノリティ・ムーブメントなどの影響を受けて，スプートニク・ショック以降，科学・数学の教育水準を引き上げるために実施されていた「現代化カリキュラム」が，「人間化カリキュラム」に取って代わられる。このカリキュラムは「人間化」という甘美な名のもとに，選択科目を大幅に導入し，学習者の意欲・関心を尊重するという形で実施された。しかし，このカリキュラムは結果として，単位取得が容易な非アカデミックな教科を選択する者の増大と，アカデミックな教科を選択する者の減少を招き，深刻な学力低下を招いたとされる。もちろん，こういった単純な流れの議論にはいろいろな反論があるが，そういった議論・反論を詳細に説明するのは本章の目的ではないので省く。こういった深刻な学力低下の認識に立ち，有名な『危機に立つ国家』以下の報告書・学術書が出版され，政策化され，学力向上に向けて取り組んでいるという欧米のイメージが，このタイプの論者の多くには抱かれている。そして，日本は同様の問題に直面しているにもかかわらず，さらなる学力低下を引き起こしかねない2002（平成14）年改訂の学習指導要領の改悪に踏み切った，とこのタイプの論者はみるのである。

そしてこの学力低下が単に教育の世界での問題にとどまらず，基幹労働力の質の低下，技術開発のポテンシャルの低下などを引き起こし，中期的に国家・社会の国際競争力，経済的地位に影を落とすというのである。こういったタイプの論者の著書に「国を滅ぼす」といった副題がしばしばつけられるのは，そういった背景があるからである。

たとえばこのタイプの代表的な論者である西村和雄の議論はエスカレートして，2002年12月13日付の『産経新聞』第19面の「正論」欄では，「ゆとり教育の是正が先決——学力調査実施しても実態はわからぬ」との題のもとに，次のような非常に（ご自身も認めているように）極端な論を展開している。

　　……極端な例えと思うが，拉致問題は存在しないといい続けてきた北朝

鮮政府と，学力低下は存在しないといい続けてきた日本の文科省は似てなくもない。とはいえ，文科省でも，旧科学技術庁や旧学術国際局は韓国で，教育政策部門が北朝鮮なのであろう。

　世界の流れに抗して，急進的な「ゆとり教育」思想を維持する，国民の批判に耳を傾けない行政などは，確かに社会主義的である。

さらに，西村の舌鋒は国立教育政策研究所に向かうのである。

　ここで重要な役割を果たすはずなのが国立教育政策研究所（国教研）である。ところが，マスコミの報道を読むと，教育についての調査を担当する国教研の職員が，学力調査結果について，都合の悪いデータを無視して，一部のデータを過大解釈しているケースがある。

　国教研の中でも，個人的には，学力低下を深刻に受けとめている人が多い。それでも，公的には，学力低下を認めないように圧力を受けているようだ。驚くことに，すでに文科省をやめた人達の中にすら，いつも何かの影に怯えている人がいる。これでは国教研は，まるで特殊な諜報機関ではないか。

このタイプの議論は，タイプ1や後述のタイプ3の議論と違って，基本的に生徒の自主的な学習に過度の期待を寄せず，児童生徒は将来の自分にとって必要な学習を適確に把握しているわけではないとみる。したがって，本人の現時点での意思よりも，社会なり学校なりが生徒や児童の将来を見据えたプログラムを提供するのがいいという発想に立っている。また，タイプ1の議論とは異なり，タイプ2の論者は基本的に高学歴化を望ましいこと，あるいは無理して変える必要のないトレンドであると考えている。この点がタイプ1の論者より指摘されるところで，学校教育の普及が自動的に学習の普及をもたらすわけではない（つまり，不本意就学の増大）し，タイプ2の論者が学校至上主義（学校以外の教育の可能性を考慮せず，つみ取っていく）といわれるゆえんである。また，学力の意味するところが，一定レベルの知識や技術であれ，問題解決能力であれ，生涯学習能力であれ，生きる力であれ，何よりも公教育がその育成に責任を負うべきと考える。家庭によって教育観がまちまちであるから，育ってきた

子どもも多種多様というのは将来の世界や国を背負う国民のあり方としては望ましくなく，したがって，公教育は均質で質の高い教育サービスを提供すべきであり学習指導要領の内容の削減にも教科の選択制にも，学校の自由選択制にも基本的に反対という立場である。

しかし，タイプ1と同様に，このタイプの論者にもエリーティズムを感じるという者も多い。つまり，このタイプの論者には，学校という場で成功してきた人たちが多く，そういう人たちの成功体験をもとに学校や教育のあるべき姿が論じられていくことに抵抗を感じる人は多いのである。

余談ながら審議会などももともと各界の名士が集まるものであり，概ね学校での成功体験をもつ人たちである。そういう人たちが，自分の成功体験をもとに日本の学校のあり方を論じていくわけである。しかし，教育観・学校観は驚くほど多様であり，その多様な教育観・学校観が，これらの人々にどの程度理解されているのかは常々疑問視されている。

（4）タイプ3：「児童生徒の観点」から「ゆとり教育」に肯定的なもの

学習内容の削減に賛成というよりも，ゆとり教育によって何が可能になるかを重視し，そこで展開される教育実践を評価する見解である。こういった議論を象徴するものとして，加藤幸次・高浦勝義編『学力低下論批判』（2001）をあげておこう。なお，梅田正己（2001）や岩川直樹・汐見稔幸編（2001）も基本的に同様の主張を展開している。

『学力低下論批判』で編者の一人加藤が書いた「はしがき」にその主張が端的に示されている。

　　しかし，こうした時数を多くかけ，知識の暗記量を増やそうとする考え方はIT時代にふさわしくない。知識や情報はコンピュータによって大量かつ豊かに瞬時に手許に届く時代である。したがって，今後は，問題解決能力こそ学校が目指すべき学力の内容であるべきである。社会をめぐり，自然をめぐり，自分自身をめぐって，子どもたちはいろいろな問題に興味をもっているに違いない。さらに，人類は世界のグローバル化に伴って，

かつて当面したことのない新たな困難な問題を解決していかなければならない。まさに，環境問題，国際問題，情報化に伴う問題に代表される困難な問題を創造的に解決して行く力を育てて行くことこそ，今後の学校教育の最大の目的である。すなわち，子どもたちは，グローバル社会における「地球市民」として「生きて」行かねばならないはずである（加藤・高浦編，2001，3頁）。

加藤によれば，学力低下論は経済不況と政治的閉塞状況が生み出す政治的プロパガンダであり，「"時代の狂気"にも似た展開」とのことである。

このタイプの議論を一言でまとめると，ゆとり教育によってもたらされる総合的な学習の時間において展開される学習内容こそが，今後の学校教育に求められるモデルということである。それはグローバル教育とか，国際理解教育とか呼ばれるタイプのものであったり，コア・カリキュラム的なものであったり，いわゆる「豊かな人間性を育む」カリキュラムとか「心の教育」なるものに他ならない。なお，このタイプの議論には，往々にして地球市民の育成だとか，自国民中心主義からの脱却といったいささかイデオロギー的な主張を展開するものがみられる。

しかし，当時このタイプの教育理念・実践は，学力低下批判にさらされていた。この学力低下批判に対して，このタイプの論者は，「いたずらに政治的にあおり立てている」「具体的根拠がない」などと反論している。確かにゆとり教育が始まるまで，一般世論は一方的な知識詰め込み型の学力偏重の学校教育をきびしく批判してきたはずであり，受験競争から子どもを解放することを悲願にしてきたはずである。ところが児童中心主義を現実化するカリキュラムが実行されると，批判されるというのは理解できないところであろう。要は多様な学力が2000（平成12）年当時の社会では求められており，これまでの偏差値に基づく一元的な学力序列でできる子とできない子を切り分けていくのではなく，それぞれの子どもがそれぞれの能力を生かせる社会づくり，つまり，多様な能力をもつ子どもがそれぞれ自己実現できる社会づくりを目指そうとしたわけである。

このタイプの論者は2通りに分かれる。いずれも「ゆとり教育」の理念には賛同するのだが，現行の改革を支持する者と支持しない者に分かれるのである。現行の改革では「ゆとり教育」の趣旨が十分に生かされ得ないと判断する者はよりコミュニティ・ベースの学校づくりや，私立学校（とくに中高六年一貫校）に対する規制の強化や，大学入試の大幅な改革を訴えていた。

（5）タイプ4：「児童生徒の観点」から「ゆとり教育」に否定的なもの

　『朝日新聞』の2002年3月3日第32面の「Opinion Voice」の欄に次のような声が寄せられている。投稿者は，「川上ひとみ」さんという主婦で「世の中やはり『お金』なのか」と題されている。

　　　……3人の息子を育てる私にとって，身近な教育に関しても矛盾だらけ。空き教室が増えるなか，40人が1クラスに押し込められて，なにが「ゆとり」なのか。学習内容を3割減らされ，経済的に余裕のある家庭は塾に通わすこともできるが，わが家はとても通わせられない。やはり「お金」なのか。寂しい。……

　これもまた，かなり広くみられる意見である。この意見の要諦は，学習内容の削減は学習権の侵害である，というところにある。学習内容が削減された場合，裕福な層は私立学校へ行くか，公立学校へ行ったとしても塾など学校外教育に資金を投入することによって対応することが可能である。しかし，その余裕をもたない家庭は，公立学校で展開される削減されたカリキュラムで教育を受ける以外にない。これは，従来，公教育の範囲でカバーしていたものを，公立学校の枠外に投げ出すことによって，従来であれば保障されていた学習内容が，一部の子どもを除いて受けられなくなるのであり，これはその子どものもつ学習権を侵害するというものである。

　確かに，これまで大学入試は「学習指導要領の範囲を逸脱しない」ように行われるべきものと考えられてきた。だが，寺脇研が再三指摘するように，学習指導要領をミニマム・リクワイアメントとすると，大学入試はミニマム・リクワイアメントさえも超えない範囲でやるということになるのであろうか（寺脇，

2001, 190~207頁）。もし，そうでないとすれば，学習指導要領の範囲を超える学習指導を受けられる教育機関に，わが子を送り込もうとする家庭が増加するのは自明である。大学入試ばかりではない。小松夏樹（2002）は国立・私立の中学・高等学校の入試問題について同様の指摘をしている。ちなみに，小松は，このミニマム・リクワイアメント論は，どこにも明記されておらず，2000年までにもそのような説明はなく，いまなお文部官僚の間で説明が一貫しないと指摘した。

　あるいは，いわゆる「落ちこぼれ」ではなく，「吹きこぼれ」の発生を加速させるという見方もある。つまりゆとり教育以前の授業は，できる子とできない子とではなく，平均的な子に焦点を合わせてきた。2002（平成14）年版では，できない子が，「学校が楽しく」なり「100点を取れるような授業」にするために学習指導要領を大幅に削るということであり，できない子に焦点がややシフトしている。しかし，これで楽しい学校づくりができるなどというのは幻想だというのが，この立場・主張である。できる子はよけいに授業内容に飽きていくのであり，試験をすれば100点を取るだろうが，100点を取れれば楽しくなるわけではない。こういう子にとって学校はいっそう「楽しくない」場になるであろう。いわゆる「落ちこぼれ」ならぬ「吹きこぼれ」である。またどんなに学習指導要領の内容を削ったところで，すべての子に100点を取らせるのは至難の業である。「学習内容の削減→全員が100点→楽しい学校」という寺脇にみるような発想は，確かにあまりにも短絡的であろう。

　このような学力論からすれば，学力，能力，実力とは何か，それと学歴がどのように関連するのかについては，果てしない議論のように感じられる。しかし，2011年度以降の学習指導要領改訂においては，「脱ゆとり教育」の方向性が明示され，ゆとり教育は一見否定され，葬り去られたかにみえる。しかし，実は前章第1節第3項で掲げた社会人基礎力，就職基礎能力こそがゆとり教育の目指す「世界のグローバル化に伴い求められるようになる能力」であるともいえる。「現実化したゆとり教育」は否定されたが，実際には「理念としての

45

ゆとり教育」は生きていると考えることも可能である。

2 日本の学歴社会の展望

（1）学歴社会のゆくえ

　学歴社会の基本的な理念が，身分からの解放という点にあったとすれば，学歴社会は非常に結構で立派なものであるということになる。だが，以上の問題点を概観すると，日本の学歴社会が今後どうなるのかという危惧（あるいは期待）をもつ人もいるだろう。

　きわめて平凡な結論ではあるが，「学歴社会はなくならない」という展望しかあり得ない，というのが筆者の見解である。確かに，学歴社会や大学間格差を打破するという名目のもとに，入試改革や教育改革が盛んに試みられる。だが，それらは一時的に国民の学歴社会に対する不満を「そらす」ことはあっても，「なくす」ことはできないであろう。なぜなら学歴主義は，ひとり教育システムだけの問題ではなく，上述のように社会の他の諸システム（経済システム，政治システム，文化システム）とも深い関わりをもつ根の深い主義であり，教育システムだけを表層的にいじってみたところで，他の諸システムが変わらない限りは長期的な効果を期待し得ないからである。

　もちろん，旧制のような複線型の学校教育制度ではなく，現在は単線型の学校教育制度を敷いているから，表面上は平等で民主的な教育という理念が貫かれているようにみえる。指定校制のような露骨な学歴による就職区分ももはやない。しかし，いくら表層が変わろうとも，人々の意識が簡単に変わるわけではないというのも事実であろう。社会諸システムの根の深い部分で学歴主義はしたたかに生き延びようとしていると考えられる。よりよい学歴を取得するようにと子どもをせっせと塾へ通わせる親がいる限り，よりよい学歴をもった人材をと血眼になっている企業がある限り，学歴社会はなくならないだろう。それに代わるシステムがいまのところみつからないのであるから。

　実際，第二次世界大戦後の GHQ による大きな教育改革の荒波をしたたかに

くぐり抜けてきた学歴主義が，そう簡単になくなるとは思えないというのは訳なきことではなかろう。学制の改革というのは教育改革の中でも，最も大きな改革と考えられるからである。

（2）学歴社会に変化は起きるか

しかし，いままでとまったく同じ形で学歴社会が存続するかどうかは議論のあるところであろう。明治期・大正期はもちろん，昭和30年代頃までは，高等教育機関への進学をめぐる受験競争は苛烈なものであったけれども，一部の人間のものであった。しかし，高等学校がユニバーサル化し，高等教育がエリート段階からマス段階へと移行していく中で，受験競争は大衆化し，激化していったのである。現在少子化の進行と，高等教育のユニバーサル化を迎えて，過酷な受験競争は再び一部のものとなっているのではないかという議論もある。確かに，すでに少なからぬ短期大学，一部の四年制大学では定員を満たすことができず，無試験，あるいはそれに近い状況が生じているからである。

だが，ある程度の大学・短期大学の淘汰を伴いつつも，受験競争は上部の大学受験者を中心に残っていくのではないだろうか。競争の形態は変わるかもしれない。過去と比べれば緩やかな競争になるかもしれない。それに巻き込まれる層も，徐々に一部の者に限定されていくのかもしれない。しかし，すべての大学・短期大学が等価な選択肢としてあるわけではない以上，何らかの意味で「よい」大学・短期大学を目指す動きが完全になくなるとは考えにくい。

（3）学歴の効果

現在，企業の「即戦力」志向が高まり，「学歴主義的な選抜」から「人物本位の選抜」へと移り変わっているといわれる。しかし，これ自体，古くから繰り返されているフレーズである。いまも就活生の間では「学歴スクリーニング」という言葉が頻繁に使われる。現在，インターネットからエントリーシートを提出できるようになったので，就活生の立場からは手軽に応募できる。もし人気企業であれば，膨大な応募者数になる。そのすべてと面接するわけには

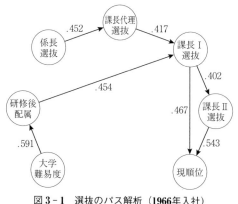

図3-1 選抜のパス解析（1966年入社）
注：標準化回帰係数は，0.3以上のみ記載。
出典：竹内（1995）178頁。

いかないので，学歴によるスクリーニングをするというのだ。企業社会が「いまだに学歴主義的である」と批判されるゆえんである。しかし，これは昔からある傾向である。竹内洋の『日本のメリトクラシー』（1995）においては，1966（昭和41）年入社組に関して「選抜のパス解析」を行ったところ，大学の入試難易度は「研修後配属先については大きな効果をもつこと」がわかる（図3-1）。しかし，「学歴効果は研修後配属に最も効果があるが，その後の直接効果はネグリジブルである」と指摘する。これは採用されたものの中での昇進をめぐる議論であるが，学歴はごく初期にしか効かない「期限つき資本」である（竹内，1995，178〜179頁）。

（4）敗者をどうやって納得させるか──パチンコ屋の新装開店

受験競争が「競争」である以上，勝者と敗者がいるはずである。全員が勝って，全員が望む職業につけるならば，こんなハッピーな社会はないだろう。しかし，社会では様々な職業が必要とされ，しかも威信の高い職業とそうでない職業がある。威信の高くない，あるいは望まない職業を割り当てられたとき，その人は不満をもつであろう。そういった不満は積もり積もれば，少なくとも社会不安の一因にはなるだろう。

この不満をできるだけ少なくするには，その人を納得させる理屈が必要である。学歴社会は，人々を競争へ駆り立てるだけでは機能しない。競争に敗れ，競技場から出た人々を納得させる仕組みが必要である。逆に「競争へ駆り立てるもの」と「敗者を納得させるもの」あるいは「見込みのなさそうな者をあきらめさせるもの」，この3つがうまく機能するならば，学歴社会は続くという

ことになるだろう。

　高学歴社会は，高学歴を獲得できなかったという，目に見える形での敗者を少なくしてきたのは事実である。しかし，だからといって，みんながハッピーなのか，以前より問題は少なくなっているのかといえば，事態はそんなに単純ではないといわざるを得ない。高学歴社会は，実は勝者の多い社会ではなく，みんながハッピーな社会ではないのである。先述の教育投資論が描いたような，バラ色の未来を約束するものではないのである。

　ここで述べておく必要があることは，ここまで述べられてきた学歴とはいわゆる，学校段階歴（中学校，高等学校，大学など）あるいは学校歴（○○大学，△△短期大学など）であるということである。しかし，日本は学習歴の面でのよりいっそうの学歴主義化が必要だという声もある。確かに，国際機関などでは，修士課程修了が当たり前で，大学院を経ていない人材は低く評価される。現在，大学院進学者数は急増しているが，それでも大学院／学部の学生比率は国際的な水準にはない。こういった方向への学歴主義の転換も起こりうるだろう。

　教育改革というのは，「敗者を納得させるもの」あるいは「見込みのなさそうな者もあきらめさせるもの」がうまく機能しなくなったときに，きまって登場するものである。俗っぽいたとえだが，教育改革はパチンコ屋の新装開店と似ていて，中身はほとんど変わらず，装いだけちょっぴり新しく見えるという程度に進行するものなのである。そういう改革が無駄だというわけではない。ほんの少しだけでも，新鮮な気分に浸れて，淡い期待をもたせてくれればよいのである。もともと淡い期待しかもたないから，裏切られても不満は大きくないのだし，万が一不満が爆発したときには，また新装開店すればよいのである。客は必ずよってくるのだから。

引用文献

岩川直樹・汐見稔幸編（2001）『「学力」を問う――だれにとってのだれが語る「学力」か』草土文化。

梅田正己（2001）『「市民の時代」の教育を求めて――「市民的教養」と「市民的徳性」の教育論』高文研。

加藤幸次・高浦勝義編（2001）『学力低下論批判』黎明書房。

小松夏樹（2002）『ドキュメント　ゆとり教育崩壊』中央公論新社。

斎藤貴男（2000）『機会不平等』文藝春秋。

竹内洋（1995）『日本のメリトクラシー――構造と心性』東京大学出版会。

寺脇研（2001）「なぜ，今なお『ゆとり教育』なのか」文藝春秋編『教育の論点』文藝春秋，190～207頁。

中曾根康弘・石原慎太郎（2001）『永遠なれ，日本』PHP研究所。

盛田昭夫（1987）『学歴無用論』朝日新聞社。

（学習の課題）

学力はどのように定義されるのが望ましいのだろうか。考えてみよう。

【さらに学びたい人のための図書】

山内乾史・原清治編（2006）『学力問題・ゆとり教育』（リーディングス「日本の教育と社会」1巻）日本図書センター。

　⇨本書は学力問題，ゆとり教育に関して論じた重要な論稿18編を収録し，詳細な解説を付した入門書的なリーディングスである。

志水宏吉・高田一宏編（2012）『学力政策の比較社会学（国内編）――全国学力テストは都道府県に何をもたらしたか』明石書店。

志水宏吉・鈴木勇編（2012）『学力政策の比較社会学（国際編）――PISAは各国に何をもたらしたか』明石書店。

　⇨教育社会学会における学力研究の第一人者の一人，志水氏が中心になって進めたプロジェクトの研究成果である。前者は都道府県比較，後者は国際比較を行い，公正性と卓越性の観点から社会学的な分析・評価を行っている。

山﨑博敏・西本裕輝・廣瀬等編（2014）『沖縄の学力追跡分析――学力向上の要因と指導法』協同出版。

　⇨本書は学力問題が深刻である沖縄をフィールドに追跡調査を行った貴重な研究報告である。生活習慣やインフラの整備状況など多角的に沖縄という学習環境を分析し，建設的な提言をしている。

（山内乾史）

第4章 学校で起こる問題を捉える視点
——ネットいじめの実態を通して

この章で学ぶこと

　本章では，ネットいじめの実態を通して，現在の学校問題を捉える視点について明らかにしたい。とりわけ，高校生のネット利用にはどういう問題が隠されているのか。各学校によってネットいじめの内容がどのように変わってくるのか。こうした部分を明らかにすることが本章の目的である。

　そして，子どもたちの実態をみると，とりわけ人間関係の「息苦しさ」は，現代の子どもたちを悩ませている中心的な問題であろうというのが本章の結論である。

1 「ぼっち」化する若者と「つながる力」

　最近，大学の食堂では「ぼっち席」と呼ばれる座席が用意されていることが多くなった。「ぼっち」とは，ひとりぼっちの「ぼっち」を指す。つまり，ひとりぼっちでご飯を食べる学生が多くなっているのである。一昔前の大学の食堂は，皆で大きな机を囲むようにワイワイしゃべりながら食事をする風景が一般的に見られた。しかし，最近の食堂の人気席は窓に向かうカウンター席や，大きな机はあるけれど，真ん中に衝立を設けて，対面しても話をしなくてもよい「ぼっち席」であり，そちらから埋まっていくことが多い。

　いまの大学生の多くは，「つながる力」を小学校の早い段階から育てられた世代である。だが，全国的に多くの大学で「ぼっち席」が設けられ，そこに学生がこぞって着席するようになったのはなぜだろうか。

　ぼっち席に座っている大学生は，必ずしもコミュニケーション能力，若者言葉で示すところの「コミュ力」が低い学生だけではなく，それなりに人間関係

51

を築く力のある学生たちでもある。時々ぼっち席に座るという学生にその理由を聞いてみると、「たまに一人になりたいときがある」「ご飯を食べるときくらいは気を遣いたくない」といった答えが聞こえてくる。

　結論を先取りする形になるが、ネットいじめの大規模調査を分析するとき、彼／彼女らが人間関係のつながりを煽られた結果として、インターネットの世界を介していじめを行っていることがみえてきた。その結果については後述するが、子どもたちの多くは、教室内のみならず、SNSを代表とするウェブ上でも対人関係をうまく取り結ぶことが求められている。メッセージに素早く返信すること、問いに対して気の利いた回答を返すこと、グループメッセージの場を乱すような不規則なコメントを残さないこと、このような同調圧力の逃げ口としてネットいじめのような事象がみられるのである。また、高等学校までのクラス単位での縛りの厳しさが、大学である程度緩和されることによって、「ぼっち席」のような気を遣わない空間を欲するようになるのかもしれない。

2 現代の子どもたちを取り巻く「息苦しさ」

　子どもたちの様子をみていると、友達関係のつくり方が変化してきたことが指摘できる。たとえば、昔に比べ子どもたちの数が減り、友達の数は少なくなっている。そのため、いわゆる所属集団が小さくなってきている。そして、そのグループの小ささに呼応するかのように、グループにいる子どもたちの同質性が高まり、タイプが似通った子同士が集まりやすくなっている。

　子どもたちは自分とよく似た子で同じような価値観をもつ子とグループを組む傾向にある。たとえば、小学生の女子は休み時間に少人数でトイレに一緒に行きたがるし、時にはその子たちが一緒の個室に入ることもある。現職の先生に、なぜ、子どもたちは一緒にトイレの個室へ入るのかを尋ねると、トイレでさえも一緒にいれば、自分に対する悪口を言われることがないから、という答えが返ってくる。いつも一緒にいる関係であるにもかかわらず、猜疑心や疑心暗鬼に駆られている子どもたちは決して少なくない。こうした「いじられ防

止」のようなグループを形成し，よく似た子同士がリスクを回避するためにいつも一緒にいるという行動をとるのである。

　こうした人間関係をつくる要因となり，生徒指導上で気にしなければならないのが「いじり」と「スクールカースト」の問題である。中学校・高等学校の生徒指導の教員は「いつも一緒にいる人間関係が危ない」と言う。そのグループの中に子どもたちは序列制を持ち込み始めたからである。鈴木翔（2012）はクラスの中に緩やかに形成された序列があり，上位にいる子に決定権があり，下位に位置づけられた子どもは発言を遮られ，意見を言うことも難しいといった集団内でのカーストの実態を指摘した。とりわけ，下位の子に向かって助長される「いじり」について鈴木は警鐘を鳴らしている。たとえば，カーストの低い子が鬼ごっこで鬼を引いたら，それまで楽しそうにしていた遊びが一転して，その子に対する「いじり」に変わる。いじりをうける子どもは大抵「そんなことをするな！」と抵抗しないことが多いため，周囲の子も本人が了解していると思い込んでしまう。日常生活の中でこのような関係が形成され，恒常的にいじめが展開されることを学校の「空気」とし，その危うさを指摘したのは本田由紀（2012）である。ただ，たとえば場の雰囲気がよくなるタイプの「いじり」があることも事実である。とくに関西地方では，いじりというのは人間関係のつくり方として粗野ではあるが，1つの文化だと思っている傾向が他の地域より強いといってよい。しかし，遊びやふざけのように偽装しながら，微妙な人間関係のストレスを発散するような構造があるとするなら，それはいじめである。いじめ問題の難しいところはこの部分にあり，「いじり」と「いじめ」の境界は非常に曖昧なのである。どういう状況の中で何をどこまで，誰がやると「いじめ」で，そうでなければ「いじり」なのか，この判断を下すのは相当難しいのである。

3　島宇宙とマスク文化
——つながりをあおられる子どもたちのリスク回避

　現代の子どもたちの不安定な状況をすでに予見していたのが宮台真司

（1994）である。宮台は子どもたちの小集団を小さな島に見立て，その島同士が林立する状況を「島宇宙」と定義した。それは，同じ教室という「宇宙」空間にいるクラスメイトなのに，グループとしての「島」が違うと，お互いに無関心な状態になることを指し，まさにいまの学校現場そのものである。たとえば，教師が「みんなで静かにしましょう」と呼び掛けても私語を止めない子どもは少なくない。「みんな」は自分以外を指す言葉であり，一部の子どもたちは「〇〇さん，静かにしなさい」と言われなければ自分が注意されていると思わないのである。

　もう1つ，子どもたちの人間関係が変化している事例を紹介する。たとえば，3つの小学校から1つの中学校に進学する地域を想定してみよう。このような地域のことを学校現場では「1中3小」と呼んでいるが，不登校傾向が強く出てくる子どものデータを出身小学校の規模別に分析すると，一番小さな規模の小学校に通っていた子たちの中から登校しづらい子たちが比較的多く出るということがわかってきている。それは，なぜなのだろうか。中学校のクラスをみると，一番人数が多いのは大規模小学校から来ている子たち，その次に中規模の小学校出身の生徒である。ところが，小規模校，あるいは複式学級を余儀なくされている地域の小学校の子たちが中学校に進学し，周りを見ると，クラスに同じ小学校の友達がほとんどいない状態になる。小規模校出身の子たちは，中学校に入学して最初のクラス分けの段階で，すでに学級で孤立するリスクが高いのである。すなわち，中学校に進学することで学校規模が変わり，新たな人間関係を構築することにいわば格差が生じている。この初期集団の数の違いにプレッシャーを感じてしまう子も少なくない。

　また，中学校以降の子どもたちの一部に頻繁にみられるようになったのは，いつもマスクを外さないという現象である。冷え込む季節になり，風邪をひいたり，自分の体調不良でマスクをしているのは，病気の悪化予防や周囲への感染被害を避けるためであり，大人も理解できる。しかし，夏の暑い時期や体育の時間でもマスクを手放さない中学生や高校生を見る機会が多くなった。その理由の多くは，「他人と一定の距離を取るため」「人とのコミュニケーションを

取りたくないときにマスクをしている」というのがどうやら実態のようである。であれば，マスクを付けたままの生徒に向かって「マスクは外しなさい」と指導する教員もいるが，これはリスクが高いといわざるを得ない。子どもたちからするとマスクは自分を守るための一種の「砦」であるため，外させることで「息苦しさ」や不登校を助長してしまうといったケースも散見されるからである。

　このように，子どもたちの人間関係やそれを取り巻く状況は，近年大きく変化していることがわかる。そうした子どもたちの変化の最たるものがネット環境の進展であり，ネットでのいじめである。その多くは，最近の子どもたちの人間関係にみられるようないじりを中心としたいじめであり，それらがネット上でも展開される。その子をみんなで笑い，笑っている側は，「こいつのことを笑っているのは自分だけではない」といわんばかりに拡散するものが多くなっている。こうした状況を前提としてネットいじめを考えてみる必要がある。

［4］　大規模調査からみる高校生のネットいじめの実態

　高校生のネットを介したいじめはどのようなものなのか。データをもとにネットいじめの傾向を明らかにしてみよう。ここで用いるのは，筆者を代表とする研究チームで2015（平成27）年に実施した近畿圏の高校生約6万4000人を対象とした大規模調査の結果の一部である。表4−1は高校生が受けたことのあるネットいじめのうち，その内容を明らかにしたものである。

　これをみると，これまでのネットいじめ研究と異なる傾向をいくつか指摘できる。以前は個人のメールやブログ，プロフに対して相手を誹謗したり中傷したりするようなものが多くを占めていた。ある個人のメールやブログに「ウザい」「キモい」と送信する高校生は，10年前のネットいじめ初期ではその半数を占めているという調査結果が多かったのだが，現在はかなり減少していると判断してよいだろう。それとは対照的にLINEやtwitterのようなSNSで誹謗・中傷されるケースが増えている。これは前述したような相手に対する悪意をもって書き込む場合もあるが，発信する側に悪意がなくても，読み手側に悪意

表4-1 ネットいじめの内容

	メール	ブログ, プロフ	裏サイト	個人情報	画像・動画	LINE 中傷	twitter 中傷
N	631	649	133	266	333	1,358	1,773
%	18.4	19.0	3.9	7.8	9.7	39.7	51.8

出典：筆者作成（以下同）。

があり，炎上している場合も含んでいるため，発生率が高くなっているのである。

中学生や高校生の多くは部活動に所属している。近年の部活動の連絡網はSNSでやり取りをしていることが多く，生徒たちも部活動の結果などをSNSへ投稿する。たとえば，野球部の子たちが「県大会まで進みました」「〇〇高校，△△県大会優勝」と投稿する。そうすると，決勝戦まで勝ち進んだのに，この学校に負けた生徒たちがその投稿をみつけて，「あいつら俺たちがこれだけ苦しい思いをしているのに，調子に乗っている」と受け取ってしまうことがある。必ずしもそんな場合だけではないのだが，結果として，「優勝しました」という書き込みに対して，「自分たちが勝てばそれでいいと思っているのか」と責め立てるのだ。このように，SNSへ書き込む側は特定の相手や団体を責めておらず，むしろ自分たちの仲間は最高だと書いただけなのに，それに対する反発が起こり，炎上してしまう事例が少なくないのである。

5 　学力とネットいじめの関係

次に，高等学校の学力階層別にみたネットいじめの割合をみてみよう。結論からいえば，高等学校の学力階層によってネットいじめの発生率に差がみられることが明らかとなった。それが図4-1になる。

これをみると，右側の偏差値上位校であっても，左側の偏差値下位校であってもある程度ネットいじめは発生していることがわかる。一般的に偏差値が高くなるといじめの発生率が下がるといわれるが，図をみる限り，ある程度そうだともいえるが，偏差値が最上位の学校であっても，ネットいじめが発生していることに留意しなければならない。

また、結果をみると、左側の偏差値下位の高校群（以下、下位群）と右側の偏差値上位の高校群（以下、上位群）はネットいじめの内容が異なっていることがわかった。下位群

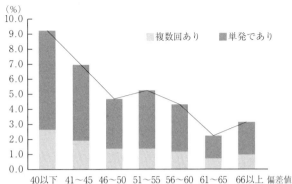

図4-1 高校階層×高等学校でのネットいじめの発生率

に多いのは、メールやプロフ、ブログなどへの「直接攻撃型」が多いのに対し、上位群は「間接攻撃型」が多いのである。高校階層が上位に進むにつれて、ネット上でのさらしのような「笑いを前提としたネタの提供」といった形でのネットいじめが多くなる。

そして、ネットいじめの発生率をみると、学力としては中間層にあたる偏差値51〜55あたりの高校群（以下、中位群）も高くなっていることがわかる。下位群での発生率の高さの背景には勉強への抵抗が、逆に上位群では受験へのストレスがあることは容易に推測できるが、筆者も含め、高校研究を進めている研究者の多くは、こうした中位群はあまり発生率が高くならないだろうと考えることが多い。しかし、結果をみてみると、中位群の学校でもネットいじめの発生率が上がる。したがって、全体として図をみると、補助線のようなWの形になる。どちらかというと、下位群は、自分の気に入らないことがあれば直接ネットに書き込み、上位群では、日頃の学習に対するストレスを払拭するために、笑いを前提としたネタの提供がネット上で盛んに行われている。ゆえに、右側にいけばいくほど悪意のあるいじめは影をひそめる。

しかし中位群でなぜネットいじめの発生率が高くなるのだろうか。データからだけでは解釈が難しいので、実際にこの中位群に研究グループが足を運び、フィールドワークを行った。すると、ある学校の進路指導の教員が以下のように話してくれた。「うちの生徒は多様な進路を取っています。試験の難しい四

年制大学に入学した生徒もいれば，専門学校や短大などへの進学を前提にしている生徒もいます。そして，一部就職する生徒もいます。だからネットいじめが他より高くなるのでしょう」。

　図4-1の下位群の生徒の進路は就職であったり，専門学校へ進学したりすることが多い。反対に，上位群の生徒の進路はほぼ四年制大学のみとなる。そうした進路意識が上位群も下位群もある程度揃っているといってよい。ところが，中位群の生徒では四年制大学，短期大学，専門学校，就職とクラスの中に多様な進路に対する価値観が形成されているのである。それらが，クラス内で価値観の葛藤となり，そのはけ口としてネットいじめが発生しているといえる。

　また，同じ中位群の教員は次のようにも答えてくれた。「うちの学校も含めて，中間層の学校は部活動の指導が年々難しくなっています。一生懸命やりたい生徒と適当にこなすだけの生徒に分かれてしまって，ゴールを共有することができなくなっています」と。こうした教員の話と図4-1のデータから考えられるのは，セリン（1973）の指摘する「文化葛藤理論」が最も顕著に現れているのが中位群にある高校生であり，そこでのトラブルが多くなるという考え方である。

6　価値観や文化の葛藤が生じやすい学校という場

　「文化葛藤理論」というのは，いろいろな考え方や価値観をもつ個人が1つの集団の中に混在すると，それぞれの考え方に対して，多様性が担保されているようにみえるが，実際は自分たちの価値観へ引っ張ろうとし合うという理論である。たとえば，白人層の居住地に黒人や移民が流入した場合に，流入人口が少ないうちは同化作用が働くものの，その比率が大きくなると，その地域での葛藤が大きくなることを明らかにした。つまり，異なる価値観の距離が遠ければ遠いほど，集団内での葛藤も大きくなり，結果として集団のまとまりを形成しにくくなるということである。極端な場合，自分と同じようにものを考えられる人間は友達であるが，自分と考え方や価値観が違う人間は攻撃の対象に

しかならないということである。

こうした「文化葛藤理論」を応用すると、中位群でもネットいじめの発生率が高くなる理由がみえてくる。すなわち、いわゆる難関校に進学したい生徒と、早く社会に出

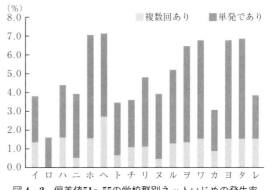

図4-2　偏差値51〜55の学校群別ネットいじめの発生率

て働きたい生徒が同程度存在すれば、それだけ価値観の葛藤は大きくなる。結果として、それがクラスの中で他者を理解できない芽として育ってしまうのである。

しかし、中位群であっても、学校によってネットいじめの発生率には大きな差がみられた。図4-2は偏差値51〜55の中位群にある全17校の学校別のネットいじめの発生率を表したものである。これをみると、左から2番目のロの学校は他校と比べて、ネットいじめの発生率が抑えられている。こうした学校は、effective-school（教育効果のある学校）と呼ばれる。なぜこの学校にネットいじめが少ないのか。この問いを明らかにするため、筆者らはロの学校で参与観察を行い、授業の様子から放課後の部活まで全部見せてもらい、最後にその学校での教員も含めてネットいじめの発生率についての検討会を行った。

その中から、いくつか明らかになったことがある。この学校は授業であれ、部活であれ、教員と生徒たちが対面でやり取りする機会を多く設けているということである。

たとえば、授業のとき教員が生徒たちに向けて発問する内容は必ず答えがあるとは限らない「オープンエンド」な問いである。この学校は、どの授業をみても「○○について、あなたならどう考えますか」「○○に対して、何か意見はありませんか」という問いが多い印象を受けた。そして、生徒の答えに対して、教員は「違う」という言葉を用いない。「なるほど、そういう考え方があるよね」と、教員がしっかり受け止めるのである。また、教員は生徒の答えが

少し問いの内容とずれていても，修正しながら，生徒が気づかなかった視点や考えてほしかった方向へしっかり誘導していく。そして，最後には必ず「君はいいところに気づいたね」とほめるのである。これをずっと繰り返していくことで，生徒たちは自分の意見を発言することに躊躇がなくなり，他人の意見に耳を傾けることもできるようになる。

　こうして授業だけをみても，様々な工夫がなされていた。その結果，生徒たちからすると，安心・安全な環境の中で学校生活が送れていた。したがって，本来なら，ネットいじめが起こりやすい中位群であるにもかかわらず，発生率が抑えられているといえる。

　一般的に，こうした価値観の葛藤はどこの小学校や中学校であっても起こりやすい状況にある。葛藤は子ども同士の対立を生じやすく，子どもたちの人権意識の低下は，ネットいじめの発生率を上昇させると考えられる。

［ 7 ］　ネットいじめを抑止するために

　学校内で様々な価値観が葛藤しやすい環境や状況があれば，それだけで他者を攻撃する流れに転じてしまうので，そこに発信力をもつ道具を渡せば，危険なやり取りが増えてしまうのは必然であるといえる。

　それでは，ネットいじめを少しでも抑制するためにはどのような方法があるだろうか。

　大切なことは，人間関係を築く「しかけ」づくりをし続けることである。そのためには，教職員や研究者を中心とした啓発活動を継続することが必要である。近年はネットいじめの研究者だけではなく，警察，携帯電話会社，法務局など様々な専門機関が学校現場に赴き，ネットの危険性や人権侵害の事例，それらの被害に遭わないための啓発活動を行っている。筆者が継続して研修を行っている中学校（Z中学校）においてどのような効果がみられるのか。まずは友人関係についてみてみよう。図4-3は友人関係に関する項目であるが，子ども同士を結びつける研修を続けるほど「いつも一緒にいるグループがあ

第4章 学校で起こる問題を捉える視点

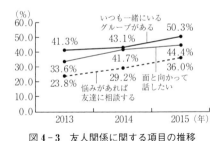

図4-3 友人関係に関する項目の推移

表4-2 ネットいじめの重篤度の推移

	軽度	重度
2013年	50.0% (N=3)	50.0% (N=3)
2015年	86.7% (N=13)	13.3% (N=2)

る」「悩みがあれば友達に相談する」「面と向かって話したい」という質問に「とてもあてはまる」と答えた生徒の割合が増加しているのである。とりわけ，「悩みがあれば友達に相談する」（$p<0.001$），「面と向かって話したい」（$p<0.01$）の２つについてはどちらも有意差があり，2013（平成25）年と比べて「友達に相談する」「面と向かって話をする」環境がZ中学校に構築されてきたといえる。教職員からも「生徒同士の話し合い活動ができるようになってきた」という声も聞こえ，生徒たちの友人関係に啓発活動が何らかの影響を与えたことが推測できる。同様の結果は親子関係に関する項目にもみられ，「家族との会話は多い方だ」「学校の出来事を保護者に話す」「友人のことを保護者に話す」ことが「とてもあてはまる」割合も増加した（図表は省略）。

　上記２項目については，必ずしも啓発活動の効果だけでなく，当然ながら，Z中学校の教職員による生徒指導の成果であることは十分に考慮に入れながらも，「ネット上ではなく，直接話をすることで他者との関係を見直す」ことに主眼を置いた啓発活動が，少なからずZ中学校の生徒の心境に変化を与えていると指摘できよう。このような人間関係の見直しがネットいじめの実態にどのような影響を与えているのかを検討してみよう。

　表4-2はネットいじめの内容について，「メール」「ブログ・プロフ」のような被害者に直接誹謗・中傷を行うものを「軽度」，「個人情報の流出」や「画像・動画の拡散」のように不特定多数に閲覧されることを前提に誹謗・中傷の書き込みを行うものを「重度」とし，それらの2013年と2015年の割合を示したものである。

2015年においては「軽度」の割合が増加し（50.0%→86.7%），逆に，「重度」の割合が減少した（50.0%→13.3%）ことがわかる。すなわち，この3年間でネットいじめの発生件数そのものは減じられていないが，その内容は軽微なものにとどまり，重篤なケースに至っていないことが明らかとなった。これは継続してきた研修・啓発活動の効果と指摘してもよいのではないだろうか。前述したとおり，啓発活動によって，友人関係や親子関係の見直しをした結果，Z中学校では「困ったことがあれば，誰かに相談しよう」という雰囲気が形成され，それがネットいじめ，とりわけ軽微なネットいじめについて「声を出す」ことを可能にし，結果として重篤ないじめのケース発生を抑していることが明らかになった。

　一般的に，いじめの認知件数が高いことは危険な状態であると考えられがちである。しかし，それはいじめの認知件数が高く，なおかつ重篤な度合いが多い場合である。認知件数が高くても，Z中学校のように軽微ないじめが多い状況の中では，比較的軽い段階で指導することが可能となる。ネットいじめであれ，リアル世界のいじめであれ，事態が深刻になってしまえば，指導は困難になる。いじめが起こらない環境をつくることが最善だが，それを継続することは非常に難しい。したがって，児童生徒が「友達がしんどい」や「それは嫌や」と言いやすい環境をつくり，いじめの状態が軽いときに適切な指導を行うことが重要となる。

　ゆえに，いじめの認知件数が多いことのみを捉えて文部科学省は非難しない。むしろ，認知件数の多い都道府県はモデル地域だともいわれている。たとえば，京都府はいじめ認知件数が全国の都道府県で最も多いが，Z中学校と同様の傾向がみられる。確かに発生件数は多いが，重大なケースが少なく，校長をはじめとした管理職も「少しでも疑わしい事案があればすぐに報告してほしい」と現場で教職員に指導している。また，保護者や子どもたちからの申告をもとに，いじめの初期段階でしっかり指導することによって解決に導いているということが多いのである。

　学校で起こる問題，とりわけいじめ対策に必要なのは「声を出す」環境を学

校，家庭，地域それぞれがもつことではないだろうか。いじめが隠蔽されたままでは，ますますいじめの深刻度が増し，気づいたときには指導することが困難な状態になってしまう。そうした問題を軽減するために「しんどい，きつい，○○くんから嫌なことをされた」と声に出せる学校づくり，親子関係，地域のつながりがこれからはますます必要になってくるのではないだろうか。

引用文献

鈴木翔（2012）『教室内（スクール）カースト』光文社。

セリン，ソーステン著，小川太郎・佐藤勲平訳（1973）『文化葛藤と犯罪』法政大学出版局。

本田由紀（2012）『若者の気分　学校の「空気」』岩波書店。

宮台真司（1994）『制服少女たちの選択』講談社。

（学習の課題）

(1)　最近の若者たちが「ぼっち」化した背景は何かについて考えてみよう。その際に，コミュニケーションの能力は必ずしも下がっていないのに，特定の人間関係をもつことができる対象しか「友達」と考えない理由についても視野に入れよう。

(2)　高校生のネットいじめの実態を捉えると，同質性の高さが異なる価値観への攻撃に向きやすいことがわかってくる。この理由について考えてみよう。

【さらに学びたい人のための図書】

土井隆義（2014）『つながりを煽られる子どもたち——ネット依存といじめ問題を考える』岩波ブックレット。

　　⇨ネット社会は子どもたちのつながりを本当に強くしたのだろうか。周囲に同調しようとする圧力が子どもたちを追い詰めている実態がある。本書によって，そうした子どもたちの「生きづらさ」について学びを深めてみよう。

パットナム R. D. 著，柴田康文訳（2006）『孤独なボウリング——米国コミュニティの崩壊と再生』柏書房。

　　⇨人間のつながり合いには，結束型社会関係資本と橋渡し型社会関係資本がある。最近の子どもたちのつながりには，いずれの視点も欠けているように思われる。ひとりぼっちでボーリングをする姿から，私たちは何を感じなければならないのか考えてみよう。現代社会の孤独感を考えるのに好適な一冊である。

（原　清治）

第5章 子どもの貧困と教育支援

この章で学ぶこと

この章では，子どもの貧困を多元的に把握し，すべての子どもを大切にする学校づくりのあり方を理解することを目指す。まず，日本における子どもの貧困の実態について知る。次に，貧困とは何か，貧困の定義について考える。そして，貧困によって子どもはどのような不利を抱えるのかを把握する。その上で，子どもの貧困対策について概観し，学校を軸とする教育支援のあり方について理解を深める。

1 日本における子どもの貧困の実態

子どもの7人に1人が貧困状態にある。これは，2015（平成27）年実施の厚生労働省による「国民生活基礎調査」を用いて計算した，相対的貧困率から割り出された数値である。相対的貧困率とは，OECDやユニセフなどの国際機関で用いられる貧困の測定指標である。相対的貧困率は，等価可処分所得（世帯の可処分所得を世帯員数の平方根で割ったもの）の中央値の50％を貧困線とし，それに満たない人々が全体に占める割合から求められる。相対的貧困率の推移を示した図5-1から何がみえるだろうか。たとえば，1985（昭和60）年の時点ですでに10％を超える子どもの貧困率があったことが示されている。貧困対策がなされていないその時期の子どもたちの多くは，現在の保護者世代となっている。貧困の連鎖がなぜ起きるのか，その一端を想像できるだろうか。

日本では，とくに，ひとり親世帯の貧困率が高い。少し前の調査結果となるが，図5-2によると，ひとり親世帯の半数が貧困ラインを下回る所得しか得ておらず，その割合はOECD加盟国中で最も高くなっている。

第5章 子どもの貧困と教育支援

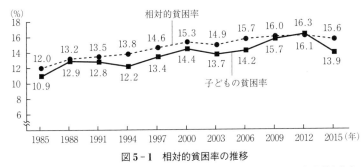

図5-1 相対的貧困率の推移

出典：厚生労働省『平成29年版 厚生労働白書——社会保障と経済成長』61頁より筆者作成。

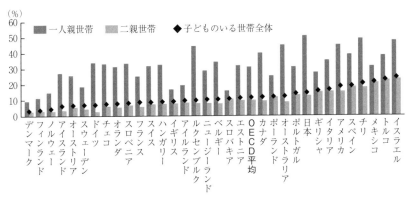

図5-2 子どものいる世帯の貧困率

資料：OECD Family Database（2014年1月版）。
出典：大石（2015）59頁。

　その他，国際比較の資料として，ユニセフ（国際連合児童基金）のイノチェンティ・レポートカードが有用である。2017年時点でレポートカード14まであり，ネットで閲覧できるようになっている。2016年のレポートカード13では，日本において，世帯所得中位と低位の子ども間格差が大きく，国際的に深刻なレベルに位置づいているのがわかる。国際比較のメリットは，こうした格差に関して，他国との比較からそれがどの程度の重みをもつものなのかを客観的に把握できるところにある。2000年に入るまで，貧困や格差の解消に消極的であった日本は，国際比較によって事態の重大性を認識し，それらへの対策を進めてき

た側面をもつ。公正な社会に向けての内なる声が弱い場合，比較の視点は非常に重要である。

一方，戸室健作（2016）は，日本の地域間比較を行っている。それによると，子どもの貧困が一部地域の問題ではなく，日本全国の問題として広がっている点を指摘する。これらから，日本では，子どもの貧困が広く深く進行しつつあるといえる。

2　貧困とは何か

ところで，貧困とは何だろうか。お金がないことだろうか。前節では，「相対的」な測定指標を用いて子どもの貧困実態をみてきた。「相対的」とは何を意味するのだろうか。一度，皆さん自身で，貧困とは何かを考えていただきたい。おそらく，いろいろな意見が出てくるであろう。

日本で貧困が問題視され始めたのは，2000（平成12）年頃である。日本でも戦後直後は，毎日の食べ物にこと欠く状態であり，物質的資源の欠如したいわゆる絶対的な貧困に近い状態であった。ところが，高度経済成長によって豊かになるにしたがって，一億総中流時代といわれるようになる。一億総中流というのは，1970（昭和45）年に生活程度が「中」と答えた人々の割合が9割に達した，という内閣府による「国民生活に関する世論調査」の結果から生まれた言説である。もちろん，収入による差や生活の物質的豊かさに違いはあったものの，それなりに「努力すればナントカなる」社会になり，ほとんどの人々が「『上』になれる可能性を信じることができた」（佐藤，2000，87頁）社会だったのである。

そうした中で，日本では，貧困問題には目が向けられなくなっていった。保険や年金制度の充実も伴って，貧困問題は基本的には解決したとされ，追究されなくなってしまったのである。この主な理由は，人々が「上」になれる希望をもてたからというだけでなく，貧困を絶対的定義から捉える傾向が強かったからであろう。現在の絶対的貧困の基準は，世界銀行によると，一日1.90ドル

未満で生活する状態を指す。

　そのため，日本の貧困率の高さが指摘され（阿部，2008），2009（平成21）年や2012（平成24）年の「国民生活基礎調査」から日本の子どもの約6人に1人が貧困状態にあると発表されると大きな驚きをもって受け止められた。ただし，日本では，格差や不平等の広がりが1980年代後半から様々なデータによってすでに示されていた（佐藤，2000，橘木，2006）。ところが，それらの示す問題の深刻さと子どもの貧困の重大性が認識され，政策論議が本格的に行われ始めるのに約20年を要した。岩田正美（2007）は，「豊かな社会」や福祉国家を実現させてきた国々の中には，貧困の意味を再定義しながら，しつこいほど繰り返し貧困の「再発見」をしてきたところがある一方で，それをきれいさっぱりと忘れ，あるいは取り上げてこなかった，日本社会の貧困への無関心を指摘する。

　しつこいほどの貧困の「再発見」をするために見出されたのが，貧困の相対的定義である。タウンゼンドは，貧困の絶対的定義を社会的な背景から切り離されたものとして批判し，貧困を次のように定義した。

　　　個人，家族，諸集団は，その所属する社会で慣習になっている，あるいは少なくとも広く奨励または是認されている類の食事をとったり，社会的諸活動に参加したり，あるいは生活の必要諸条件や快適さをもったりするために必要な生活資源を欠いている時，全人口のうちでは貧困の状態にあるとされるのである。貧困な人々の生活資源は，平均的な個人や家族が自由にできる生活資源に比べて，きわめて劣っているために，通常社会で当然とみなされている生活様式，慣習，社会的活動から事実上締め出されているのである（タウンゼンド，1977，19頁）。

この相対的定義には，重要な点が3つ示されている。1つ目は，「ある人が相対的貧困の状態にあるかどうかの判断は，同じ社会の，歴史上の同じ時点に暮らしている人々との関係においてのみ可能である」（リスター，2011，42頁）という点である。2つ目は，「人間としての生活の質」を捉えようとする志向性である。そこには，人間としての生活を物質的側面に加えて，文化的・関係的側面から捉え，生活の質に人間の尊厳やウェルビーイングといった考えを反

映させようとする試みがある。3つ目は,「締め出されている」という表現に示されるように,剥奪や排除の概念が用いられている点である。

　社会的剥奪は,社会で標準となっているような生活習慣のもとでの暮らしが奪われているかどうかに注目するもので,食事の内容,衣類,耐久消費財の保有といった物質的・文化的側面に加え,友人たちとのつきあい,社会活動への参加といった社会関係的側面における貧困の影響にも目を向けるものである(岩田,2007,42頁)。そして,社会的排除は,とくに後者に焦点をあてた「人と人,人と社会との『関係』に着目した概念」(阿部,2011,93頁)であり,金銭的・物品的な資源の不足をきっかけに,社会における仕組みから脱落し,人間関係が希薄になり,社会の中心から,外へ外へと追い出され,社会の周縁に押しやられる事態を意味する。両概念に共通するのは「奪われる」という視点であり,貧困を生み出す社会構造や社会のありようを問い,その対策を社会に求める姿勢がある。

　こうしたタウンゼンドによる貧困の相対的剥奪概念を用いて,何が子どもの必需品かを問う調査が日本で実施されている(阿部,2008,180～210頁)。そこでは,子どもの必需品に関する支持がイギリスの調査よりもはるかに低く,おもちゃ・誕生日の祝い・お古でない洋服など子どもの生活の質を高めるものについては与えられなくてもよいとする傾向が明らかとなった。また,湯浅誠(2017)は,昔の方が大変だったという意見や,ティッシュをなめて空腹を満たすといった極限状態におかれた子どもにフォーカスする現状に警鐘を鳴らす。これらに欠けているのは,タウンゼンドの定義に示された,共時的な共有空間における人間としての尊厳をどう尊重するのかという視点であり,それを本人や世帯の責任にせずに,社会としてどう保障するのかという姿勢である。

　実は,世界的に定まった貧困の定義はない。論者によって,地域によって,国によって,貧困として捉える中身は異なる。ただし,一つだけいえることは,貧困を多元的に捉え,多方面から立体的に浮かび上がらせなくてはならない点である。日本において貧困に関心が向けられなかったのは,貧困を多元的に捉えようとせず,貧困の再発見をしてこなかった怠慢による。貧困は,文化的・

関係的剝奪を含むものである。日本の文化を踏まえた上で，どのような貧困状態が生み出されているのかを再発見し続ける必要があるだろう。

3 貧困の帰結としての重複する不利とその要因

（1）重複する不利

　子どもの貧困が，大きな社会問題となっているのは，それが子どもの不利と関連するからである。リスター（2011，22頁）は，経済的要因による物質的欠如とそれによる関係的・象徴的側面の欠如によって引き起こされる不利について，軽視・屈辱・恥辱・スティグマ・尊厳や自己評価への攻撃・〈他者化〉・人権の否定・シティズンシップの縮小・声を欠くこと・無力から説明する。これらを整理すると，子どもの貧困において問題なのは，物質的欠如が，子どものスティグマとして焼き付くと，屈辱や恥辱となって現れること，それが子どものネガティブな自己イメージや無力化を招き，子どものシティズンシップや声を奪ってしまうこと，そしてそれらの帰結として子どもの人権の否定を生じさせることである。

　日本でも，経済的貧困の子どもへの多面的影響が明らかとなっている。貧困世帯の子どもと低学力・低学歴との関連（阿部，2008，耳塚・浜野，2014）や，貧困状態が子どもの身体に与えるネガティブな影響が指摘される（阿部，2014，山野，2008）。ある家族の生活史には，貧困に起因する生育環境により，子ども期から糖尿病となり，成人後に働こうとしても働けない女性の姿が描かれている（宮武，2013）。糖尿病は，絶対的貧困の場合とは異なる貧困の影響によって発症しうる。経済的貧困に加えて様々な困難を抱える家族は，安くて手軽だけれども栄養バランスのとれないファストフードや市販の弁当に依存する食事を続けざるを得ない。そのため，学校の夏休み明けには，痩せて登校する子どもと，逆に太って登校する子どもがいる。さらに，貧困と子どもの問題行動との関連も指摘され，攻撃性や多動，不注意などの外在化した問題行動と，抑うつ，不安，引きこもりなどの内在化した問題行動の両方に低所得の影響がみられる

（喜多ほか，2013）。

　貧困の心理的影響として，子どもの自尊感情・自己肯定感の低さや学校における疎外感（居心地が悪く，のけ者にされていると感じる）に作用するというものがある（阿部，2008，埋橋・矢野，2015）。それだけではなく，「意欲の格差」やその源泉である興味の差（苅谷，2001），「希望格差」さえも生み出すという指摘（山田，2007）は，非常に衝撃的なものとして受け止められてきた。より深刻なみえにくい不利として，貧困と虐待（ネグレクト）との間に強い関連がみられるゆえの，子どもの発達上の課題発生も指摘されている（松本，2010）。

　子どもの貧困が大きな問題となるのは，これらの不利が幾重にも重なって，重複する不利として子どもに現れるからである。そして，重複する不利を抱えた子どもの中には，無力化が進み，生きるためのすべも生きる意味も見出せなくなる場合がある。もちろん，貧困世帯のすべての子どもたちが，こうした不利を被っているわけではない。重要なのは，貧困世帯の子どもの中に，不利や困難を抱える子どもの割合が多いということである。

（2）不利の要因

　経済的貧困から不利に至るまでの経路は，複雑多岐にわたる。たとえば，次のような状況がある。Aさんの父親は，Aさんが小さな頃から病気がちであった。Aさんが小学校入学後，一家の収入を支えていた父親が働けなくなった。代わりに母親が長時間働きに出かけるようになったものの，非正規雇用のためになかなか収入が入らない。両親はストレスがたまり，けんかをしたり，ちょっとしたことでAさんを怒ったりするようになった。Aさんの母親が長時間労働をしなくてはならなくなった直接的な理由は，父親の病気であるが，それ以外の理由として，支援してくれる祖父母や親戚がいなかったこと，生活保護を受けようとしたが書類が煩雑で申請手続きがよくわからない上に，その説明が十分になされなかったことがあげられる。また，Aさんの母親が生活保護を受けて育ち，その屈辱を味わっていたために，Aさんにはそうしたスティグマを与えたくなかったという母親の思いもある。Aさんは，そんな母親の状況

を理解し，できる限り母親を助けようと，弟の面倒をみたり，家事を手伝ったりしていた。それでも暮らしは楽にならず，母親は心身ともに疲れ果ててしまった。結局，生活保護を受けることになったが，母親はすでにＡさんの面倒をみられる状況になく，父親は病気とそのストレスを発散するために保護費を使い果たすことも多かった。Ａさんは，父親を責めるわけにいかず，母親に頼ることもできなかった。弟の食事を調達しなくてはならず，ノートがなくなっても買いたいとは言い出せなかった。

このストーリーは，様々な事例を組み合わせたものであるが，貧困問題の複雑な背景を感じ取っていただけただろうか。ダブルワーク，トリプルワークで日々懸命に働く母親の帰りが遅く，ノートがなくなってもすぐには調達できない場合もあるし，宿題をして必要文具類を揃えて登校するといった学校的価値にそもそも関心をもてない状況の保護者のもとで，忘れ物をせざるを得ない場合もある。阿部彩（2014, 38~71頁）は，不利に至る要因について，金銭的経路・家庭環境を介した経路（親のストレス・病気・時間のなさ・文化資本や育児スキルの欠如・孤立）・遺伝子を介した経路・職業を介した経路・健康を介した経路・意識を介した経路・その他に分けて検討している。ただし，これだけであると，貧困の要因を家庭に帰着させてしまいかねない。先に述べたように，相対的貧困に大切な視点は，剥奪や排除である。つまり，要因の一つとして，たとえ何らかの事情で家庭が困難に陥ったとしても，それを回避できる資源や支援が，地域や社会にシステムとして備わっていないところにも目を向けなければならない。そうした観点から捉えると，子どもの貧困問題とは，経済的困窮に保護者の様々な困難要因が加わり，それらが社会的支援によって改善されることなく蓄積された結果，不利や困難が重複して子どもに現れるその状態を指すと考えられる。

4 子どもの貧困対策としての学校のプラットフォーム化

2014（平成26）年に「子どもの貧困対策の推進に関する法律」（通称：子ども

の貧困対策法）が施行され，「子供の貧困対策に関する大綱」が閣議決定された。教育の支援では，「学校」を子どもの貧困対策のプラットフォームと位置づけ，福祉機関などと連携した総合的な支援体制の構築を推進するとされている。それを受けて，同年「文部科学省における子供の貧困対策の総合的な推進」が出され，学校等における組織的な対応の取組みの推進が目指された。そこでは，スクールソーシャルワーカー・スクールカウンセラーの配置，教職員定数の改善，子どもの貧困や虐待問題への対応のあり方に関する先進的調査研究への予算措置が講じられている。そして，2015年には，中央教育審議会答申「チームとしての学校の在り方と今後の改善方策について」が出され，多様な専門性や経験を有する専門スタッフと教員がチームとして教育活動に取り組み，複雑化・多様化する問題解決を図ることが求められている。

　これらにおいて，子どもの貧困対策上，学校が中心となってその解決にあたることが期待されている。ところが，主に欧米での「再生産論」に属する一群の研究から，学校教育は諸個人の階級・階層的位置の親子間の世代間再生産に寄与する役割を果たしているとされる（小内，1995）。つまり，学校は「平等化装置」などではなく，特定の階級・階層の利害に貢献し，その支配的な立場を維持する役割を果たす組織体であるという。

　一方，志水宏吉（2012）は，こうした論を踏まえつつも，日本の学校は学歴や職業にかかわらず一様に「がんばる」人々を新たな社会集団として形成する役割を果たしてきたとし，欧米の学校が「差異化の機関」としての役割を担ってきたのに対して，「同質化の機関」として発展してきたとする。これは，日本では，「面の平等」に基づいて公教育が発展してきたという見方（苅谷，2006）とも合致する見解である。日本では，戦後の大きな問題であった教育における地域間格差を縮小し，教育機会の平等化を図るために教育条件の標準化を「面の平等」（＝学級や地域といった集団的・空間的な集合体を単位とする資源配分の平等）を基準として実施してきた。それは，個々人の差異を目立たせずに平等状態を仮構する平等観であり，「みんな同じく」を原則とする教育である。その結果，苅谷剛彦は，一定の教育の平等を実現したという評価を提示する。

しかしながら，それが教育の画一化を招来し，個人の抑圧と，個人への異なる処遇を差別として忌避する教育を生み出したという。

　両者の指摘する「同質化」と「面の平等」を推進してきた結果として生じるのが，「排除」の問題である。それは，様々な背景を有する子どもを一括りに扱い，集団としての活動を基軸に，そこへの同調を明示的・潜在的ルールとして定める学校のあり方に起因するものである。この排除の主な対象となるのが，様々な不利を抱える子どもたちである。子どもの貧困問題と学校との関連について追究してきたこれまでの研究は，この点を鋭く指摘する（久冨，1993）。

　これらから，日本の学校は，基本的に排除の文化を生成する仕組みを有していることがわかる。子どもの貧困問題に対処するためには，排除の文化に陥りがちな学校の仕組みを変え，一人ひとりの差異を承認し，異なる処遇をとおして教育の質を高めていく方向性が期待される。

5　子どもの貧困対策と教育支援

　昨今の動向として，子どもの貧困問題に対する教育支援が多方面から行われるようになりつつある。末冨芳（2017，24頁）の教育支援の類型化に加筆したものが図5-3である。これは，スクールソーシャルワーカーや学校の管理職，連携担当教員がコーディネート役となり，様々な資源を活用しながら，諸機関や人々をつないで，子どもへの多面的支援を行う取組みを整理した図である。

　以下では，図中の「すべての子どもを大切にする学校」とはどのような学校なのかについて述べる。リスター（2011，14，121頁）は，社会的排除の対置概念としての社会的包摂に関する議論を整理し，その一つに，排除の逆が包摂ではなく参加にあるとする論を取り上げている。また，貧困者が受動的な思いやりの対象として扱われる問題を指摘している。ここでは，「私」と「あなた」を二分し，「あなた」を「私」と同等の権利を有して生きる存在として捉えるのではなく，一方的に庇護する存在として捉える傾向への警鐘が鳴らされている。「すべての子どもを大切にする学校」は，排除や二極化を避けるシステム

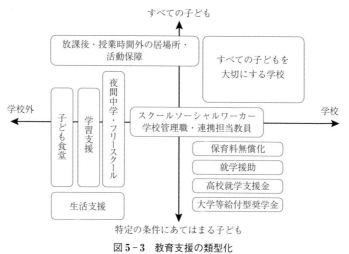

図5-3 教育支援の類型化
出典：末冨（2017）に筆者加筆。

を整え，すべての子どもに同等の参加を保障する学校といえるだろう。柏木智子（2017）は，子ども一人ひとりのウェルビーイングを目標に，それぞれの「生」を支える総合的な働きかけや発達保障に取り組む学校を「ケアする学校」と称し，そのあり方を模索している。以下では，ケアする学校について学習環境と学習内容に分けて，具体的な方法をみていく。

（1）ケアする学習環境の整備

ケアする学校で大切にされるのは，モノ・文化の剥奪を防ぐ試みである。たとえば，モノの剥奪では，ノートや教科書，リコーダー等のモノが揃わないことによって，授業に参加できない状況が生まれる。そのため，授業における必需品は，誰もが借りられるような仕組みをつくるとよいだろう。教職員にとって便利な場所に貸し出し場所をつくり，教職員がモノを貸し出せるようにするのである。また，林間学校で使用する大きなカバンやパジャマなど，行事で必要になるものは，校舎の一角にストックしておく場所をつくるとよい。さらに，持ち物に関してできるだけ保護者の手を煩わせない工夫をしている学校もある。

第5章　子どもの貧困と教育支援

「1週間後に図工でボンドを使用するので準備しておいてください」「ペットボトルを使用するので洗って持たせてください」といった連絡事項はよくみられる。しかし，様々な事情で準備できない家庭は多くある。そのため，保護者が準備すべきものを極力減らすような工夫をした上で授業を進めるのである。

　ほかの子どもたちと同じようにモノを揃えられなければ，子どもは恥辱を感じ，大きなダメージを受ける（リッジ，2010）。多様性の保障は重要であるが，それは，貧困で選べないがゆえの一人だけの違いとしてではなく，多様な選択をなしうる機会の保障として提示されなければならない。

　次に，忘れ物をしない，宿題をするといった習慣やルールにおける剝奪を防ぐためには，教員が子どもの背景をしっかりと理解し，寄り添う指導が重要である。「自宅に机がなくて」「集中できる場所がなくて」など様々な理由で宿題をできない状況が生まれる。それに対して，「持ってこなかった，してこなかった」と怒るのではなく，「持ってこられなかった，してこられなかった」とラベリングの張り替えをするのが先決である。教員にとって「困った子」ではなく，「困っている子」「SOS を発している子」として理解するのである。そうすると，教員が事情を聞き，共感したり励ましたりする関係が生まれる。子どもの意欲ややる気は，教員とのあたたかな関係によって高まることが明らかにされている（真田ほか，2014）。あたたかな関係の上に，どうすれば学校の文化を体得できるのか，子どもに寄り添った支援が工夫されるべきであろう。実際に，放課後や空き時間に宿題をみる教員は多くいるし，補習をする教員もいる。子どもが登校すると，その日に必要な学習用品などを教員と一緒に揃えて，教室の扉からは忘れ物をしていない状態で入るといった試みもある。また，自宅がゴミだらけであったり，親のストレス発散によって，家に教材を持ち帰るとモノがなくなる子どもは，教科書から鉛筆まで何も持ち帰らせないようにする場合もある。

　さらに，学校文化だけではなく，生活上の文化の伝達も必要な場合がある。お風呂に入れない，保護者が洗濯をしてくれない子どももいる。そうした子どもに，シャワーを浴びさせたり，服を洗濯するための洗濯機を購入して対応し

75

ている学校もある。昨今の学習活動ではグループワークが重視されている。その際,「お前,臭い」と言われた子どもは,グループの輪から少し離れたところに座ろうとする。グループワークに積極的に参加できないのはいうまでもない。生活上の文化の伝達によって,そうした事態を防ぐと同時に,自立を促し,貧困の再生産を克服することが目指される。

こうした仕組みをつくる上では,教員間あるいは教員と学校事務職員・スクールソーシャルワーカー・スクールカウンセラーといった職員との協働は非常に重要であろう。また,モノと文化の剝奪を学校だけで回避するには限界がある。子ども食堂や学習支援を行っている外部諸団体・組織とつながり,地域住民の支援を得ることで,支援の包括的アプローチを可能にする学校マネジメントが必要になる。その際,外部との連携担当教員と管理職のリーダーシップが重要となる。

(2) 尊重・敬意(リスペクト)と人権保障のためのカリキュラム

学校では,困難を抱える子どもの屈辱や恥辱を払拭し,自己肯定感や意欲を高めるとともに,声を出せるようにすることを目標にしたカリキュラム開発が大切であろう。すでに閉校となったD小学校で教科横断的なカリキュラムとして開発・実施されていたのが,そうしたカリキュラムであった(柏木,2017)。

日雇い労働者の労働・生活保障の歴史的経緯やそれに取り組む人々の思いを聞き取ったり,日雇い労働者の人とふれあう中で,彼らの生活や様子について理解し,貧困問題が決して個人的責任に帰されるものではなく,社会構造や政策ゆえの問題であり,そこをいかに是正していくのかを学ぶカリキュラムである。そして,地域住民や旅行者,ホテルやゲストハウス経営者,NPOで活動をしている人々から話を聞く活動をとおして,子どもたちには見えていなかった町のよさを見出し,そうした人々がいかに自分たちの町を,そしてそこに住む人々を大切に思い,日々過ごして(あるいは,様々な活動に取り組んで)いるのかについて理解を深める。

こうした活動のよさは4つある。1つ目は,日雇い労働者の労働・生活保障,

つまり人権保障に取り組む活動を知ることにより，困難を抱えた子ども自身が，自分にも最低限の生活を保障される権利があることを学べるところである。それに加えて2つ目は，貧困問題を自己責任ではなく社会構造の問題として捉え直すことで，子ども自身が問題を多元的に認識できるようになり，屈辱や恥辱の感覚を減らせるところである。3つ目は，人々のあたたかな思いにふれ，大切にされているというメッセージを受け取ることで，自己承認が可能となるところである。4つ目は，貧困問題に取り組む人々の姿がモデルとなり，自分自身も社会に対して何かをできるのではないかという参加の意識が芽生えるところである。

　子どもが自身に正当な権利があると認識し，ウェルビーイングを追求できる力や声を身に付けられるように教育するのは学校の役割である。そのためにも，承認され，尊重される存在であると子どもが実感できるよう，学校内外の人々と協働し，包括的にアプローチする実践が必要となる。

　以上に紹介したのは，小学校の事例であるが，同様の内容で中学校・高等学校でも実践可能である。また，貧困問題をそれほど抱えていない地域の学校や私立学校でも同様の試みはしていただきたい。子どもが何気なく送っている日常生活の中で，いつのまにか弱者を排除し，無意識ではあるが強者としての暴力性を発揮している場面や思考パターン（自身の生活を当たり前とする価値志向など）はないのかを検証し，自分とは異なる他者への関心や共感力を養い，想像力を働かせながら社会的包摂と参加について学べるカリキュラムの開発が望まれる。こうした実践は，社会の分断を防ぐ上で非常に重要である。また，尊重・敬意と人権保障のためのカリキュラムは，新学習指導要領で重視される「社会に開かれた教育課程」と軌を一にするものである。

　同時に，新学習指導要領では，「主体的・対話的で深い学び」が求められている。ここでは，アクティブ・ラーニングの考えが下地となっており，対人関係能力やコミュニケーション力といった「ポスト近代型能力」（本田，2005）が必要とされる。しかしながら，そうした目に見えない能力ほど，家庭からの影響力が大きいとされる。また，アクティブ・ラーニングでは，対話等の活動で

77

得たものを「知」として捉え直し，また対話をするといった循環を繰り返して，最終的には「知」の体系化も期待されている。つまり，活発に活動をしてさえいればそれでいいのではないのである。活動後の「知」への転換は，きまった答えがない分，困難を抱える子どもにはなおさら難しい作業である場合が多い。教員には，これらに留意しながら，すべての子どもを大切にする学校づくりをしていく力量形成が求められる。

引用文献

阿部彩（2008）『子どもの貧困――日本の不公平を考える』岩波書店。

阿部彩（2011）『弱者の居場所がない社会』講談社。

阿部彩（2014）『子どもの貧困Ⅱ』岩波書店。

岩田正美（2007）『現代の貧困』筑摩書房。

埋橋孝文・矢野裕俊（2015）『子どもの貧困／不利／困難を考えるⅠ』ミネルヴァ書房。

大石亜希子（2015）「母子世帯の『時間の貧困』」『週刊　社会保障』No. 2819，58～63頁。

小内透（1995）『再生産論を読む』東信堂。

柏木智子（2017）「ケアする学校教育への挑戦」『子どもの貧困対策と教育支援』明石書店，109～138頁。

苅谷剛彦（2001）『階層化日本と教育危機――不平等再生産から意欲格差社会へ』有信堂。

苅谷剛彦（2006）『教育と平等』中央公論新社。

喜多歳子・池野多美子・岸玲子（2013）「子どもの発達に及ぼす社会経済環境の影響」『北海道公衆衛生学雑誌』第27号，33～34頁。

久冨善之（1993）『豊かさの底辺に生きる』青木書店。

佐藤俊樹（2000）『不平等社会日本――さよなら総中流』中央公論新社。

真田穣人・浅川潔司・佐々木聡・貴村亮太（2014）「児童の学習意欲の形成に関する学校心理学的研究」兵庫教育大学『教育実践学論集』第15号，27～38頁。

志水宏吉（2012）『学校にできること』角川学芸出版。

末冨芳（2017）『子どもの貧困対策と教育支援』明石書店。

タウンゼンド，ピーター著，高山武志訳（1977）「相対的収奪としての貧困」ウェッダーバーン，アルティン『イギリスにおける貧困の論理』光生館，19～54頁。

橘木俊詔（2006）『格差社会』岩波書店。

戸室健作（2016）「都道府県別の貧困率，ワーキングプア率，子どもの貧困率，捕捉率の検討」『山形大学人文学部研究年報』第13号，33～53頁。

本田由紀（2005）『多元化する「能力」と日本社会』NTT出版。

松本伊智朗（2010）『子ども虐待と貧困』明石書店。

耳塚寛明・浜野隆（2014）「平成25年度全国学力・学習状況調査（きめ細かい調査）の結果を活用した学力に影響を与える要因分析に関する調査研究」お茶の水女子大学。

宮武正明（2013）「貧困の連鎖と学習支援」『こども教育宝仙大学紀要』第4号，109～120頁。

山田昌弘（2007）『希望格差社会——「負け組」の絶望感が日本社会を引き裂く』筑摩書房。

山野良一（2008）『子どもの最貧国・日本』光文社。

湯浅誠（2017）『「なんとかする」子どもの貧困』KADOKAWA。

リスター，ルース著，松本伊智朗・立木勝訳（2011）『貧困とはなにか』明石書店。

リッジ，テス著，中村好孝・松田洋介訳（2010）『子どもの貧困と社会的排除』桜井書店。

（学習の課題）

(1) 貧困・子どもの貧困に関する量的・質的データを収集し，多元的に解釈してみよう。

(2) 子どもの問題行動の背景を描いてみよう。「宿題をしない」「授業中に寝てしまった」子どもの背景にある連鎖的要因を関連チャート図（→）で示してみよう。

(3) ケアのための教員の力量形成について考えてみよう。

(4) 教育支援のあり方について議論をしてみよう。

【さらに学びたい人のための図書】

阿部彩（2008）『子どもの貧困——日本の不公平を考える』岩波書店。
　　⇨子どもの貧困の実態を量的・質的データを用いてわかりやすく示した書であり，子どもの貧困の初読者にとっての必読書である。

リスター，ルース著，松本伊智朗・立木勝訳（2011）『貧困とはなにか』明石書店。
　　⇨イギリスで貧困理論を学ぶ際に使用されるテキストである。難解な部分はあるが，貧困について考える足場を与えてくれるものであり，ぜひ読破してもらいたい。

末冨芳（2017）『子どもの貧困対策と教育支援』明石書店。
　　⇨日本における子どもの貧困の実態を踏まえつつ，それに対して何ができるのか，どのような実践が行われているのかを教育的見地から多角的に論じた書である。

（柏木智子）

第 6 章 少年非行と教師の関わり

この章で学ぶこと

　少年非行は，多様な社会問題を含意する社会の縮図ともいえる。つまり，少年非行の背景をみると，貧困などの経済的要因や虐待および非行集団との関わりなどの社会的要因，非行少年に向けられる人々の解釈や言動などが複雑に絡み合っていることがわかる。そして，教師は，非行少年を含めた子どもたちが多くの時間を過ごす学校社会において子どもたちの生活環境や対人関係を把握しつつ，教育や支援を進めていく。

　本章では，少年非行の現状と犯罪・非行に対する社会学的アプローチを紹介し，調査結果を通じて子どもたちがどのような規範意識を有し，教師と関わりをもっているのかについて明らかにする。

1　日本における少年非行の現状

　非行少年とは，少年法第3条が定義する「家庭裁判所の審判に付する」少年がこれに当たり，①罪を犯した少年（犯罪少年），②14歳に満たないで刑罰法令に触れる行為をした少年（触法少年），③保護者の正当な監督に服しない性癖等の一定の事由があり，その性格または環境に照らして，将来，罪を犯し，または刑罰法令に触れる行為をする虞のある少年（ぐ犯少年）を指す。その他にも，法律的に非行少年には該当しないが，飲酒や喫煙，深夜徘徊その他自己または他人の徳性を害する不良行為少年が少年警察活動規則第2条に規定されている。しかし，ぐ犯少年が少年審判の対象であるのに対して，不良行為少年は補導対象となっている。

　次に非行少年の状況について，検挙人員からその推移をみていきたい。図6-1をみると，1980年代前半を境にして少年の刑法犯検挙者数は減少傾向にある。

第6章　少年非行と教師の関わり

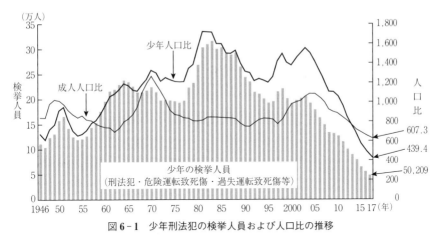

図6-1　少年刑法犯の検挙人員および人口比の推移

注：「少年人口比」は，10歳以上の少年10万人当たりの，「成人人口比」は，成人10万人当たりの，それぞれの検挙人員である。
出典：法務省『犯罪白書』2018（平成30）年版より。

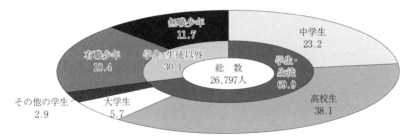

図6-2　少年刑法犯の検挙人員における就学・就労状況別構成比

出典：法務省『犯罪白書』2018（平成30）年版より。

また，2017（平成29）年のデータからこの少年刑法犯の罪種をみると，殺人（0.1％）・強盗（0.8％）・放火（0.3％）・強制性交等（0.2％）といった凶悪犯罪も含まれているが，窃盗（60.2％）がその多くを占めている。

図6-2は，少年刑法犯の検挙人員における就学・就労状況別の構成比を示している。この図からもわかるように中学生および高校生が全体の約6割を占めている。また大学生も5.7％であり，大学・短期大学の進学率が5割を超える状況が非行少年の就学状況にも反映されていることがわかる。

また少年院に収容されている少年の性別比は，図6-3のとおりである。こ

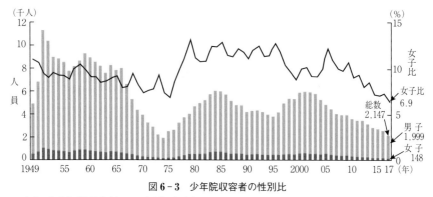

図6-3 少年院収容者の性別比

出典：法務省『犯罪白書』2018（平成30）年版より。

の図からもわかるように2017（平成29）年の女子少年は全体の6.9％であり，多くの収容者が男子少年である。

　近年の検挙者数からみる非行少年数は，戦後以降の最低を記録しており，その7割近くは，学生・生徒が占めている。そして，その多くが男子で占められている。以上が統計から読み取ることができる日本の少年非行の現状である。

2　少年非行に対する社会学的アプローチ

　これまで少年非行に対して社会学は，多くの調査・研究を重ねてきた。その研究対象である犯罪・非行は，先に述べたように社会の縮図とも言い換えられる。つまり，社会的貧困や格差，新たな技術や媒体（SNSや電子マネーなど），そして現代家族の生活様式や労働環境などが，犯罪・非行の要因や手法として明らかにされてきたからである。そこで，これまでの主要な犯罪・非行に対する社会学的なアプローチを概観し，少年非行に対する理解や見方について学んでいきたい。

（1）社会解体論とシカゴ学派

　社会解体論とは，社会集団内の関係性が解体し，社会成員の規範が弛緩することで様々な社会問題が発生することに注目した概念である。後にシカゴ学派

と称されるシカゴ大学社会学部の研究者が中心となり社会解体論は展開した。その中で，少年非行を研究対象としたショウ（Shaw, C. R.）とマッケイ（Mckay, H. D.）を取り上げる。

　ショウとマッケイは，シカゴ市において非行少年の居住地の分布に着目した。シカゴ市の地図上に公式統計を用いて非行発生率を色分けし，その発生分布と近隣環境（工業地域や商業地域など），地域住民の民族構成や不登校率などの関連を分析した（Shaw and Mckay, 1942）。その結果，貧困層が集中する「遷移地帯」（移民が主に移入し居住するスラム化した地域）において高い非行率を示しており，同地域内で生育した人々は反社会的な価値観を有し，さらに法律や社会規範に対して拒絶する傾向があることを明らかにした。つまり，少年非行は生物学的な資質（遺伝など）によるものではなく，貧困や居住地域などの社会環境に関連することを実証的な研究によって示したのである。またショウは，非行少年（スタンレー少年）の生活史（ライフヒストリー）を通じて，少年が非行に至る経緯を遊び仲間や逸脱行為にポジティブな意味を付与する価値基準など，非行少年を取り巻く仲間の影響について詳細なインタビューから立証している（ショウ，1998）。

　その後の社会解体論は，公式統計の信頼性やデュルケーム（Durkheim, É.）のアノミー論との概念の違いなどに関する批判を受けることになるが，犯罪・非行を遺伝的な要因ではなく社会解体という社会的要因に見出したことは，その後の少年非行の理解にとって重要な視点を提示したといえる。

（2）緊張理論と非行下位文化論

　アメリカ合衆国の社会学者マートン（Merton, R. K.）は，デュルケームのアノミー論を社会構造論的な視点から再考し，社会構造に起因する緊張状態が犯罪・非行の発生要因となることを指摘した。デュルケームのアノミー論は，欲望が規制の及ばない状況に陥り肥大化していくことに注目したが，マートンは人間の本性を善良と捉えて，社会の緊張状態が人々を犯罪・非行に追いやることを緊張理論として明らかにした（マートン，1961）。

マートンは，貧しい階層の人々の犯罪・非行が高い発生率を示すことを説明するために「文化的目標」と「制度化された手段」という図式を用いた。「文化的目標」とは，大多数の社会成員に共通する願望であり，アメリカンドリームに代表される富の獲得がそれにあたる。「制度化された手段」とは，この「文化的目標」を達成するための合法的な手段といえる。この「文化的目標」に対して真面目に勉強して働くことが「制度化された手段」といえるが，実際にこの手段によって多くの富を獲得できる者は少数である。しかも貧しい階層にある人々にとっては，多くの富を獲得できる制度化された教育環境や労働環境の手段でさえ関わりにくい状況下におかれている。この社会階層などを前提とする不平等な「制度化された手段」は，緊張状態を生み出すことになる。そして，このアンバランスな緊張状態におかれた人々の一部は，逸脱や犯罪を行って富の獲得という「文化的目標」を遂行しようとする。

マートンは，犯罪・非行をある意味で正常な反応と捉えている。つまり社会構造の観点から，その犯罪・非行という逸脱行動は，個別的な要因よりも社会的な圧力により表出した結果として捉えたのである。

次に，コーエン（Cohen, A. K.）の非行下位文化論（非行サブカルチャー論）を紹介する（コーエン，1968）。非行下位文化とは，非行少年が有している全体社会とは異なった特有の文化や価値観を指している。この考え方は階級システムを念頭におき，非行下位文化は大都市部の労働者階級において形成されると指摘した。そこでコーエンが注目したのが，出身階級の規範である。つまり，教師をはじめとする中産階級の規範をみると，計画性や合理性，勤勉で非暴力的な規範等が重視される。しかし，労働者階級においては，この中産階級とは異なる価値観（非功利性や短絡的な快楽主義など）が優先される場合が多い。たとえば，金を貯めずに無計画に友人におごったり，暴力的な威圧などにより欲求を満たすことがあげられる。そのような価値観が先行する労働者階級の子どもは，学校という中産階級の価値観を基準とする環境下におかれることで，非行行為という不適応を起こすことが多くなるのである。一方，中産階級の子どもは，すでに家庭において中産階級の規範や価値観を身に付けているために，学

校社会に入っても自然に適応できる。このような階級的なバイアスが少年非行を生み出すという知見が非行下位文化から読み取れる。

（3）学習理論

　ここでは，サザランド（Sutherland, E. H.）の分化的接触理論およびクロワードとオーリン（Cloward, R .A. and Ohlin, L. E.）の分化的機会構造理論を通じて，学習の過程に注目する学習理論の視点から犯罪・非行についてみてみたい。

　サザランドは，身体的な特徴に注目する生来犯罪人説などの犯罪行動の先天的な決定論を批判し，犯罪・非行の原因を様々な要因の複合として究明しようとする多元因子論も批判する。つまり，犯罪行動を属性や遺伝の産物として理解するのではなく，犯罪文化の接触など，人々の社会的な相互作用の過程から学習される行動様式として後天的に習得されると考えた。そして，その相互作用は個々人に違いがあることを「分化（differential）」として理解した。

　サザランドは，分化的接触理論として表6-1の9つの命題を示している。彼は，個人的な資質よりも周囲の感化，すなわち犯罪的な文化的規定の接触過程においてその価値観や犯罪行動に際する手法等を学習すると指摘した。

　一方でこの分化的接触は，犯罪・非行の諸要因として貧困や精神病理に注目するこれまでの解釈に対して，「ホワイトカラー犯罪」（大企業の不正やエリートの横領・背任など）をあげて，社会的地位の高い階層の人々の犯罪行動も常習化していると指摘した。つまり，企業や公官庁の不正等は，先の犯罪者や非行少年と同様に企業内等において犯罪的な文化的規定が継承されているということを意味している。ホワイトカラーという社会的な支配層に対して分析の対象を広げたことは，当時としては先駆的な理論であったといえる。

　次に紹介するクロワードとオーリンは，マートンの緊張理論やコーエンの非行サブカルチャー論を中心にサザランドの分化的接触理論を取り入れた分化的機会構造理論を示した。クロワードとオーリンは，先の緊張理論における社会的な圧力により，合法的または非合法的な機会（学習と行為の機会）のどちらに出合うのかは社会構造上においてどこに位置するかによって定まるという。

表6-1　分化的接触理論における9つの命題

①犯罪行動は学習される。
②犯罪行動は，コミュニケーション過程における他の人々との相互作用の中で学習される。
③犯罪行動の学習の主な部分は，親密な私的集団内において行われる。
④犯罪行動が学習される場合に，その学習は，(a)犯罪遂行の技術（複雑な場合や非常に単純なこ
　ともある）と，(b)動機，衝動，合理化，態度の特定の方向づけ。
⑤動機や衝動の特定の方向づけは，法律を承認するか，あるいは承認しないという自明的な立場
　から学習される。
⑥人は，法律違反を承認する自明的な立場が，法律違反を承認しない明示的立場を上回った場合
　に犯罪者となる。
⑦分化的接触は，頻度，持続期間，優先順位，強度の点で差異がある。
⑧犯罪的パターンまたは非犯罪的パターンとの接触による犯罪行動の学習過程は，他のあらゆる
　学習のメカニズムのすべてを含む。
⑨犯罪行動は，一般的な欲求および価値の表現であるが，非犯罪的行動もまた同じ欲求や価値の
　表現であるから，犯罪行動はこれらの一般的な欲求や価値によっては説明されない。

出典：サザランド，クレッシー（1960＝1964）より筆者作成。

表6-2　3つの下位文化類型

①犯罪的下位文化
　非合法的な手段によって金品等を獲得することが日常化している文化である。この文化におい
ては，非合法な価値観が因襲化しており，密接な関わりの中で非合法な手段が学習される。また
生活地域には盗品を仲介する店や違法行為を承認する大人などが存在し，非行少年は多様な年齢
層の人々との関わりの中で，ある種の徒弟制度的な体系に組み込まれている。
②葛藤的下位文化
　様々な価値観が混在し，因襲化した非合法的な価値観や徒弟制度的な体系が比較的欠落してい
るため，まとまりのない状況のもとで金銭的な成功が達成できない欲求不満が暴力的な非行行為
として生じる文化である。つまり，非合法な学習機会や社会構造が発展していない葛藤状態に着
目した類型といえる。
③退行的下位文化
　これまでの下位文化と異なり，他者との人間関係に距離をおき現実逃避する傾向が顕著に認め
られる文化である。したがって，薬物使用やアルコール依存に陥るパターンがそれにあたる。

出典：Cloward and Ohlin（1960）より筆者作成。

　マートンの緊張理論における「制度化された手段」は，貧しい階層にある人々
においては得難いが，これらの人々が非合法的な手段を得ること自体も困難で
あると指摘する。したがって，合法的な機会と非合法的な機会のどちらに多く
接触するかによって，非合法的な機会の接触が多ければ犯罪・非行に至ると考
えた。そこでクロワードとオーリンは，表6-2にある3つの下位文化型の類

第6章　少年非行と教師の関わり

型を用いて説明する。

　分化的機会構造理論は，成功の達成に際して合法的な機会に恵まれなければ犯罪・非行といった非合法な機会を得ようとするが，その際に因襲的な非合法的価値観や徒弟制度的な体系，年齢構成などの様々な要素が影響することを明らかにしたのである。

（4）漂流理論と中和の技術

　漂流理論を提唱したマッツァ（Matza, D.）は，コーエンの非行下位文化論の中産階級の支配的な価値観に対抗する非合法的な価値観の学習に対して，その価値観をもつ非行少年が中産階級の支配的な価値観をも取り入れており，合法的な価値観と非合法的な価値観を漂流していると指摘する。つまり，成長過程においては合法的価値観にも影響を受けており，自らの非行行為という矛盾した状況を言い訳などで正当化すると考えた。この正当化が非行行為から生じる葛藤の中和化である。

　マッツァは，サイクス（Sykes, G. M.）とともにこの中和化の技術を表6-3の5種類にまとめた。この表をみると否定や非難を強調することで社会的な賛同

表6-3　中和の技術

①責任の否定
　自らの非行行為に対する責任を否定する。たとえば，親からの虐待や周囲の友達から強要されたことが原因であるなど。
②加害の否定
　自らの非行行為への非難に対して，被害はなく，他者に対して被害を及ぼしていないと主張する。たとえば，粗暴な行為はただのいたずらであり，恐喝はお金を借りただけなど。
③被害者の否定
　被害者の存在を否定し，責任を追及することで自らの非行行為を正当な報いとして中和する。たとえば，不公平な教師に対する校内暴力など。
④非難者への非難
　非難者に対して非難する資格がないとして自らの違反を中和する。たとえば，警察に不祥事が起こった際の交通違反時における警察官の取り締まる資格に対する非難など。
⑤より高度な忠誠心への訴え
　自らの所属する集団内における仁義や要請に応えるために，非合法的に行ったと主張する。たとえば，非行集団の抗争における暴力行為など。

出典：Sykes and Matza（1957）より筆者作成。

87

を得たいとする少年の心情が窺える。

　彼らはこのような中和の技術を用いて，中産階級が是認する伝統的な世界と非行的な世界を漂流し，多くの少年が，一生犯罪・非行をし続けずに最終的には本人の意思により伝統的な世界に生きることを説明しようとした。

（5）ラベリング論

　社会学の中興の祖といえるデュルケームは，犯罪現象について「われわれは，それを犯罪だから非難するのではなくて，われわれがそれを非難するから犯罪なのである」（デュルケーム，［1893］1960＝1971，82頁）と指摘している。つまり，人々が非難することでその行為が犯罪とみなされるのであり，犯罪とみなされている行為自体に意味はないのである。たとえば，人を殺す行為は平時には非難されるが，戦時には敵を殲滅したとして賞賛される。また以前はしつけとされた行為が DV（domestic violence）や体罰と非難される。このような人々の反応（社会的反作用）に注目した視点がラベリング論である。

　ラベリング論を説明するために代表的な研究者であるベッカー（Becker, H. S.）を取り上げる。ベッカーは，「社会集団は，これを犯せば逸脱となるような規則をもうけ，それを特定の人びとに適用し，彼らにアウトサイダーのラベルを貼ることによって，逸脱を生みだすのである」（ベッカー，［1963］1973＝2011，8頁）と指摘する。つまり，逸脱を規定する規則はつくられるものであり，その規則は一部の人々に対して適用される。さらにその規則に反する人々に逸脱者のラベルを貼ることで逸脱が生み出されるという。この指摘から逸脱は固有の性質ではなく社会的反作用によって創出されることがわかる。とくにこの規則の規定や執行に携わる警察や裁判所という社会統制機関（または道徳事業家）に着目したことは，これまでの少年非行研究においても大きな分析視点の転換であった。

　この視点に立つと，犯罪・非行が違ったものにみえてくる。たとえば，ストーカー行為を取り上げると，これまでは「つきまとい」等の熱烈な求愛と捉えられてきた行為が，「ストーカー行為等の規制等に関する法律」（2000（平成

12）年施行）によって犯罪行為とみなされるようになった。このように従来の行為が新たな規制によって犯罪とみなされる過程を犯罪化といい，規則がなくなることで犯罪とみなされなくなる過程を非犯罪化という。この事実を知るだけでも，少年非行を含めた逸脱が社会や社会統制機関の社会的反作用に大きく影響していることがわかる。とくに少年であれば，法律に違反していない場合でも校則違反や大人（親や教師など）の指導無視で非行行為として逸脱視されることもある。また規則を適用する際は，執行者が公正であるとは限らない。たとえば，いつも真面目な生徒と問題行動が多い生徒が初めて遅刻をした場合，教師は同様の反応をするだろうか。問題行動が多い生徒には，真面目な生徒にくらべて厳しい反応をとるかもしれない。つまり対象者によって社会的反作用が異なるのである。これをセレクティブ・サンクションという。非行少年であれば，普通の行動さえその外見や言葉遣いから負のサンクションが向けられる可能性が高まるともいえよう。

　アメリカ合衆国では，実際にこのラベリング論の視点に立って４Ｄ政策が実施された。４Ｄ政策とは，犯罪とみなされていた行為を犯罪の定義から除外する「非犯罪化（decriminalization）」，刑事司法・少年司法システムから犯罪者・非行少年を除外する「ダイバージョン（diversion）」，裁判所の裁量権を制限する「デュープロセス（due process）」，できる限り収容施設に入れない「非施設化（deinstitutionalization）」であり，その頭文字をとって４Ｄ政策と名づけた。実施に際して様々な問題が起こり再検討を余儀なくされたが，これまでにはない政策であったことは間違いない。

　ラベリング論の視点は，教師の児童生徒に対する社会的反作用など教師自身の自己反省を促す知見を与えてくれる。教師は，学校社会において社会構造的にも強い権限を与えられているからこそ，この社会的反作用の影響に留意する必要があろう。

（6）ボンド理論・セルフコントロール理論

　ボンド理論は，ハーシ（Hirschi, T.）が提唱した理論であり，「人はなぜ犯

表 6-4　社会的絆の4つの要素

①愛着（attachment）
　愛着とは，重要な他者に対して抱く愛情などの情緒的親密さである。たとえば，犯罪・非行をすることで両親や教師を失望させたくない，悲しませたくないなど。
②投資（commitment）
　投資とは，これまで将来のために時間と労力をかけてきた同調的な生活を逸脱行動から得られる代価と比べて優先すること。たとえば，就職や大学進学のための努力を台無しにしないために犯罪・非行をしないなど。
③巻き込み（involvement）
　巻き込みとは，日常生活が忙しい状態にあるため，逸脱行動を行う機会や時間がないこと。たとえば，部活やアルバイト，課題への取組みで忙しく，犯罪・非行をする物理的な時間がないなど。
④規範観念（belief）
　規範観念とは，自らが所属している集団や社会の道徳や規範の妥当性を信じている程度を示している。たとえば，校則意識が高ければ遅刻するなどの衝動を抑えることができるなど。

出典：ハーシ（1969＝1995）より筆者作成。

罪・非行をしないのか」という命題を前提に犯罪・非行の抑制要因を考察する。この要因が社会との絆（ボンド）であり，この社会的絆を4つの要因としてあげている。その4つの抑制要因は表6-4のとおりである。

　ハーシは，量的調査（自己申告調査）によって計量的に分析を進め，社会階層を前提とした緊張理論や逸脱の価値観を有する集団の接触をみた分化的接触理論に対して批判的にこのボンド理論を創出した。つまり，社会的絆の関連によって犯罪・非行へ進むのである。その後，ハーシはゴットフレッドソン（Gottfredson, M. R.）とともにセルフコントロール理論を提唱する（ゴットフレッドソン，ハーシ，1996）。

　セルフコントロール理論では，自らの欲望を自己規制できない人が犯罪・非行に至ると考える。この欲望に対する自己コントロールは，しつけなど幼少期の親との関わりが犯罪・非行への対応として重要だと考える。この発想は，先に示した「愛着」と「規範観念」に通じるものであり，幼少期の親との関わりが社会的絆である愛着や規範観念を促進させ，セルフコントロールを高めると考える。

　ここまで，少年非行に対する社会学的アプローチを概観してきたが，幼少期から青年期に至るまで，様々な環境下で生活を送っている子どもたちを学校社

会は受け入れ，教師は指導および支援していく。自分の受け持つ児童生徒が非行に走るとき，教師は個別の人格に注目するだけでなく，その背景にある親や友人，そして社会にも目を向けて総合的に理解することを社会学的アプローチは示してくれる。

次に現在の日本における児童生徒の規範意識からその特徴および指導について考えてみたい。

3　児童生徒の規範意識と教師の関係

児童生徒の規範意識や校則意識，そして教師との関係はどのような状況にあるのだろうか。これまで筆者が実施した小学生（高学年）・中学生・高校生の調査結果をもとにみてみたい（作田，2012，2016，2017）。

図6-4は，児童および生徒が行う逸脱行動に関して，「決してしてはいけない」および「しないほうがよい」の回答を合計した結果である。全体的に，すべての行為に対して小学生の9割近くは「よくない」と答えている。ただし，中高生は，「飲酒・喫煙」から「化粧・染髪」の行為が低くなる傾向にあり，これらの項目は成人には許容されるが未成年に対しては法律や校則などで禁止

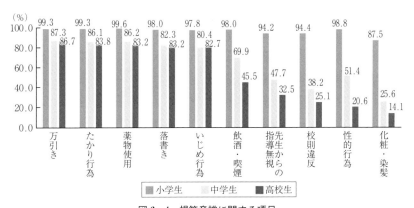

図6-4　規範意識に関する項目
出典：作田（2012，2016，2017）より筆者作成。

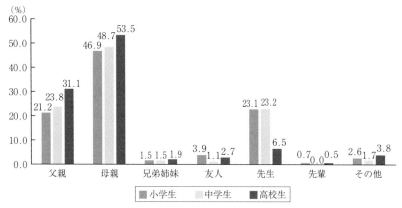

図6-5 逸脱行動に対する指導者
出典：作田（2012, 2016, 2017）より筆者作成。

されている行為といえる。また「先生からの指導無視」については，中学生で約5割，高校生で約3割の生徒しか「しないほうがよい」と答えていない結果となった。実際に教師の指導を無視するかは定かではないが，意識の上では年齢が高まるにつれて指導に対する意識は低くなる傾向がこの結果から読み取れる。

図6-5は，「絶対にやってはいけないことをした時，一番怒られ指導される人」についての回答結果である。この結果をみると，母親が全般的に最も高く，父親が次に続いている。その値は高校生に至るまで伸びていることがわかる。また他の特徴として，教師（先生）の値が小中学生にくらべて高校生になると大きく下がる点があげられる。その変化を児童生徒と教師の関係からみてみたい。

図6-6は，現在の教師との関係についての回答結果である。小中学生では，「気楽に話ができる」関係が過半数を占めているが，高校生になると「上下関係をもって接している」という回答が最も多くなっている。

また気になる結果として，「期待されている」という回答が全体的に低い傾向にあることにも注意が必要である。児童生徒の自己肯定感につながるものと考えられる教師の期待感がすべての児童生徒において1割以下である点も今後の教師の課題である。さらに「授業以外では話したくない」という回答も1割近くある結果も留意すべき特徴といえる。

第6章　少年非行と教師の関わり

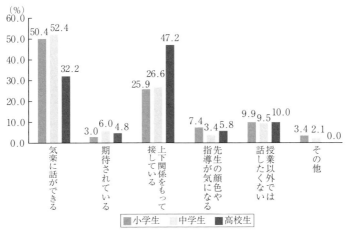

図6-6　現在接している教師との関係

出典：作田（2012, 2016, 2017）より筆者作成。

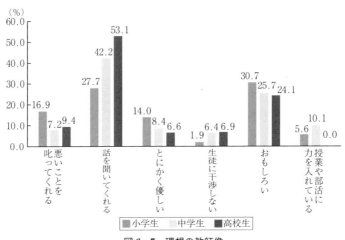

図6-7　理想の教師像

出典：作田（2012, 2016, 2017）より筆者作成。

　最後は，理想の教師像について図6-7の回答結果をみてみたい。「おもしろい」などの回答も目立つが，「話を聞いてくれる」との回答が，小学校から高等学校と年齢が増すにつれて高くなる傾向にある。高校生では，過半数が話を聞いてほしいという結果となった。また，優しさと同様に叱ってくれる教師を

93

求めている点も注目すべきであろう。やはり教師は児童生徒との関係の中でしっかりと向き合い，児童生徒の社会的な背景をくみ取って指導することが必要であることがわかる。

4　今後の少年非行とその指導・支援

　ここまで少年非行や規範意識について資料および研究成果からその概要をみてきたが，そこで重要なのは非行少年を含めた児童生徒が，様々な社会的背景をもちつつ親や教師などの大人から大きな影響を受けていることである。つまり，教師は児童生徒の社会的な関係性を注視し，自らの言動が与える影響を自覚することが重要になってくる。しかし，それは児童生徒と距離を保つことを意味するのではない。どのような指導や支援がその子にとって必要なのか，その指導や支援がその子に及ぼす影響がどのようなものかを意識することによって，少年非行やいじめ，不登校などの学校問題の解決への第一歩が踏み出せると思われる。

引用文献

コーエン，アルバート・K. 著，宮沢洋子訳（1968）『逸脱と統制』至誠堂。

ゴットフレッドソン，マイケル・R., ハーシ，トラビス著，松本忠久訳（1996）『犯罪の基礎理論』文憲堂。

作田誠一郎（2012）「高校生のいじめ経験における対人意識の特徴と学校社会——同質化する学校空間と対極的な規範意識」『西日本社会学会年報』第10号，73〜87頁。

作田誠一郎（2016）「『スクールカースト』における中学生の対人関係といじめ現象」『佛大社会学』第40号，43〜54頁。

作田誠一郎（2017）「小学生の規範意識といじめ経験からみた対人関係の社会学的考察——他者評価の影響と高まる孤立指向」『社会学部論集』第65号，1〜16頁。

サザランド，エドウィン・H., クレッシー，ドナルド・D. 著，平野龍一・所一彦訳（1960＝1964）『犯罪の原因——刑事学原論 I』有信堂。

ショウ，クリフォード・R. 著，玉井眞理子・池田寛訳（1998）『ジャック・ローラー——ある非行少年自身の物語』東洋館出版社。

デュルケーム，エミール著，田原音和訳（1960＝1971）『社会分業論』青木書店。

ハーシ，トラビス著，森田洋司・清水新二監訳（1969＝1995）『非行の原因——家

庭・学校・社会へのつながりを求めて』文化書房博文社。

ベッカー，ハワード・S. 著，村上直之訳（1973＝2011）『(完訳) アウトサイダーズ ──ラベリング理論再考』現代人文社。

法務省（2018）『犯罪白書』平成30年版。

マートン，ロバート・K. 著，森東吾・森好夫・金沢実・中島竜太郎訳（1961）『社会理論と社会構造』みすず書房。

Cloward, Richard A. and Ohlin, Lloyd E. (1960) *Delinquency and opportunity : a theory of delinquent gangs,* Free Press.

Shaw, Clifford R. and Mckay, Henry D. (1942) *Juvenile delinquency and urban areas : a study of rates of delinquency in reation to differential characteristics of local communities in American cities,* University of Chicago Press.

Sykes, Gresham M. and Matza, David (1957) "Techniques of neutralization : a theory of delinquency," *American Sociological Review,* 22 (6), pp. 664-670.

(学習の課題)

(1) 非行少年に対してどのような指導や支援が必要か様々な視点を検討しつつグループで討議してみよう。

(2) 少年事件を取り上げ，その事件に関わる被害者・家族・地域社会・学校・マスコミなどがそれぞれどのような社会的反作用を向けるのかを考えてみよう。

(3) 犯罪・非行に対する理論や解釈は，本章で紹介した以外にも発展している。その他の理論を調べて少年非行に対する理解を深めてみよう。

【さらに学びたい人のための図書】

土井隆義（2010）『人間失格？──「罪」を犯した少年と社会をつなぐ』日本図書センター。
　　⇨白書統計や非行文化，若者の人間関係や少年司法の動向等の多角的な考察が展開され，社会環境と少年非行の結びつきが再考されている。

岡邊健編（2020）『犯罪・非行の社会学〔補訂版〕──常識をとらえなおす視座』有斐閣。
　　⇨非行や犯罪に関する理論や問題に対するアプローチなど，バランスよく犯罪・非行の社会学が学べる内容となっている。

鮎川潤（2014）『少年非行──社会はどう処遇しているか』放送大学叢書。
　　⇨非行少年の補導から自立支援に至るまでの処遇過程が示されており，事例を通じて非行少年の立ち直りや再犯の防止についても考察されている。

（作田誠一郎）

第7章 リスク社会における教育格差問題

この章で学ぶこと

この章の目的は，現代をリスク社会と捉えた上で，子どもの貧困対策と学力保障について検討することである。はじめに，不安定化する日本社会の教育をめぐる格差問題にふれ，教育投資政策について概観し，整理した。次に，新学習指導要領において重視されている「学力の三要素」が，今後，子どもたちのキャリア形成に大きな影響を与えることや，リスクの個人化が高まる中では，主体的，協働的な学びを通じて得られる力に格差が生じる可能性について述べている。最後に，こうした状況を踏まえつつ，子どもの貧困対策と学力保障においては「つながり」をはじめとする他者との関わりが重要であると指摘する。

1 リスク社会の進展

（1）リスク社会とは

　まず，リスク社会について整理しておきたい。リスク社会の概念整理については，ベックの記述が重要となる。ベックは現代社会を規定する概念として「リスク」を取り上げ，「近代が発展するにつれ富の社会的生産と並行して危険が社会的に生産されるようになる」（Beck, 1986＝1998, 23頁）と論じている。さらに，ベックは「危険社会には，『不平等』社会の価値体系に代わって，『不安』社会の価値体系が現れる」ことや，「危険社会では，階級社会にみられる欠乏の共有に代わって，不安の共有がみられる」（Beck, 1986＝1998, 75頁）と述べ，危険や不安を共有する社会をリスク社会とした。一方で，こうしたベックのリスク論に対して今田高俊は，リスク概念は自然科学の分野でリスク評価という側面から扱われることが主流であり，これらが扱うリスク概念には「ベッ

96

クのいう富の生産・分配からリスクの生産・分配という視点はみられない」（今田，2002，63頁）と論じている。ここから，リスク概念の適用範囲の広さをうかがうことができる。

　他方で，渡邊洋子は「リスク社会は，私たちに不確実性，不安，不安定さと向かい合い続けることを強いるものであるとともに，自助・自己決定することを迫るものである」とし，次の2点を指摘している。1点目は「『リスク社会』とは『不安共有社会』とも『総不安定化社会』とも呼べるものであり，従来のように，自分とはさしあたって離れたところで起こった出来事を『他人事』『自分には無関係』と言えなくなる社会のこと」，2点目は「常に自助・自己決定を求められること」（渡邊，2013，5頁）としている。今田も「リスクは共同体や集団を通り越して，直接個人に分配される傾向が高まることである」（今田，2002，65頁）と述べており，これらの指摘から，現代社会では，リスクの共有はもとより，リスクを個人の問題として認識せざるを得ない状況にあることがみてとれる。つまり，リスク社会とは，不安定化する社会において，誰もがリスクを負う社会であり，かつリスクの個人化が高まる社会であるといえる。

（2）リスクの個人化

　リスクが高まる現代社会では，社会がもたらすリスクは，同時に個人が描く将来のリスクであるとの見方が強まることとなる。社会が不安定化する中で山田昌弘（2004）は，現代社会の最大の問題として「希望格差」を主張した。

　山田は，「日本社会は，将来に希望がもてる人と将来に絶望している人に分裂していくプロセスに入っている」とし，これを「希望格差社会」と名づけた（山田，2004，6頁）。また，不安定な社会を「リスク化」「二極化」という2つのキーワードで捉え（図7‐1参照），得られる収入の格差を「量的格差」とする一方で，個人の通常の努力では乗り越えることが不可能な差を「質的格差」と定めた。そして，この「質的格差拡大」が，様々な「問題」の二極化を進めるとともに，リスク化，二極化の影響は，人々の生活を不安定化させるだけでなく，社会意識までも不安定なものにすると主張する（山田，2004，12～15頁）。

【リスク化】

安心社会：リスクが少なく予測可能で，社会的対処が可能な社会

↓

リスク社会：リスクを避けることは不可能で，個人的に対処しなければならない社会

【二極化】

中流化社会：男性の収入が安定かつ増大し，生活水準の格差を感じなくてもすむ社会

↓

格差拡大社会：仕事の質的格差の出現，家族形態による格差の拡大

図7-1　リスク化と二極化のまとめ

出典：山田（2004）69頁より筆者作成。

さらに，現代社会では，リスクの普遍化が進行し「リスクが避け得ないものとなると同時に，個人は，そのリスクをヘッジすることや，そして，生じたリスクに対処することを，個人で行わなければならない時代になっている」（山田，2004，46頁）と指摘している。ここで重要なことは，普遍化したリスクは，個人の対応能力でもってその発生確率を低くすることができるにもかかわらず，リスクが二極化する中では，勝ち組に位置する人は，経済力や知的能力でリスクとの遭遇を避けられるが，一方，負け組に分類される人は，リスクを事前にヘッジするコストが払えないことで，リスクの普遍化がリスクの二極化を加速させる要因になると指摘したことである（山田，2004，68～69頁）。つまり，リスクの普遍化は，格差を拡大させる要因となり，経済的に厳しい状況に置かれている人たちはリスクへの対処能力を備えることが難しくなるのである。

　では，続いて，教育に関わる「リスク」はどうだろうか。山田は，希望格差社会における教育格差の問題について，学校教育のリスク化と二極化が生じたことをあげる（山田，2006，248頁）。リスク化とは，学校に入り努力しても，その努力が報われない「可能性」が高まること，二極化とは，人によって学校歴に見合った職に就ける，就けないといった格差が，結果的に拡大することだとした。

　そして，児美川孝一郎（2007，54～55頁）は，激しい学力・進学競争に参戦し，上層を目指す「勝ち組」のポジションを獲得しようとする層がいる一方で，学

力競争には早々と見切りをつける人や，適度に折り合いをつけるといった中間層の存在を指摘した上で「学力競争における『上層』のポジションを占めることが，その後の職業生活や生涯における"安定"を必ずしも約束するわけではない」と論じている（児美川，2007，58頁）。

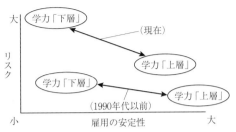

図7-2　学力階層とリスク差（イメージ）
出典：児美川（2007）59頁より筆者作成。

また，児美川は，学力「上層」と「中・下層」との格差の存在を認めた上で「注意すべきなのは，学力『上層』も含めて，子どもたち・若者たちが直面することになるリスクの水準が，全体として上昇しているという点にある」（児美川，2007，58頁）と述べている。

以上のことから，リスク社会では，学力水準にかかわらず，誰もがリスクを負い，努力の結果，たとえ学歴を取得しても，必ずしもその努力に見合った結果が得られるとはかぎらない社会であることを認識しなくてはならないのである（図7-2参照）。

2　教育をめぐる格差問題

(1) 経済不況による格差の拡大

さて，社会の不安定化が増す要因に，経済不安があげられる。1990年代以降，日本経済は長期にわたり低迷し，これに伴い雇用環境も悪化した。そして，こうした状況は家計における教育費負担を重くすることとなり，経済的事由による教育格差の問題は社会の大きな関心事となったのである。

もちろん，1990年代以前においても，経済格差を起因とした格差の問題は存在していた。苅谷剛彦は「戦後の日本社会でも，どのような家庭に生まれたかによって，学校での成績が違ったり，どのような学歴を得られるのかが異なっ

ていた。その意味で，日本でも，教育を通じた不平等の再生産が行われていることは間違いない」（苅谷，1995，202頁）と述べている。また，佐藤俊樹は，戦前，戦後にかかわらず，日本社会では親の社会経済的地位が子どもの社会経済的地位に再生産されている事実を明らかにしながら，戦前は，それが直接再生産されていたのに対して，戦後は生活水準があがって，進学機会そのものが大幅に開かれたことにより，学歴をめぐる競争，昇進をめぐる競争の中で，長い時間をかけて再生産され，この再生産メカニズムは選抜の中に埋め込まれてきたと指摘している（佐藤，2000，78〜79頁）。この両者の指摘をみると，日本の経済不況が長引くにつれて顕在化した教育をめぐる格差の問題は，これまでの日本社会においても存在していたものの，高度経済成長により国民全体の生活水準が高まっていったことと，教育機会が急激に開かれたことにより，誰もがそのことには関心をもたないようにしてきた，いわば「見過ごしてきた事実」であったといえる。しかし，1990年代以降，経済が低迷し家計所得が減少し始めると，この「見過ごしてきた事実」は，「教育費捻出問題」や「教育の不平等問題」として表面化し，「見過ごせない事実」となったのである。

　不安定な経済状況が続く中で社会が不安定化すると，この表面化した格差問題についての議論が活発化した。佐藤学は「学年齢が上昇するにつれて教育費負担が増すことによって教育への投資を断念した親の挫折が，子どもの教育からの逃避を招く」（佐藤，2007，49頁）と指摘した。また，和田秀樹は「親が高学歴である人ほど子どもの教育について可能性を期待するが，親が高学歴でない人ほど子どもの教育についてあきらめてしまうということである。つまり，親の意識の格差による影響がある」（和田，2009，150頁）と述べるなど，教育の格差問題においては，親の経済力や教育歴といった家庭環境と子どもの学力の関係に注目が集まることとなった。

（2）親の教育観の影響

　このような親の経済力と教育観の関係については，多くの指摘がなされている。その中で，耳塚寛明の「学力格差と『ペアレントクラシー』の問題」から

の考察（耳塚, 2007, 6頁）は, きわめて重要な示唆を与える。耳塚は, 子どもの学力を規定する要因を分析した結果,「学校外教育費支出」「保護者学歴期待」「世帯所得」が上位3つの要因であることを明らかにした。そして, 耳塚は, 人材の選抜が本人の業績に基づくのではなく, 富を背景とした親の願望がかたちづくる選択次第であると指摘している（耳塚, 2014, 13頁）（図7-3参照）。

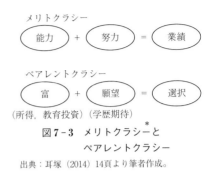

図7-3 メリトクラシー*とペアレントクラシー
出典：耳塚（2014）14頁より筆者作成。

　また, 吉川徹は, 親が高卒層である場合は, 高等学校卒業が確定した時点で相対的下降はすでに回避され, 親が大卒層であれば, 大学に進学しなければ下降移動が決定してしまうため, 大学進学がより強く動機づけられることを説明する「学歴下降回避説」を提示した（吉川, 2006, 124頁）。そして, このような合理的選択プロセスを仮定することにより, 自由な意思で学歴選択をしてもなお, 学歴の世代間継承関係が解消されずに持続するという仕組みを説明したのである。また, 吉川は自身が提示した, この「学歴下降回避説」に依拠し,「学歴分断線」を境に存在する学歴上昇家族と学歴下降家族で生じている大学進学に対する考えの差異について「親よりも高い学歴を目指し, 日本人の多くが上昇移動をしていた高度経済成長期と違って, 社会のそうした変動に乏しい現在では, 高卒再生家族には, あえて親と同じような人生を歩むことで安定を得ようとする側面がある」（吉川, 2009, 202頁）と指摘している。つまり, 現在のように将来の見通しが立たない中では, 子どもがある程度, 生活に満足しているならば, 必要以上に高い学歴を取得するのではなく, 親の教育歴を基準としながら無理をしない進路決定をしていることが考えられる。この状況からも, 親の経済力や教育観が子どもに影響していることがみてとれる。

　以上のような, 教育をめぐる格差問題は, 1990年代以降, 日本経済の長期不況によって生じた経済格差の拡大によって次第に表面化していった中で, 家計

所得の高低が子どもの教育環境に大きく影響することとなった。そして，こう
した教育費用の捻出問題は社会的に大きな関心事となり，日本の教育政策の中
でも重要課題の一つとなったのである。

> * メリトクラシー（meritocracy）とは，貴族による支配（aristocracy）や富豪に
> よる支配（plutocracy）になぞらえてメリット，つまり能力ある人々による統治と
> 支配が確立する社会のことである（竹内，1995，1頁）。

［3］ 日本社会における教育費負担の考え方

（1）教育政策における教育投資の捉え方

　現在，日本の教育政策は，教育振興基本計画に沿って総合的に進められてい
る。この教育振興基本計画は，2006（平成18）年の教育基本法の改正に伴い，
情報化，国際化，少子高齢化などの今日的な課題を踏まえて示された，教育の
基本理念の実現に向けて策定されたものである。2008（平成20）年に「教育振
興基本計画」（以下，第1期計画），2013（平成25）年には「第2期教育振興基
本計画」（以下，第2期計画）が策定され，2018（平成30）年からは「第3期教育振
興基本計画」（以下，第3期計画）が開始された。

　さて，教育費負担の問題については，前節までに述べてきたように，長期の
経済不況を背景に表面化することとなったが，こうした状況の中で教育政策の
方向を示す第1期計画が策定された。そして，この第1期計画では，教育投資
について次のような記述がなされている。「教育投資の規模については，教育
にどれだけの財源を投じるかは国家としての重要な政策上の選択の一つである
ことを考える必要がある。とりわけ，資源の乏しい我が国では人材への投資で
ある教育は最優先の政策課題の一つであり，教育への公財政支出が個人及び社
会の発展の礎となる未来への投資であることを踏まえ，欧米主要国を上回る教
育の内容の実現を図る必要がある」（文部科学省，2008，8頁）。さらに，本計画
の「基本的方向4」として「子どもたちの安全・安心を確保するとともに，質
の高い教育環境を整備する」とし，「教育機会の均等を確保する」と明記して

いる（文部科学省，2008，36～37頁）。その施策として，「奨学金事業等の推進」「学生等に対するフェローシップ等の経済的支援の推進」「幼児教育の無償化の検討」「私学助成その他の私立大学に対する支援」「民間からの資金の受入れ促進等のための取組の推進」をあげている。

第1期計画においては，2008年当時，今後10年間を通じて目指すべき教育の姿を実現するための教育投資の方向について「全人口に占める児童生徒の割合，一般政府総支出や国民負担率，GDPの規模など様々な要素を勘案する必要があり，単純に判断することはできないが，そうした中で現下の様々な教育課題についての国民の声に応え，所要の施策を講じる必要がある」（文部科学省，2008，7頁）と，教育活動を支える諸条件の整備に向けての意思を示している。これに加え，「OECD諸国など諸外国における公財政支出など教育投資の状況を参考の一つとしつつ，必要な予算について財源を措置し，教育投資を確保していくことが必要である」（文部科学省，2008，8頁）といった記述からもわかるように，教育政策における教育投資の重要性を明確に示したのである。この考えは，第2期計画においても重要項目として引き継がれることとなった。

次に第2期計画についてみてみたい。第2期計画では，今後の教育政策の遂行に当たってとくに留意すべき視点において，教育政策の意義（教育の社会的効果）について次のように述べている。「教育の成果が，教育を受けた本人のみならず広く社会全体に還元され社会の活力増進の原動力となること（例：社会全体の知的ストックの増大による経済活性化，所得分配の公平化による格差是正，社会の安定性確保，社会的課題の解決，税収の増大，公的支出の抑制，更なる知的活動の増進など）を踏まえれば『未来への投資』であるとともに，社会参加を保障する『セーフティネット』として公的な性格を持つ営みである」（文部科学省，2013，25頁）。そして，教育投資の意義については「教育への投資は，個人及び社会の発展の礎となる未来への投資である。このため，必要な教育投資については，学習者本人のみならず社会全体で確保することとなっている」と記述されている（文部科学省，2013，29～30頁）。つまり，教育投資は社会の安定をもたらし，未来への投資であるといった認識を社会全体で共有することが重要であ

るとしている。さらに教育投資の効果については「所得の向上や税収の増加，経済・産業の国際競争力向上，社会保障費等の支出抑制，知識技能・規範意識の育成，社会の安定性・一体性の確保，治安の改善など『経済的効果』のみならず『社会的効果』も含まれ，広範な直接的あるいは間接的な効果が想定されることに留意が必要である」（文部科学省，2013，29頁）としており，教育投資が社会生活，経済活動に効果を与えることを強調したのである。

（2）経済界の捉え方

　2018年より第3期計画が開始されることとなったが，経済界においても，こうした状況には高い関心をもっている。公益社団法人経済同友会（2017，10頁）は，日本の子どもの貧困の実態と問題点について，貧困がみえにくい状況にあることや，教育費を家庭の支出に依存していることは明らかで，学力を高めるためには，義務教育だけでなく各家庭での教育投資が不可欠な状態であると指

表7-1　教育財源確保に向けた提案

財　源	提案主体	概　要
消費税	教育再生実行会議 （第8次提言）	消費税見直しに際して，受益と負担のバランスのとれた社会保障制度を構築した上で，税収の使途を年金・医療・介護・少子化対策に加え，「教育」にも広げることを検討
教育国債	自民党「恒久的な教育財源確保に関する特命チーム」（下村幹事長代行，馳前文部科学省相等）	昨年11月公表の提言で検討が提案されている財源捻出策の一つで，無利子国債を想定
こども保険	自民党「2020年以降の経済財政構想小委員会」（小泉進次郎衆議院議員等）	「全世代型社会保険」の第一歩として，子どもが必要な保育・教育等を受けられないリスクを社会全体で支える「こども保険」を創設
社会保障と税の一体改革	経済同友会「子どもの貧困・機会格差の根本的解決に向けて」（2017年3月30日）	大学を除く教育の無償化に必要な3兆円の財源は，消費増税分の教育目的化，「こども国債」の発行，ふるさと納税の地元出身の学生を対象とした奨学基金化など，社会保障と税の一体改革の中でしっかりと議論し，「高齢者からこどもへの予算の転換」を明確に打ち出し，所得再分配の構造改革を図る

出典：一般社団法人日本経済団体連合会（2017）22頁より筆者作成。

第7章　リスク社会における教育格差問題

摘する。そして，これらの対策として，「3～5歳の就学前教育の義務化・無償化」「義務教育期間の完全無償化」「高等教育を受けるに相応しい学生に対し，給付型の奨学金制度を拡充」など11項目をあげている（経済同友会，2017，12～15頁）。

　また，一般社団法人日本経済団体連合会は「未来を担う若者への教育財源に関わる本質的な課題に取り組まなければ，日本の国際競争力は劣後し，国力の弱体化につながりかねない。教育投資は個人能力の伸長だけでなく，税収の増加や犯罪・失業給付の抑制など社会全体に幅広いメリットをもたらすとの調査もある」と指摘している（日本経済団体連合会，2017，19～20頁）。加えて，その教育投資を実現するための具体的な財源についても示している（表7-1参照）。いずれも消費税等の税収の見直しや増税，所得再配分の見直しといったように社会全体で取り組む必要があることを強調したものとなっており，経済界も格差是正に対して積極的に関わっていることがうかがえる。

［4］　変化の激しい社会を生き抜くための学力形成

（1）変化の激しい社会を生き抜くために必要な能力

　変化が常態化する不安定な社会では，予測不能な出来事への対応力が求められるようになる。

　第2期計画においては，変化の激しい社会を生き抜く力の養成が大きく掲げられ，今後の社会では，個人の自立と様々な人々との協働に向けた力が，いっそう必要となることについて指摘されている（文部科学省，2013，16頁）。また，主に，初等中等教育段階の児童生徒において「生きる力」の確実な育成を成果目標の一つと定め，確かな学力，豊かな心，健やかな体の観点から，それぞれ詳細な成果指標が設けられている。また，こうした考えは，第3期計画でも引き継がれることとなる。本計画では，「多様な個性・能力を生かして活躍する自立した人間として，主体的に判断し，多様な人々と協働しながら新たな価値を創造する力を，あらゆる教育段階を通じて身に付けることが求められる」と

105

示され，2030年以降の社会の変化を見据えた教育の目指すべき姿を検討事項の一つとし，諮問されることとなったのである（文部科学省，2016）。

　また，第3期計画では，2030年以降の社会を意識する記述が頻出している（文部科学省，2018）。これは経済協力開発機構（OECD）加盟国における様々な課題に対応するために2015（平成27）年に立ち上がった「Education 2030」プロジェクトの影響を強く受けたもので，今後は，この「Education 2030」が教育改革の中心的な考え方になるといってよい。日本においても，文部科学省初等中等教育分科会における教育課程特別部会の論点整理（文部科学省，2015a，1〜3頁）の中で「2030年の社会と子供たちの未来」について議論が進められている。ここでは「将来の変化を予測することが困難な時代を前に，子供たちには，現在と未来に向けて，自らの人生をどのように拓いていくことが求められているのか」といった問いが立てられている。これに対しては「社会の変化に受け身で対処するのではなく，主体的に向き合って関わり合い」をもつことや，「膨大な情報から何が重要かを主体的に判断し，自ら問いを立ててその解決を目指し，他者と協働しながら新たな価値を生み出していくことが求められる」とされ，こうした力を育成するために「学校の意義」の捉え直しが必要であると示されている。

　このように，今後，子どもたちは，変化の激しい社会を自ら切り拓いていくための方法，手段を習得していかなければならない。変化が激しい社会とは，社会が常に不安定な状態にあり，リスクの個人化も高まる社会の到来を示している。子どもたちは，そうした社会を生き抜くことを想定した上で，主体性や協働性をもって様々な知識や技術を習得していくことを課せられることとなる。経済界も，たとえば，他者から正解を求めず主体的に解をつくり出す能力のほか，多様性を尊重し社会・文化的背景の異なる人々と協働する力等をもつ人材を求めている（日本経済団体連合会，2017，1頁）。一方，学校は，教育を通じて主体的，協働的な学びの環境を整備することが求められている。それは，文部科学省答申「これからの学校教育を担う教員の資質能力の向上について〜学び合い，高め合う教員育成コミュニティの構築に向けて〜」でも示されており，

今後，教員に求められる資質能力の一つに主体的，協働的な学びであるアクティブ・ラーニングの視点からの授業改善があげられている（文部科学省，2015b）。つまり，学校教育現場においては，いっそう主体性，協働性の育成に対する関心が高まっていくと考えられる。

（2）学力の三要素

　こうした主体性，協働性は，学力の三要素の一つにあげられている。学力の三要素とは，新学習指導要領においても重視されている。小学校教育における内容は，学校教育法第30条第2項「基礎的な知識及び技能を習得させるとともに，これらを活用して課題を解決するために必要な思考力，判断力，表現力その他の能力をはぐくみ，主体的に学習に取り組む態度を養うことに，特に意を用いなければならない」の中で記述されている「基礎的な知識及び技能」「これらを活用して課題を解決するために必要な思考力，判断力，表現力」「主体的に学習に取り組む態度」の3つを指している。この規定は中学校，高等学校，中等教育学校にも準用されている。つまり，今後，求められる学力は，基礎学力，知識を活用する能力，そして主体的に学ぶ力や課題解決力といった点を重視するものといえる。

　この学力の三要素は，今後の子どものキャリア形成においても重要な視点となる。その理由は，2016（平成28）年3月，文部科学省の「高大接続改革会議」がまとめた最終報告にみることができる。本報告では「学力の三要素」の育成を前提におきながら，高等学校教育や2020年以降に実施される大学入試に関する様々な改革について述べられている（文部科学省，2016）。ここでは，高等学校教育改革において「学力の三要素」をバランスよく育成するため，学習，指導方法の改善としてアクティブ・ラーニングの積極的な導入や，生徒の資質，能力の多面的な評価の推進等が求められている。そして，大学入試改革においては，「学力の三要素」を多面的，総合的に評価する入学者選抜への改善，たとえば小論文やプレゼンテーションによる評価や，調査書の活用等，具体的な方法についての言及がなされている。つまり，今後の大学入試においては，基

礎学力，知識を活用する能力に加えて，主体性，協働性も重視されることとなる。

　このような動きを背景におくと，若干の懸念が生じる。それは，従来のような親の経済力や教育観による基礎学力の獲得の差のみならず，学力の三要素をもとに学力観の転換が図られるいま，こうした要素の獲得の差によって格差が拡大するのではないか，という点である。

　今後の学力形成において重視される主体性や協働性は，リスク社会を生き抜くために必要な能力となる。換言すると，そうした能力をもてない子どもたちは，リスク社会の中では不利な立場に追いやられてしまうおそれがあるといえる。果たして，こうしたリスクを個人の問題に帰してよいのだろうか。少なくとも，このような能力を習得する機会は平等に与えられる必要がある。子どもたちの学力をいかに保障するかは，リスク社会における教育格差の拡大を小さくするためにも重要な視点であり，とりわけ厳しい環境におかれる子どもたちへの対応は喫緊の課題といえる。

5 子どものリスクとしての貧困問題と学力保障

（1）子どもの貧困

　近年の子どもを取り巻く問題として，貧困問題を取り上げることができる。内閣府（2014）によると，子どもがいる現役世帯の相対的貧困率（詳しくは第5章参照）が15.1％，そのうち大人が1人の世帯の相対的貧困率が54.6％となり，大人が2人以上いる世帯に比べ，非常に高い水準となったことが明らかとなった。大人が1人の世帯，いわゆるひとり親家庭の深刻さはもとより，2人以上の家庭を含めても，6人のうち1人が相対的貧困の状況にあることが社会に大きなインパクトを与えた。2017（平成29）年6月に厚生労働省は，「国民生活基礎調査」を公表し，子どもの貧困率が13.9％と若干回復したことを報じているが，依然として7人に1人が厳しい経済状況におかれているのである（厚生労働省，2017）。

第7章　リスク社会における教育格差問題

　2017年の衆議院議員選挙では，「教育の無償化」が選挙の争点の一つとなった。とりわけ幼児教育の無償化については様々な議論がなされたが，各党とも細かな政策の違いはみられるものの，基本的に賛成の方向であったといってよい。この議論については，先述の教育政策における教育投資の考え方の中でも指摘したように，第1期計画より議論されており，こうした政策は，子どもの貧困問題を解決する一つの糸口になる。中室牧子は，教育投資の収益を高めるためには子どもが小学校に入学する前の就学前教育に投資すべきだと指摘している（中室，2015，73〜77頁）。そして，無藤隆（2016）は，幼児期の「主体的」「対話的」な遊びや活動が，小学校以降の主体性，協働性を養うアクティブ・ラーニングの土台になると論じている。つまり，先述の「学力の三要素」の育成を前提においた教育改革に適応するための基本的な能力の養成は，すでに幼児期より始まっており，この時期の格差が，その後の格差へとつながってしまうおそれがある。このような観点からも，「教育の無償化」に関わる様々な議論が活発化することを期待したい。

　また，先述の論点整理において「子供たちが，身近な地域を含めた社会とのつながりの中で学び，自らの人生や社会をよりよく変えていくことができるという実感を持つことは，貧困などの目の前にある生活上の困難を乗り越え，貧困が貧困を生むというような負の連鎖を断ち切り未来に向けて進む希望と力を与えることにつながるものである」（文部科学省，2015a）との記述がなされている。そして，志水宏吉（2014）は，子どもの学力は人間関係の「つながり」の強さが影響すると主張している。これらが示唆するのは，社会における「つながり」が，子どもの貧困問題や学力形成に大きく影響するということである。

　加えて，ここまで述べてきたように，今後の学力形成においては他者と協働しながら学ぶことが重視される。すなわち，教育格差を是正するためには，経済的支援だけでなく，子どもの居場所づくりをはじめとする他者とつながりをもてる環境を提供することが必要となる。こうした支援も学力保障の重要な方策の一つといえよう。

（2）学力保障のための「つながり」づくり

2014（平成26）年に「子どもの貧困対策の推進に関する法律」が施行された。本法律の基本理念として，①子どもの貧困対策は，子ども等に対する教育の支援，生活の支援，就労の支援，経済的支援等の施策を，子どもの将来がその生まれ育った環境によって左右されることのない社会を実現することを旨として講ずることにより，推進されなければならない，②子どもの貧困対策は，国および地方公共団体の関係機関相互の密接な連携のもとに，関連分野における総合的な取組みとして行われなければならない，とされている。その後，本法律第8条に基づき，「子供の貧困対策に関する大綱〜全ての子供たちが夢と希望を持って成長していける社会の実現を目指して〜」（内閣府，2014）を策定した。

ここでは，「学校」を総合的な子どもの貧困対策の展開，貧困の連鎖を断ち切るためのプラットフォームとして位置づけて政策を展開することや，学校を窓口として，貧困家庭の子どもたちを早期の段階で生活支援や福祉制度につなげていくことができるよう，地方公共団体へのスクールソーシャルワーカーの配置を推進し，必要な学校において活用できる体制を構築する。その他，NPOやフリースクール等と各自治体との連携を促進するなど，子どもの状況に配慮した支援の充実，学校・家庭・地域の協働の基盤となるコミュニティ・スクール（学校運営協議会制度）の設置の促進により，地域による学習支援等のいっそうの促進・充実を図ることが示されている。

このように，子どもの貧困対策は家庭だけで解決できることではなく，学校を基点とした地域社会全体で取り組むことが重要となる。その上で，国の教育投資政策が，経済界や社会からの理解を得ながら実行されることによって，「子供の貧困対策に関する大綱」の副題に示されているような「全ての子供たちが夢と希望を持って成長していける社会」が実現されるものだといえるが，一方で課題もある。中室は早期の教育投資を必要としながらも，従来のような親への所得移転による方法が格差を解消する方策になりうるかについては，慎重な議論が必要だと主張している（中室，2015，132頁）。この点については，教育投資が効果をもたらすためにも解決すべき重要なテーマであるといえる。い

ずれにしても，経済的支援が本当に必要な子どもたちへ行き届くために，私た
ちは何をすべきかを考える時期にきているのは間違いない。

　現代はリスクの個人化が高まる社会である。そして，子どもたちは，この変
化の激しい不安定な社会を生き抜くために，様々な知識，能力を身に付けてい
かなければならない。しかし，その能力の習得の機会が，子どもたちの能力と
は別のところで決定する社会であってはならない。未来の日本社会を支え，発
展させていく大切な子どもたちを，「つながり」をもって育んでいけるような
寛容な社会づくりが，いま，求められているといえよう。

引用文献

一般社団法人日本経済団体連合会（2017）「第3期教育振興基本計画に向けた意見」。

今田高俊（2002）「リスク社会と再帰的近代——ウルリッヒ・ベックの問題提起」『海
　外社会保障研究』No. 138，63～71頁。

苅谷剛彦（1995）『大衆教育社会のゆくえ——学歴主義と平等神話の戦後史』中央公
　論新社。

吉川徹（2006）『学歴と格差・不平等——成熟する日本型学歴社会』東京大学出版会。

吉川徹（2009）『学歴分断社会』筑摩書房。

公益社団法人経済同友会（2017）「子どもの貧困・機会格差の根本的な解決に向けて
　——未来への投資による真の総活躍社会の実現」。

厚生労働省（2017）「平成28年 国民生活基礎調査の概況」。

児美川孝一郎（2007）『権利としてのキャリア教育（若者の希望と社会）』明石書店。

佐藤俊樹（2000）『不平等社会日本——さよなら総中流』中央公論新社。

佐藤学（2007）「リスク社会の中の教育」今田高俊編『社会生活からみたリスク』（リ
　スク学入門4）岩波書店，37～54頁。

志水宏吉（2014）『「つながり格差」が学力格差を生む』亜紀書房。

竹内洋（1995）『日本のメリトクラシー——構造と心性』東京大学出版会。

内閣府（2014）「子供の貧困対策に関する大綱～全ての子供たちが夢と希望を持って
　成長していける社会の実現を目指して～」。

内閣府編（2015）『子供・若者白書 平成27年版』。

中室牧子（2015）『「学力」の経済学』ディスカヴァー・トゥエンティワン。

耳塚寛明（2007）「学力格差と『ペアレントクラシー』の問題——教育資源の重点配
　分と『底上げ指導』を」『BERD』No. 8，ベネッセ教育総合研究所，2～8頁。

耳塚寛明（2014）「学力格差の社会学」耳塚寛明編『教育格差の社会学』有斐閣，1
　～24頁。

無藤隆（2016）「【特集】ニッポンの幼児教育は，どう変わるのか？」『これからの幼児教育』2016年度春号，ベネッセ教育総合研究所，2～16頁。

文部科学省（2008）「教育振興基本計画」。

文部科学省（2013）「第2期教育振興基本計画」。

文部科学省（2015a）「教育課程企画特別部会における論点整理について（報告）」。

文部科学省（2015b）「これからの学校教育を担う教員の資質能力の向上について～学び合い，高め合う教員育成コミュニティの構築に向けて～」。

文部科学省（2016）「高大接続システム改革会議『最終報告』」。

文部科学省（2018）「第3期教育振興基本計画」。

山田昌弘（2004）『希望格差社会──「負け組」の絶望感が日本社会を引き裂く』築摩書房。

山田昌弘（2006）『新平等社会──「希望格差」を超えて』文藝春秋。

和田秀樹（2009）『新学歴社会と日本』中央公論新社。

渡邊洋子（2013）「リスク社会と学習課題──3.11以後は私たちに何をつきつけたか」『京都大学生涯教育フィールド研究（1）』3～12頁。

Beck, Ulrich（1986）*Risikogesellschaft auf dem Weg in eine andere Moderne,* Suhrkamp Verlag（ベック，ウルリッヒ著，東廉・伊藤美登里訳（1998）『危険社会』法政大学出版局）.

〔学習の課題〕

(1) 教育費負担の問題について，日本と諸外国の状況を比較しながら，日本の課題について整理してみよう。

(2) 変化の激しい社会を生き抜くために必要な資質，能力の育成を目指した，主体的，協働的な学びについて考えてみよう。

【さらに学びたい人のための図書】

阿部彩（2008）『子どもの貧困──日本の不公平を考える』岩波書店。
　　⇨子どもの貧困の現状や課題に関して，様々なデータをもとに解説がなされており，「子ども対策」の必要性について述べられている。

矢野眞和・濱中淳子・小川和孝（2016）『教育劣位社会──教育費をめぐる世論の社会学』岩波書店。
　　⇨教育費に関する国民の意識調査の分析をとおして，日本人の教育費負担に対する考え方について詳細な検討がなされている。

（長谷川誠）

第8章 マイノリティの学力問題

この章で学ぶこと

　この章では，「マイノリティの学力問題」をテーマとして，私たちが自身の力だと思っている学力の内実に迫る。学力とは個人のもっている力を測定した結果の一つであるが，実はその背景にはその個人が置かれている状況や社会システムなど，環境要因が大きく影響している。とりわけ，社会的に周辺化されている人々のポテンシャルは，社会によって「抑えられている」というふうに考えることが妥当であろう。その「抑えられる」メカニズムや，そうした状況を学校教育で一定解消しようという取組みについて知り，読者のみなさんそれぞれがいまの社会の中でどのようなアクションを起こしうるのかについて考えてもらうのがこの章のねらいである。

1　いまのあなたの実力は，あなたそのものではない

　ディズニー映画の中に「ズートピア」という物語がある。保守的な田舎町で暮らしていたウサギのジュディが警官になるという夢を叶えて大都会に出てくるが，「ウサギは小さくか弱き草食動物である（しかもジュディは女性でもある）」というイメージにより，なかなか重要な仕事を任せてもらえない。ある日，ジュディは詐欺師のキツネ，ニックに出会うのだが，親しくなるにつれて彼が「キツネである（ずる賢いイメージ）」がゆえに偏見のまなざしにさらされ，結果的にいまのような暮らしぶりに至ったことを知り，大きなショックを受ける。しかし，ひょんなことから二人で難事件の解決にあたることとなり，前向きなジュディに刺激を受けたニックも持ち前の個性を発揮し，ともに成長していくというようなストーリーである。物語の中で，ジュディは常に「夢をもって世界を変えよう！」と言い続け，一方，出会った当初のニックは「ウサギはウサ

113

ギ、キツネはキツネ。人生とは唄を歌えば魔法のように夢が叶うミュージカルとは違う」と半ば投げやりである。私たちの心の中にも、ジュディとニックの両方が住んでいるのではないだろうか。「夢を叶えたい！ 世界を変えたい！」と思っても、その足を引っ張ろうとするもう一人の自分がいる。「世の中そんな甘くない。自分の"実力"なんてそんなもんだ」と。

　さて、この「実力」というものこそが、本章の大きなテーマである。現在私たちそれぞれが有していると考えている実力は、どのように生み出されたのであろうか。まず思いつくのが、遺伝的要因である。生物学的に何らかの遺伝的素質を持ち合わせ、人によってはそれが「才能」として開花することもあるだろう。しかし、社会学では人の成長や暮らしを「私たちには遺伝的な制約があり、それを努力でカバーしながら生きている」というふうには解釈しない。遺伝的素質や個人の努力だけで現在の人々の暮らしを説明することは難しく、私たちの現実をつくっているのは、むしろ個人の背景にある様々な環境因子（社会的要因）が大きいと考えるのが、社会学的なものの見方である。

$$\boxed{2} \quad \text{学力問題を捉える視点}$$

（1）社会モデルで学力を捉える

　上述したように、個人の抱える問題の所在を社会の側に置いてその解決に臨むものの見方を「社会モデル」という。他方、問題の所在を当該個人に置き、その解決の方途も個人に委ねるようなものの見方を「個人モデル」という。これは、主に障害者問題を考える際に使われる用語であるが、障害者問題に限らず、そもそも社会学のアプローチそのものが社会モデル的であるといってよいだろう。本章では、社会モデルの考え方を用いて、教育の場で起こる不平等[*]の問題について考えていきたい。

　不平等の問題は「差」の問題であるともいえる。単に「違い＝わたしとあなたは別である」というだけではなく、結果やプロセスに明らかに価値的な優劣がもたらされるような「差」の問題である。たとえば、学校で発揮される実力

の一つである学力，ここではテストで測られるような，狭くて計測可能なものに限定するが，そうした学力に差が生じる仕組みについて考えてみたい。長年，教育社会学者は世の中に生じる様々な不平等の問題に取り組んできたが，「学力格差」もその大きなチャレンジの一つである。

　そもそも，学力がなぜ問題視されるのか。それは，学力問題が個人の実力の問題にとどまらず，国を左右するような社会問題でもあるからである。当然のことながら，一人の人間は，家族，学校，地域，国などの「入れ子構造」の中にあると考えることができる。一人の子どものテスト結果がいくつか集まればそれは「クラスの結果」となり，「学校の結果」「自治体の結果」そして「国の成果」となるのである。現に学習指導要領を見ても，PISA（OECD による国際的な学習到達度に関する調査）をはじめとする国際的なテストの影響を大きく受けていることがわかる。子どもの育つ権利を学校教育の中で保障しつつ，子どもたちの学力を上げていくこと，その中にもし不平等の問題が入り込んでいるのであれば，それを是正すべく働きかけることは国の当然の使命なのである。また，そのような学力がその後の個人や家族の生活を左右することも広く知られたことである。いわゆる「学歴」問題である。テストで測られた力は個人の体を離れて社会に影響を与えもするが，結局のところブーメランのように個々の生活に跳ね返ってもくるのである。

　教育社会学者の苅谷剛彦（2001）は，戦後日本の学校教育について，「面」の教育（面の平等＝学級，学校，自治体といった単位でみた場合の平等）には成功しているが，そのプロセスが人口変動や経済成長という流れの中で非常に自然な形で達成されたため，「点」の教育（個の平等や学校教育の中で周辺化されるような特定のカテゴリーに属するグループの平等）の議論に至らなかったと評価している。個やカテゴリーが抱える不平等の背景として大きいのが家庭の経済事情や社会階層といった要因であろう。

＊　何を「不平等」と考えるかについては，セン，A. 著，池本幸生・野上裕生・佐藤仁訳（2018）『不平等の再検討——潜在能力と自由』岩波書店などを参照すること。

（2）社会階層の問題としてみる

　ここで，階層問題として学力問題を捉えるような研究についていくつかみていこう。イギリスの社会学者バジル・バーンステイン（1981）は，教育達成の差異について，家庭で使用される「言語コード」の問題を提起した。具体的には「精密コード」と「制限コード」という概念を用いて教育の階層分化を説明している。前者は中産階級の人々によって用いられるような言語の様式で，語彙が豊富で複雑な構文を用いることができ，文脈独立的なやりとりとなる。他方，後者のほうは労働者階級の人々によって用いられるような言語の様式で，語彙は少なく構文は単純で，文脈依存的である。「あれ」「これ」でやりとりが完結することもあり，非言語コミュニケーション能力という観点からみればこちらのほうが優れた様式とみることもできる。さて，学校生活を円滑に送っていくにはどちらのコードが有利であろうか。授業内の教師―生徒のやりとりや，宿題で出される作文に求められる力などを想起すればすぐにわかることであるが，学校やその他のフォーマルな集まりの場の言語環境は，「精密コード」が支配している。したがって，学校で成功を収めるのは，精密コードと心理的距離が近く実際にそれを操ることに慣れている中産階級の子どもが多くなる，という考え方である。労働者階級においては，バイリンガルとして家庭内コードと学校でのコードとを自由に操ることができる子どもたちだけが学校や社会の中心で成功を収めることができるというわけである。日本でもこの概念を用いて小学生の言語的格差について調査した前馬優策（2011）の研究があり，そこでは精密コードの獲得には家庭環境が影響すると指摘されている。

　また，フランスの社会学者であるピエール・ブルデュー（ブルデュー，パスロン，1991）は，「ハビトゥス（個々の家庭や集団により内面化された行動様式）」という概念を提案し，教育達成の差異について分析している。学校にも学校で求められるハビトゥスがあり，それらと家庭やコミュニティの中ですでに内面化したそれとの間で適応，不適応が起こる（その結果，学校での成功，失敗につながる）ことは想像しやすいだろう。不適応どころか，被支配層が反学校文化を発達させていることを指摘したのがイギリスの社会学者ポール・ウィリス

第8章　マイノリティの学力問題

（1996）である。ウィリスは，その著書『ハマータウンの野郎ども』において，イギリスの白人労働者階級の一群が，喫煙や教師への反抗，権威に従順な他のグループの子どもたちへの見下し行為などの反学校的な文化を発達させていった結果として，彼らが自分たちの親が従事しているような単純肉体労働の仕事に積極的に就いていく過程を描き出している。この著書の原題は，*Learning to Labor* である。彼らの学校でのふるまい，すなわち反学校文化は，自らの再生産を強化する要素となっているのである。[*]

　さらに，アメリカ合衆国の社会学者，アネット・ラリュー（Lareau, 2003）は教育格差の家庭的要因として，子育ての階層分化について言及している。アメリカ合衆国は人種による格差問題がまず注目されるが，ラリューは人種に関係なく階層によって子育てに差があることを指摘している。ラリューは黒人，白人，中産階級，労働者階級，貧困層などの88家族を調査，その中からさらに12の家族についてより深い調査をすることで，中産階級の家庭は熱心な「意図的育成」を，労働者階級および貧困層は「自然な子育てによる達成」をするという子育ての特徴を見出した。

　ラリューのいう意図的育成の内実をさらに細かく検討したのが本田由紀（2008）の研究である。本田は，高学歴の母親が家庭教育にふりかかる社会的プレッシャーの中で「全方位型完璧な子育て」思考を発達させ，さらにそれは「のびのび」型と「きっちり」型などに類別可能（そしてそれらの違いは成長後の子どもに様々に影響する）であること等を見出した。

　　＊　国内では，知念渉（2018）がいわゆる教育困難校でのフィールドワークによって，被支配層に属する高校生が教師の教育的働きかけによって学校文化を肯定的にみることができるようになる様子を描いている。被支配層にある子どもたちが必ずしも対抗文化だけを発達させるわけではなく，それも環境に依存することを示した研究である。

（3）家庭が有する資本の問題としてみる

　また，先のブルデューは，家庭やあるグループの再生産の要素として「文化

117

資本」「経済資本」「社会関係資本」の3種の資本を提示している。文化資本とは，言葉遣いや行動様式のような家庭や集団にとって文化的に価値あるもの，経済資本とはお金や資産価値のあるもの，社会関係資本とは義務的な役割やコネなどその集団内での財産となっている人のつながりを指す。もちろん，これら諸資本の多寡は，前項であげた階層問題とも絡んでくる。ここで，この諸資本と教育達成との関係について簡単にみていこう。

　まず経済資本についてであるが，この資本が教育達成に影響を与えそうなことは，調査をせずともイメージしやすいのではないだろうか。経済的に豊かな家庭の子どもが，学校教育というフォーマルな教育だけでなく，塾や習い事といったノンフォーマルな教育投資を受けて教育達成に有利な知識やスキルを身に付け，結果として支配層に参入しやすくなるという構図は簡単に想像できるだろう。実際，東京大学に子どもを通わせている保護者の半分以上が年収950万円以上であるといった調査もある。

　次に文化資本について，前項であげた言語やハビトゥスなどはまさしく文化資本そのものであり，この資本の量や質，運用の仕方が教育での成功や失敗と関係することは先に指摘したとおりである。いくら経済的に豊かであっても，支配層に強くコミットするような文化資本を戦略的に運用しなければ，教育での成功や社会的成功にはつながらないのである。

　社会関係資本については，ブルデューのほかにロバート・パットナム（2001）やジェームズ・コールマン（2006）の研究等を参照されたいが，ここでは，教育社会学者の志水宏吉（2014）が学力問題を捉える視点として「つながり格差」という概念を提案しているので，それについてみていこう。志水は，現在の学力格差の要因について，かつての「都鄙格差（都市部と周辺部といった地域による格差）」の趣はなく，「つながり格差」となっていると指摘する。志水らは，全国学力学習状況調査の都道府県別の結果を過去の同じような学力調査と比較することで，学力問題の現代的な特徴として「離婚率」「持ち家率」「不登校率」が関係していることを導き出した。志水は，この三要素を家族とのつながり（離婚率），地域とのつながり（持ち家率），学校・教師とのつながり

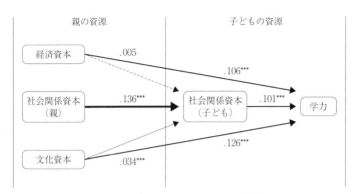

図8-1　家庭の諸資源と子どもの学力
出典：志水（2014）。

（不登校率）という「つながり」の問題であると仮定した。

　さらに，志水はこの「つながり」問題についてよりミクロな調査を実施し，家庭が有する諸資本（経済資本・文化資本・社会関係資本）と子どもの学力との関係についても明らかにした。この調査においても，ブルデューが指摘したような3つの資本と学力との相関関係が明らかになったのであるが，同調査ではほかにも非常に興味深い結果が出た。それは，子どものもつ社会関係資本がどのような要素により発達するのかについてである。調査結果は，子どもの社会関係資本は親の社会関係資本と強い相関があり，合わせて親の文化資本の影響も受けるのだが，実は親の経済資本とは無相関であるということを示した（図8-1）。つまり，子どもが学力を獲得するにあたって重視される要素の一つである社会関係資本については，家庭の経済的豊かさの影響を受けていないということである。「家庭の経済をうんぬんしなくても，『つながり』を増やしていくことは十分可能であることが示唆される」と志水（2014, 130頁）は述べている。

　このように，子どもたちが学校で成功するか否かについては，「家庭の問題」つまり家庭の背景としてある経済事情や階層問題に大きな影響を受けることがわかる。そもそも，現在の社会システムや公教育はその社会の中の支配層の文化と高い親和性をもっているため，それ以外のカテゴリーに属する人々（被支配層）は，教育での成功を個人や家族単位での努力に委ねざるを得ない構造に

なっている。このような社会構造上の制約をにらみつつ，個々の学力や学力格差の問題を捉えることが重要なのである。とはいえ，学校での成功が望みにくい家庭の子どもに自身の家庭を呪わせるわけにはいかない。苅谷の指摘にあるように，日本の公教育は子どもたちにある程度の教育水準を身に付けさせることにおおむね成功しており，また，志水が示唆するように，学力と関係が深いとされる子どもの社会関係資本については，家庭の影響は少ない（したがって，学力問題に絡んで学校の介入余地が大いにある要素であると考えてよい）。さらに，公教育における具体的な取組みを丁寧にみていけば，そうした格差の問題に様々に挑戦し続ける学校の姿を捉えることができるのである。

3　学校の挑戦

（1）「効果のある学校」という考え方

　1960年代半ば，アメリカ合衆国連邦政府は「教育機会均等調査」という報告書，いわゆるコールマンレポート（1966）を発表したが，そこで明らかになったのは学力格差に対する学校の影響力の少なさである。この報告書では，子どもの学力の規定要因の大部分は地域や仲間集団で，学校が何をやっても人種間・階層間の学力格差はなくならないとされている。さらに，同じデータを再度分析したジェンクスらによる調査（1972）においては，学校は不平等をなくすどころか不平等を再生産しているという結論となり，いわゆる「学校無力論」が広く知られることとなった。当然のことながら，このニュースは当該マイノリティの子どもたちやそれを支える現場の教師に大きな衝撃を与えることとなった。

　これに対して，厳しい家庭背景を抱える子どもであっても，学校はその子たちの学力を他の子と同じように向上させる「効果」を有していると考えたのがエドモンズ（1986）である。エドモンズは独自の指標を用いて，被支配層の子どもたちの学力が支配層のそれを上回るか同等程度である学校を「効果のある学校（エフェクティブ・スクール）」であるとした。その結果，アメリカ合衆国の800の小学校への調査から55校の効果のある学校が検出された。一見すると同

じように大変な学校（子どもをめぐる環境因子，すなわち学校が抱える条件は同じようなもの）にみえても，結果を出せている学校と条件に引っ張られて成果を出せないでいる学校とがあるということを発見したのである。さらに，エドモンズは効果のあった学校と効果のなかった学校を比較することで，「校長のリーダーシップ」「教員集団の意思一致」「安全で静かな学習環境」「公平で積極的な教員の姿勢」「学力測定とその活用」という5つの特徴を見出した。このエドモンズの研究を皮切りに，欧米で多くの学校の「効果」に関する研究が実施された。こうした流れを受け，日本でも同様の調査が行われるようになった。

（2）日本におけるマイノリティの学力研究

　日本での学力問題を社会構造の問題との関係で捉える試みは，主に同和問題解消の文脈でなされてきた。現在では，同和問題は一定の解決をみたとしてあらゆる対策事業が終了されているものの，この問題は，被差別部落にルーツのある子どもたちの現在の学校適応や社会生活に依然として大きな影を落としている。1960年代までの不就学や長期欠席問題の克服，70年代までの高等学校進学率の地区内／外格差の克服を経て，同和地区の教育課題は教育権の保障から学力保障へと移行した。80年代からは同和地区の子どもたちの学力と生活状況に関する実証的な研究が本格的に進められ，日本社会においても学力不振や進学アスピレーションといった子どもの個別の状態が，社会階層の影響を大いに受けているということが示された。これまで，近代社会は個人の能力によって社会移動が可能となる「メリトクラシー」の社会であるという考え方が優勢であったが，2000年を過ぎた頃からメリトクラシーではなく「ペアレントクラシー」（個人の努力や能力というよりは，親の財力と教育期待）ではないかといった議論が盛んになってきた（ブラウン，2005）。苅谷（2001）は，家庭環境による子どもたちの意欲の格差を「インセンティブ・ディバイド」と名づけたが，同和教育においても似たような現象は示唆できる（高田，2019）。従来の同和教育は，学校現場で子どもたちにメリトクラシーの原理を適用させようとしたが，結果はそう単純ではなかった。被差別部落にルーツのある子どもたちの現在に

まで至る学力不振の問題や，昨今話題となるような貧困家庭の貧困の再生産も，メリトクラシー説の限界を示している。

　「効果のある学校」研究については，日本では90年代の鍋島祥郎（2003）による研究からはじまり，志水（2014）により全国レベルにまで広げられた。欧米では先の５つの特徴をはじめとして，それぞれの教育文化に根ざした特徴が検出されたが，日本の場合も様々な文化的制約を受けた特徴が見出されるはずである。志水は，手始めに大阪の「しんどいけれどがんばっている」学校でのフィールドワークから，日本的な「効果のある学校」の特徴を以下のように提示した。「子どもを荒れさせない」「子どもをエンパワーする集団づくり」「チーム力を大切にする学校運営」「実践志向の積極的な学校文化」「地域と連携する学校づくり」「基礎学力定着のためのシステム」「リーダーとリーダーシップの存在」の７つである。その中でも「（トップダウンではなくより柔軟な）リーダーシップ」「（荒れさせない）（子どものエンパワーをねらう）生徒指導」「（集団づくりを大切にする）（チーム力を重視する）集団主義」といった特徴が，欧米に比して非常に日本の学校的要素として強いと志水（2014）は指摘する。

　日本の効果のある学校研究は，その学校文化に即した形で「力のある学校」研究という発展を遂げることとなる。大阪での調査の途上，志水は日本の教師が学力のみならず生活面も重視していることや，特定の児童生徒だけでなくすべての子どもを大切にしたいといった教師の声を聞くこととなり，テーマを（特定のアウトプットのみを想起させるような）「効果」から（幅広く学校の活動を表せるような）「力」へと，より日本の学校文化に迫りやすいものに変更した。志水は，力のある学校を「すべての子どもたちをエンパワーする学校」と定義し，いくつかの量的・質的調査を経て，力のある学校のための「スクールバスモデル」を提唱した（図8-2）。この中で最も重視されるのがエンジンの部分にあたる「気持ちのそろった教職員集団」である。教職員が志高く同じ方向を向いていることが力のある学校をつくる大きな要素であると志水は強調する。続いてハンドルとなるような学校運営，とりわけミドルリーダーやリーダーの柔軟さや組織力，そして車輪の部分である生徒指導と学習指導，地域や家庭との連

第8章　マイノリティの学力問題

図8-2　スクールバスモデル
出典：大阪府教育委員会（2008）「学校改善のためのガイドライン」。

携などのポイントをあげている。もちろん，子どもたちにとっては環境面での安全等も大切（内装）であり，外部への発信として前向きな学校文化を有していること（外観）が理想的である。志水らは，この調査を下敷きに全国規模での学力学習状況実態調査の分析を続け，それぞれの自治体独自の「効果」について研究を進めている。

（3）貧困対策としての学力向上

近年，効果のある学校とはまた違った学校の取組みもみられる。貧困対策として学校に居場所を提供し，その中でとくに学力向上に力を入れていこうとする学校の存在が顕著になってきたのである。貧困家庭や貧困層といった社会構造に着目し，その問題の解消のためには学力の向上が重要である（よって学校現場は貧困対策としての学力向上を意識せよ）という考え方は，2013（平成25）年に「子どもの貧困対策の推進に関する法律」（以下，子どもの貧困対策法）が制定

されたことと関係が深い。これまでみてきたように，学力問題は家庭背景や社会階層の影響を強く受けるのであり，「貧困家庭」というカテゴリーも当然のことながらこの問題を捉えるための重要な要素である。もちろん，学校においてはこれまでも現場レベルや自治体レベルで貧困対策を実施してきたし，研究者も学力調査の結果と経済資本との関連について指摘し続けてきている。

　子どもの貧困対策法によれば，国は「子どもの将来がその生まれ育った環境によって左右されることのない社会を実現する」（第2条）ために，対策として「子ども等に対する教育の支援，生活の支援，就労の支援，経済的支援等の施策」（第2条）を講ずるとしている。苅谷（2001）のいう面の教育が完成してずいぶん経ってからではあるが，経済格差によって子どもたちにもたらされる不平等の問題に国がようやく着手しはじめたといってよい。学力の側面について具体的な中身をみてみると，学力保障のための教員の加配措置や放課後子ども教室などの地域学校協働活動推進事業を活用することで，子どもたちに学校の中で学力をつけさせ，結果として貧困の連鎖を断ち切ることをねらっているようである。しかし，その成果について検証できるのはまだ先の話であるし，先のペアレントクラシーの問題に鑑みれば，「学習支援→学力→貧困脱却」というシンプルな構図で考えすぎることには注意を払ったほうがよいだろう。何より，この法律の背景に，貧困層の子どもの教育の権利保障といったタテマエと同じかそれ以上に，生活保護受給者の増加によって財政支出を強いられたくない国のホンネの部分を見て取ることも，社会学を学んでいく上では重要なことである。

［ 4 ］　頑張る学校のジレンマ

　これまで，社会構造上の問題ゆえに引き起こされる学力格差に立ち向かう学校の姿をみてきたが，最後に学校がこうした課題に接近することで懸念されるいくつかの問題について触れておきたい。

　まず，学校が効果のある学校を目指したり，より積極的な貧困対策を講じたりすることで即時的に降りかかる問題が，「教師の多忙化や学校への重圧」で

ある。もちろん、やり方を吟味することで多忙化を進めることなく効果のある学校となりうる可能性は過分にあるだろうが、これから効果をねらおうとするならば、その「吟味」だけでも相当の時間とエネルギーを費やすことが求められる。外部と連携した貧困対策にしても、教師は日々の業務の中で直接的な学習支援をしながら、さらに放課後等の外部連携との関係においても間接的な支援業務を行うこととなる。昨今叫ばれる「働き方改革」の中で教師の仕事を取捨選択していく営みにおいて、これらの取組みを優先的に進めながら、なおかつ教師の仕事量を減らすというのは、相当戦術に富んだ学校運営が必要となるだろう。

　また、これまでも子どもたちの生活をあらゆる面から支えてきた日本の学校にこれ以上の効果を期待すること、言い換えれば学校にさらなる機能を追加することの問題性もある。学力格差の是正も貧困対策もすべて学校でまかなえるとなってしまえば、日本の公教育への期待はさらに大きなものとなる。適度なプレッシャーはそのコミュニティの成員に一定のモチベーションを与えることができるであろうが、過度の重圧となれば問題である。もちろん、こうした重圧は結果的に先の多忙化とも結びつくであろうし、そこでたまたま結果を出せなかった学校にいる教師たちの精神的な疲弊は、相当なものになるであろう。

　そして、もう一つここで強調しておかねばならないのが、こうした問題に熱心に取り組むことで起こりうる「構造そのものを変革していく視点の喪失」である。学力問題にせよ貧困問題にせよ、社会構造の問題が大きいことは指摘してきたとおりであり、その問題そのもの、つまりシステムへの直接的アプローチの強化なしに教育問題として解消しようとすることへの問題性は大きい。このあたりについては、たとえば被差別部落にルーツのある子どもたちの学力不振を「医療化」する傾向に警鐘を鳴らした原田琢也（2011）や、貧困問題が学力向上や特別支援教育と連動して「教育化」されていることの問題性を指摘している桜井智恵子（2017）の研究を参照されたい。

　現在の人・カネ・モノの状況においてそれぞれの学校が頑張れば頑張るほど、本来的に国家が成し遂げるべき教育や福祉の充実に向けた手厚い援助の機会が遠のくおそれがある。ジレンマである。学校は、現在与えられている状況で職

務を遂行しなければならないが，それがうまくできてしまえばそれだけ新しい
要求が難しくなり，結果として現状が変化しにくくなるというおそれがある。
「なんだ，いまの資源で十分効果が出せるじゃないか」となれば，国はこれ以
上の投資をする積極的理由を見失い，また，同じような条件下にあって効果の
なかった学校や，効果のある学校の中の効果のなかった個人は，「各々の自己
責任」という個人モデルで捉えられ，社会の中で再び周辺化されかねない。そ
れでも学校や教師は日々「最高の教育」を追求し続けなければならないのだか
ら，やはりジレンマなのである。

　このようなジレンマを抱えつつ，変容する社会を見据え，学力観や学校の機
能そのものを見直すことが重要である。戦後の学校教育は，個人の社会移動を
大きく左右してきた。親も教師もそこに加担し，「子どもたちの将来のために」
と学校での子どもたちの教育達成に大きなエネルギーを注いできたが，結果的
に学歴至上主義は維持され，不登校やニート，引きこもりといった言葉がネガ
ティブなニュアンスをまとって社会の周辺に位置づいた。学力達成の難しい障
害のある子どもや外国につながる子どもは，こうした構造の中ではいつまで
経っても社会的弱者とされ，排除のリスクと隣り合わせのままである。マイノ
リティの学力問題を考える上では，その個人やグループを取り巻く何層もの構
造に注意を払いながらアプローチを検討していく必要があるのであり，また学
力や学校をめぐる議論にも常にアンテナを張り，動向を見守りつつ自身のアク
ションを選択していくことが重要なのである。

引用文献

ウィリス，P. 著，熊沢誠・山田潤訳（1996）『ハマータウンの野郎ども』筑摩書房。
苅谷剛彦（2001）『階層化日本と教育危機——不平等再生産から意欲格差社会へ』有
　信堂。
コールマン，ジェームズ，S. 著，野沢慎司編・監訳，金光淳訳（2006）「人的資本の
　形成における社会関係資本」『リーディングス ネットワーク論』勁草書房。
桜井智恵子（2017）「『自立した個人』という福祉国家の原理的課題——『子どもの貧
　困対策』としてのワークフェア子ども版：学習支援を問う」『人間福祉学研究』第
　10巻第 1 号，53〜65頁。

志水宏吉（2014）『「つながり格差」が学力格差を生む』亜紀書房。

高田一宏（2019）『ウェルビーイングを実現する学力保障』大阪大学出版会。

知念渉（2018）『〈ヤンチャな子ら〉のエスノグラフィ――ヤンキーの生活世界を描き出す』青弓社。

鍋島祥郎（2003）『効果のある学校』解放出版社。

パットナム・ロバート, D. 著, 河田潤一訳（2001）『哲学する民主主義――伝統改革の市民的構造』NTT 出版。

バーンステイン, B. 著, 萩原元昭訳（1981）『言語社会化論』明治図書出版。

原田琢也（2011）「特別支援教育に同和教育の視点を――子どもの課題をどう見るか」志水宏吉編著『格差をこえる学校づくり』大阪大学出版会, 83〜101頁。

広田照幸（2015）『教育は何をなすべきか――能力・職業・市民』岩波書店。

ブラウン, P.（2005）「文化資本と社会的排除――教育・雇用・労働市場における最近の傾向に関するいくつかの考察」ハルゼー, A. H. ほか編, 住田正樹・秋永雄一・吉本圭一監訳『教育社会学』九州大学出版会, 597〜622頁。

ブルデュー, P., パスロン, J.-C. 著, 宮島喬訳（1991）『再生産（教育・社会・文化）』藤原書店。

本田由紀（2008）『「家庭教育」の隘路』勁草書房。

前馬優策（2011）「日本における『言語コード論』の実証的検討――小学校入学時に言語的格差は存在するか」『教育社会学研究』第88集, 229〜250頁。

Coleman, James S. et al.（1966）*Equality of Educational Opportunity*, U.S. Gavernment Printing Office.

Edmonds, R. R.（1986）"Characteristics of Effective Schools," Neisser, U. ed., *The School Achievement of Minority Children*, Lawrence Erlbaum Associates.

Jencks, Christopher S. et al.（1972）*Inequality*, Basic Books, Inc.

Lareau, A.（2003）*Unequal Childhoods : Class, Race, and Family life*, University of California Press.

学習の課題

(1) 現在の日本社会において周辺化されがちなマイノリティ・カテゴリーについてあげ, なぜそのグループが日本社会でマイノリティとなるのかについて考えてみよう。

(2) 日本の学校教育が効果のある学校となることのメリットとデメリットについて具体的に考えてみよう。

(3) あなたの生活の中に現在ある困りごと（個人的な悩みや問題だと考えている事象）について,「個人モデル」と「社会モデル」の両方で考えてみよう。

【さらに学びたい人のための図書】

広田照幸（2015）『教育は何をなすべきか——能力・職業・市民』岩波書店。

    ⇨タイトル通り，教育がすべきことについての著書。本章で取り上げたメリトクラシーなどについてもわかりやすく書かれている。広田には，この前に『教育には何ができないか』（春秋社，2003年）という著書があることにも注目。

桜井智恵子・広瀬義徳編（2013）『揺らぐ主体／問われる社会』インパクト出版会。

    ⇨障害者や外国人など様々なカテゴリーをめぐる社会問題を取り上げることで，私たちが日常的にみえにくくされてしまっている社会の矛盾や主体性の喪失などについて鋭い指摘がなされている。

志水宏吉（2014）『「つながり格差」が学力格差を生む』亜紀書房。

    ⇨一般向けに非常に平易な文章で書かれているため，本章で取り上げた「つながり格差」についてより詳しく知りたい人だけでなく，日本の学力問題を考える上での入門的な書籍にもなっている。

（堀家由妃代）

第9章 学校危機管理

この章で学ぶこと

　この章のねらいは，日本の学校危機管理，すなわち学校安全について，法律，計画，実施・支援体制を概観し，実践事例を通じて具体的な取組みを理解することである。日本の学校安全体制は，大災害や大事件での経験や教訓を踏まえて発展し，拡充が図られている。その基本的考え方は，「事が起きてからの対応」ではなく「事が起きる前」のリスク軽減であり，最近ではすべての学校が「実践的な備え」に取り組むことに重点が置かれている。学校での取組み推進を文部科学省，都道府県や市町村の教育委員会等が支援している。さらに，在校時だけでなく，家庭や地域で過ごす時間における子どもの安全確保に向けて，学校と家庭，地域住民や関係機関との連携が求められていることを学ぶ。

1 リスクと危機管理

（1）子どもたちの生命の安全を脅かすリスクの多様化

　学校とは児童生徒が集い，学び合い，友人関係を築き，人格の形成を図る場である。そのため，学校は安心感をもって過ごすことができる安全な環境として整えられなければならない。児童生徒は守られるべき対象であるだけでなく，自ら主体的に自身の安全を確保することができるよう，教育を通じて必要な力を育んでいくことが求められる。

　現代社会は，「リスク社会」ともいわれる。子どもたちを取り巻くリスク環境は，近年大きく変化している。2001（平成13）年6月8日に起きた大阪教育大学附属池田小学校事件や2011（平成23）年3月11日の東日本大震災では，学校管理下において子どもたちの生命が奪われる痛ましい状況が発生している。

129

それだけでなく，子どもたちは，交通事故，体育やスポーツ部活動をめぐる事故，いじめ，自然災害，感染症，薬物，不審者，ネットやSNSを通じたトラブル等，日常的に様々なリスクに曝されている（大阪教育大学附属池田小学校，2017）。さらに，在校時だけでなく，通学・帰宅途中，在宅時，それ以外の様々な場所や状況においても，子どもたちはリスクに囲まれている。

　子どもの事故災害に関する統計は，学校管理下での児童生徒の事故を扱う「学校安全統計」と年代別の「人口動態統計」がある。年齢区分や事故発生の時間帯等の区分が異なるため単純な比較を行うことは難しいが，2001〜08年の間の学校管理下での事故災害の中で最多の死亡発生件数は交通事故であり，次いで不慮の溺死および溺水による死亡であることが明らかになっている（江原，2012）。学齢児童の死亡原因をみると，不慮の事故ならびに交通事故による死亡は年々減少傾向にあるが，阪神・淡路大震災や東日本大震災といった大地震の年には死者数が増加することが示されている。その一方，2015（平成27）年度における10代の死因のトップは交通事故を含む不慮の事故をおさえて自殺となっている（内閣府，2015）。こうした子どもたちの生命を脅かす様々なリスクに対処していくことが，学校危機管理には求められている。

（2）リスク管理に対する基本的な考え方

　国際標準化機構（ISO）によると，「リスク」とは事象（event），結果（consequence），起こりやすさ（likelihood）の3つの要素から構成され，その定義は「目的に対する不確かさの影響」とされる（ISO，2009）。「事象」とはリスクが顕在化した状況，「結果」とはその状況がもたらす結末，「起こりやすさ」とは事象や結果の発生確率や所定期間内の頻度などを指す。それゆえ，リスク管理とは将来起こりうる「事象」がどの程度の確率で起き，起きた場合どのような結果をもたらすのかを前もって想定し，深刻な負の結果を最小化しようという試みである。その一方で，「危機」とはリスクが顕在化し，深刻な事態に発展した場合を指す。

　防災に関する国際的枠組みでは，災害リスクを事前に管理することを通じて，

第9章　学校危機管理

災害発生時に起こりうる被害を軽減させようとする，「災害リスク軽減
(Disaster Risk Reduction)」という考え方が主流となっている（UNISDR, 2015）。

　学校における危機管理は，「人々の生命や心身等に危害をもたらす様々な危
険が<u>防止</u>され，万が一，事件・事故が発生した場合には，被害を最小限にする
ために適切かつ迅速に<u>対処すること</u>」と考えられている（文部科学省，2005，下
線部筆者加筆）。この一文に示されるように，「学校危機管理」にも事前のリス
ク管理（危険の防止）と事後の危機管理（被害の最小化）の双方が含まれる。事
前のリスク管理においては早期にリスクを発見し（危険予測），そのリスクを確
実に除去すること（危険回避）に重点が置かれ，事件や事故の発生を極力未然
に防ぐことが中心となっている。その一方，事後の危機管理では，事件・事故
発生時に被害を最小限に抑えること，その再発の防止と通常生活の再開に向け
た対策を講じることを中心としている。

2　学校危機管理＝学校安全の基本的考え方

（1）学校安全の法的な根拠

　「安全」とは「許容できないリスクがないこと」（ISO, 2014）と定義されるよ
うに，危機管理と安全の確保は表裏一体の関係となっている。それゆえ，学校
危機管理は，学校安全危機管理とも言い換えられる（南，2002）。「学校保健安
全法」は学校安全危機管理に関する法律である。同法は，2009（平成21）年に
「学校保健法」（施行1958（昭和33）年）に学校安全に関する章を加え，名称を改
め一部を改正した法律である。その目的は，以下のとおりに示されている。

　　　この法律は，学校における児童生徒等及び職員の健康の保持増進を図る
　　ため，学校における保健管理に関し必要な事項を定めるとともに，学校に
　　おける教育活動が安全な環境において実施され，児童生徒等の安全の確保
　　が図られるよう，学校における安全管理に関し必要な事項を定め，もつて
　　学校教育の円滑な実施とその成果の確保に資することを目的とする（第1
　　条）。

131

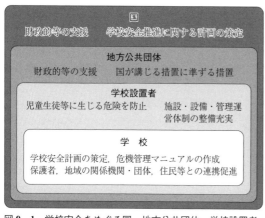

図9-1 学校安全をめぐる国，地方公共団体，学校設置者，学校の役割分担
出典：筆者作成。

学校保健安全法における学校安全に関する条項には，「学校安全に関する学校の設置者の責務」（第26条），「学校安全計画の策定等」（第27条），「学校環境の安全の確保」（第28条），「危険等発生時対処要領の作成等」（第29条），「地域の関係機関等との連携」（第30条）が含まれる。

第3条，第26条では，学校安全に対する国，地方公共団体等と学校設置者の責務，第27条以降は学校の役割が示されている（図9-1）。

（2）学校安全の実現に向けた包括的な取組み

学校安全のねらいは「幼児，児童及び生徒（以下「児童生徒等」とする。）が，自他の生命尊重を基盤として，自ら安全に行動し，他の人や社会の安全に貢献できる資質や能力を育成するとともに，児童生徒等の安全を確保するための環境を整えること」とされている（文部科学省，2019）。学校安全の活動は，児童生徒等が自らの行動や外部環境に存在する様々な危険を制御して，自ら安全に行動したり，ほかの人や社会の安全のために貢献できるようにすることを目指す「安全教育」と，児童生徒等を取り巻く環境を安全に整えることを目指す「安全管理」，そして両者の活動を円滑に進めるための「組織活動」という3つの主要な活動から構成されている（図9-2）。「組織活動」とは，学校安全計画や危機管理マニュアルを作成するなどの学校組織全体としての取組みや教員研修，家庭や学校を取り巻く地域社会との連携を含む。

多様なリスクに対応する学校安全は，「生活安全」「交通安全」「災害安全」

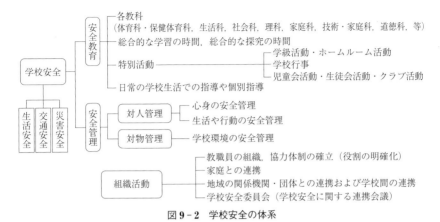

図 9-2　学校安全の体系

出典：文部科学省（2019）12頁をもとに筆者加筆。

の3つの領域に区分されている。「生活安全」では，日常生活で起こる事件・事故・災害を取り扱い，不審者対策，誘拐や傷害などの犯罪被害防止も含まれている。「交通安全」は，様々な交通場面における危険と安全が含まれ，「災害安全」には地震，津波，大雨，土砂崩れ，火山活動，風雪害等の自然災害，火災や原子力災害への対応等も含まれている。なお，学校給食における食中毒，薬物乱用，違法・有害サイトを通じた犯罪，児童生徒間暴力の防止や解決および学校環境の衛生等については，学校給食，学校保健，生徒指導等の関連領域で扱われる。

　学校安全は文部科学省内では建物・施設・設備については文教施設企画・防災部，それ以外の安全管理，安全教育，組織活動については総合教育政策局男女共同参画共生社会学習・安全課の所管である（2018（平成30）年11月時点）。建物・施設を除く学校安全についての県市町村の教育庁等での所管は様々で，たとえば，宮城県の場合はスポーツ健康課，東京都では指導部指導企画課安全教育担当，愛知県では健康学習課，兵庫県では教育企画課等となっている。

　図9-1，9-2が示すように，学校安全は学校だけが取り組むのではない。国，地方公共団体，教育委員会による学校へのサポート，学校と保護者，地域住民，行政との連携によって推進されるものである。安全教育，安全管理，組

織活動が有機的に連携し，包括的に取り組まれることによって，初めて学校安全は実現される。こうした考え方は，日本に限ったことではない。国際的には，学校建物・施設の安全，安全管理，安全教育，家庭や地域等との連携に加えて，国の教育計画や施策等が連携し，包括的に取り組まれることによって初めて学校安全は実現されるとする「包括的な学校安全枠組み」(GADRRR-ES, 2017)が，災害安全の分野で途上国を中心に推進されている。また，学校でのけがや事故のリスクを減らすための根拠に基づいた持続可能な学校安全を推進していくことを目指す，インターナショナル・セーフスクール（ISS）の取組みもあり，日本では大阪教育大学附属池田小学校が2010（平成22）年に初めて ISS として認証を受けている。

（3）学校安全推進計画

　学校安全に関する法律の整備とともに，学校安全の推進に関わる計画を策定することは国の役割である。学校保健安全法では，「国は，各学校における安全に係る取組を総合的かつ効果的に推進するため，学校安全の推進に関する計画の策定その他所要の措置を講ずるものとする」(第3条第2項) と示されている。2012（平成24）年4月，中央教育審議会の答申を受けて，文部科学省は「学校安全の推進に関する計画」(以下，学校安全推進計画) を策定した。当初は，2012〜16年の5カ年計画であったが，2017（平成29）年度からは，新たに第二次計画（2017〜21年度）が推進されている。同計画は，部門や職種の垣根を越えた協働や科学的に評価可能な介入によりけがや事故等を予防しようという「セーフティプロモーション」の考えに基づき，より実証的な学校安全施策の推進を図り，総合的かつ効果的な学校安全に係る取組みを推進していくことを目指している。

　第二次計画策定にあたり，文部科学省では第一次計画の成果と課題を踏まえ，学校安全の推進状況について「児童生徒等の発達段階や学校段階，地域特性に応じた様々な安全上の課題が明らかとなっており，いまだ児童生徒等の安全が十分に確保されているとは言い難い」(文部科学省，2017) 状況にあると認識し

ている。そこで，第二次計画では，地域間・学校間・教職員間での取組み状況の差を埋めるべく，「全ての学校」において，質の高い学校安全の取組みを推進することの重要性が強調されている。また，学校管理下における児童生徒等の死亡事故の発生件数を限りなくゼロとすることを目指すとともに，負傷・疾病の発生率については障害や重度の負傷を伴う事故を中心に減少傾向にすることが掲げられ（文部科学省，2017），すべての学校におけるすべての児童生徒等が，安全に関する資質・能力を身に付けることを目指している。

　先述のとおり，学校危機管理，すなわち学校安全の推進には包括的取組みが不可欠であり，第二次計画の施策目標からも学校ぐるみの組織的活動の重要性がみて取れる。

　第二次計画では，取組みの進捗状況を測るために43の参考指標が別紙にて示されている。43の指標のうち，19の指標において，2017年度時点で達成状況が90％を超えているが，第二次計画では「全ての学校」における質の高い学校安全の取組みを推進することが目標とされているため，100％の学校での実施が目指されている。90％の学校で取り組まれている活動の例としては，学校安全計画の策定（96.5％），危機管理マニュアルの策定（97.2％），定期的または必要に応じた学校安全計画の見直し（92.9％），危機管理マニュアルの見直し（90.5％）となっている。その一方，学校安全計画を策定している学校のうち，職員の研修等の内容について盛り込んでいる学校の割合は87.9％と，計画やマニュアルの定期的改善や周知徹底のための校内研修の推進等がさらに徹底され

表9-1　学校，地域関係機関等との連携体制に関する指標と現状　　(%)

参考指標	現　状 (2015（平成27）年度)
家庭や地域の関係機関・団体との間で協力要請や情報交換を行うための会議を開催している学校の割合	87.3
学校の施設が避難所になった場合の対応等について，自治体防災担当部局，地域住民等との間にあらかじめ連携体制が図られている学校の割合	63.5
学校安全計画や避難訓練等を外部有識者がチェック・助言する体制が整備されている学校の割合	33.1

出典：文部科学省（2017）別紙より。　　　　　　　　　　（N＝48,497校中の割合）

る必要のあることが示唆されている。なお，指標の達成がほかの項目に比べて
著しく遅れている項目は，「(5)家庭，地域，関係機関等との連携・協働」によ
る学校安全の推進に関することに集中しており，校内での取組みから地域との
連携へとさらなる努力が求められていることが示されている（表9-1）。

3 事例から考える学校安全危機管理——災害安全に着目して

（1）東日本大震災の教訓を踏まえた宮城県教育委員会の取組み

　前節では国レベルの取組みとして学校安全推進計画等を概観してきたが，本
節では災害安全を中心に2011（平成23）年の東日本大震災の被災県の一つであ
る宮城県の取組みを事例として概観していく。

　宮城県は，2011年3月11日午後2時46分に発生したマグニチュード9.0の東
北地方太平洋沖地震とそれによって引き起こされた大津波（以下，東日本大震
災）によって甚大な被害を受けた。児童生徒等の在校時の災害発生であったこ
ともあり，学校には大きな被害が生じ，学校安全危機管理のあり方に大きな課
題を示した。

① 東日本大震災を踏まえた「みやぎ学校安全基本指針」の策定

　東日本大震災による宮城県内の死者・行方不明者は1万775人（警察庁発表，
2017年6月現在）で，そのうち，幼稚園から高等学校，特別支援学校までを含
む公立学校における児童生徒等の被害は362名，教職員は19名である（宮城県教
育委員会発表，2017年9月現在）。地震発生が金曜日の午後2時46分であったこと
もあり，犠牲となった児童生徒等362名のうち，142名（39％）が学校管理下，
残りの220名（61％）が学校管理外における人的被害となった。学校施設も大
きな被害を受け，宮城県内の公立学校846校のうち，95％にあたる807校で施設
に何らかの被害を受けている。全体の8.6％にあたる73校が大津波による浸水
被害を受け，このうち，54校が津波浸水区域に指定されていない場所に立地し
ていた。発災後，29％にあたる246校が避難所となり，最大で7カ月の間，学
校が避難所となっていた学校もあった。

宮城県教育委員会は，東日本大震災からの経験と教訓を糧とし「二度とこのような犠牲者を出さない」をスローガンに次の災害に備えるために学校防災を中心とした学校安全の取組みを強化し，推進している。不測の事態を想定した危機管理体制が未整備だったこと，日頃の備えが十分でなかったこと等の課題を認識した上で，2012（平成24）年10月に「みやぎ学校安全基本指針」が策定された。この基本指針は，東日本大震災の被災県としてその教訓を踏まえ，県内で学校安全をどのように推進していくか，いわば県の学校安全ビジョンを示したものである。

② 防災主任・安全担当主幹制度の導入

第二次計画の施策目標1にて「全ての学校において，管理職のリーダーシップの下，学校安全の中核となる教職員を中心とした組織的な学校安全体制を構築する」と示されるように，宮城県教育委員会では2012年から全国に先駆け，防災主任制度を導入し，県内すべての公立学校に防災主任を各1名配置することとした。防災主任に期待される役割は，校内では防災教育を推進，避難訓練を実施，地域との連携により防災体制を強化することである。加えて，市町村単位では安全担当主幹教諭を配置し，防災主任の中心的役割を担い，配置校は地域の拠点校として学校，地域，家庭が一体となった先進的実践をまとめて，該当地域内に共有することが期待されている。

③ 学校安全計画と安全教育の目標

学校保健安全法とともに第二次学校安全推進計画の施策目標2では，学校安全計画および危機管理マニュアルがすべての学校で策定されることを掲げている。学校安全計画の策定は96.5％の学校で推進されているが，それぞれの学校の現状等を受けて，いかに自校化を進めるかが，計画の内容の質の向上や実効性の上で重要となっている。「みやぎ学校安全基本指針」の中では，学校レベルでの学校安全計画の策定を支援するため，その手順を示している（図9-3）。「全体計画」では，各学校の教育目標，目指す児童生徒像，学校の現状（地域の地理的特徴，保護者や地域との連携状況等）を踏まえ，各学校で独自に安全教育目標を設定することが求められている。

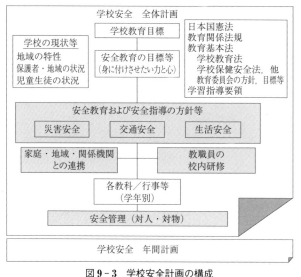

図9-3　学校安全計画の構成
出典：宮城県教育委員会（2012）86頁をもとに筆者加筆。

東日本大震災を受けて、災害発生時に自ら危険を予測し、回避することができる力を育てることの重要性が再確認された（文部科学省，2011）。自然災害については、災害知識を身に付けるとともに、習得した知識に基づいて的確に判断し、迅速な行動を取ることができるようにすることが重要であると考えられている。宮城県は安全教育の目標として、①自らの身を守り乗り切る力（自助）、②知識を備え行動する力（自助）、③地域の安全に貢献する心（共助・公助）、④安全な社会に立て直す力（共助・公助）、⑤安全安心な社会づくりに貢献する心（公助）、の5つを示している。その特徴は、危険予測と危険回避の力（①②）に加え、被災した経験や教訓を忘れずに受け継ぎ、次の世代へ伝え、教訓を踏まえて行動する点、被災地では災害後も自分たちの暮らす地域への愛着をもち、復興へと貢献していく心を育て、災害に強いまちづくりへと参画していこうとする態度を育てようとしている点を強調していることである。

　安全教育や防災教育に学校で取り組む際の課題の一つとして、安全教育や防災教育といった教科・領域が存在しないため、危機管理、意思決定、行動選択の仕方や危機予測、危機回避をする力等を、児童生徒等の発達段階に応じてどのような内容や方法により指導を行えばよいかわからない、との教える側の事情がある。そこで、「みやぎ学校安全基本指針」では、安全教育の体系図、三

領域ごとの教育体系図を示し，発達段階に応じて，安全教育の目標指導内容・時期・場面を示している。

④　災害危機管理に関する東日本大震災からの教訓

学校防災マニュアルは，ともすれば，どの学校でも同じ内容や様式となり，学校の独自性がみられないものになりがちである。また大災害時，分厚いマニュアルでは役に立たないとの反省も聞かれる。災害被害の程度や様相は，学校の立地する自然条件や地域の特性等に応じて大きく異なることから，学校の置かれた地域の実情を反映したマニュアルを策定することが重要である。文部科学省は東日本大震災を踏まえて「学校防災マニュアル作成の手引き」を作成し，学校防災マニュアルの改訂を支援した。「みやぎ学校安全基本指針」でも，学校防災マニュアル作成のポイントを別冊の手引きとして示している（図9-4）。

⑤　防災教育副読本の作成

宮城県では，東日本大震災後，児童生徒向けに防災教育副読本「みやぎ防災教育副読本　未来への絆」を作成した。これは，阪神・淡路大震災後の神戸市の防災教育副読本「幸せ運ぼう」，兵庫県の「明日を生きる」の事例にならい，東日本大震災の教訓を次世代に伝える取組みである。防災教育は，教科ではな

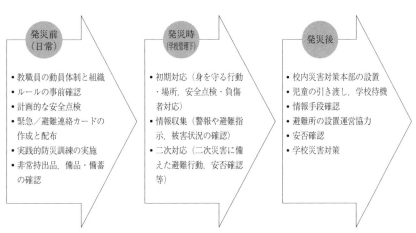

図9-4　学校防災マニュアルの構成イメージ

出典：宮城県教育委員会（2012）126頁に筆者加筆。

いため教科書が存在しない。そのため，既存の教科等で扱うにしても，教員にとってはどのように扱えばよいかが難しい点である。さらに，教科書に書かれている防災知識は一般的な内容にとどまり，各地の地域性を反映することが難しい。そのため，多くの副読本は児童生徒向けに地域の災害経験や地形等の地域性を踏まえた内容を含む。加えて，教員向けの活用の手引き，指導略案・ワークシートの提供を通じて，授業実践がサポートされている。防災教育副読本の作成は全国各地の教育委員会等で進められ，これらは文部科学省の学校安全ポータルサイト上で公開されている。

（2）宮城県石巻市における学校危機管理の取組み

① 石巻市学校防災推進会議

　宮城県石巻市は，東日本大震災の最大の被災地である。市立大川小学校では，大津波により児童74名，教員10名が犠牲となった。大震災後，石巻市では「学校防災推進会議」を設置し，東日本大震災の教訓を生かし，園児および児童生徒の命を守ることを目的に学校防災体制の拡充に向けた取組みを進めている。同会議は，「大川小学校事故検証報告書」に掲げられた24の提言を具現化するための要としても位置づけられ，教育委員会学校安全推進課を事務局に市立学校教員，消防関係者，学識経験者，市関係部局，教育支援団体等からなる20名前後のメンバーにより構成される。2017年度には防災研修，防災管理，防災教育の３つのワーキンググループが設けられ，石巻市に配置されている安全担当主幹教諭や防災主任，校長，教頭等を中心に活動が行われている。

　学校防災推進会議の取組みとともに，石巻市では文部科学省の「実践的防災教育総合支援事業（2012〜14年）」「防災教育を中心とした実践的安全教育総合支援事業（2015〜17年）」を受託し，実践的学校安全活動を推進している。これらを通じてこれまでに石巻市版防災副読本にあたる「防災の本　未来へつなぐ──大切な生命を守り，共に生きる」（2012年度初刊）の作成，震災時の学校の対応等をまとめた「東日本大震災　震災のまとめ記録集──子どもたちの未来のために」（2015年）の刊行，「学校防災基本方針」の策定（2015年）等に取り組

まれている。

② 「復興・防災マップづくり」――郷土の自然と暮らしを知るために

「復興・防災マップづくり」は，石巻市学校防災推進会議のもと，実施されている石巻市独自の災害復興・防災教育プログラムである。石巻市教育委員会の協力のもと，大学研究者と実践校の教員との協働によって開発・実践されている。震災1年後の2012年度に「復興マップづくり」として市立鹿妻小学校で始められたこの取組みは，震災からの年月の経過とともに「復興・防災マップづくり」として発展し，2017年度までに市内13の小中学校で実践されている。対象エリアは，石巻市内沿岸部で直接津波による甚大な被害を受けた石巻市東部から始まり，石巻市街中心部の津波浸水地域，そして直接的な津波被害の少なかった河南地区，大津波による直接的被害のみられなかった桃生地区へと，旧北上川を北上する形で拡大している。

「復興・防災マップづくり」は，総合的な学習の時間に取り組まれ，児童生徒が「まち歩き」と「マップづくり」という体験学習を通じて，地域の自然や歴史，復興や防災に関する情報収集を行い，地域の良さや魅力を再発見することを目指している，地域に根ざした災害復興・防災教育プログラムである。学習活動は，一般に，オリエンテーション→まち歩き→マップづくり→発表会の流れで行われ，子どもたちにより集められた情報を，地域地図をベースとした壁新聞形式の「マップ」にまとめ，校内や地域への発表を行う。

2016（平成28）年度には，学校教員関係者を対象にした「『復興・防災マップづくり』実践の手引き」が作成された（図9-5）。手引きでは，学校の立地する地域の実情に応じた各校独自の「マップづくり」を支援するための「自校化に向けた計画作成のステップ」や単元計画例，学区の自然条件を理解するための地形図や治水地形分類図等の活用方法，授業で使用するワークシート類，実践校の事例紹介等を含んでいる。同手引きは，インターネットから一部が閲覧可能である（東北大学，2016）。

2012年度からの実践校である市立鹿妻小学校では，4年生が「復興・防災マップづくり」に取り組み，2017年度現在まで継続している。2012〜14年度の

図9-5 「『復興・防災マップづくり』実践の手引き」の表紙

「復興マップづくり」からは，学区の復興が着実に進んでいることが確認された。まち歩きでは地域の商店などに被災や復興の状況についてインタビューが行われ，地域の大人たちから子どもたちへの期待がメッセージとして伝えられた。2014（平成26）年度の実践結果からは，子どもたちが復興について家族や地域の人と話をする機会が増え，「復興マップづくり」に取り組むことにより「鹿妻の復興に自分も役に立ちたい」という意欲が上昇したことが確認されている（桜井ほか，2016）。また，3年間の「復興マップづくり」で得られた地域の復興情報はデジタル化され，同校オリジナルの復興・防災教育教材として学校に残されている。2017年度には，鹿妻小学校4年生の児童が震災以来初めて学区の津波浸水状況について学び，デジタル化された「復興マップ」データベースを使って当時の状況を理解した上で，「防災マップづくり」を行った。鹿妻小学校の2016年度の取組みは優れた防災教育の取組みを顕彰する「ぼうさい甲子園」（1・17防災未来賞）の「はばタン賞」を受賞した。

　2016年度の実践校である市立和渕小学校のマップづくりの学習では，小学6年生が地域の避難場所である和渕神社の改善を提案，地域の保育所や自主防災会から災害時に支援を要する園児や高齢者施設の防災対策について話を聞くなどの活動を行った。さらに，和渕小学校全児童の家庭を対象にした防災意識調査を行うなど，発展学習に取り組まれた。そして，登校日とされた市の総合防災訓練日に学校と地域合同の地震津波避難訓練を行った後，こうした防災学習の成果を地域住民に対して発表した。和渕小学校の取組みでは，児童の防災学習の成果が地域住民に様々な形で共有される機会が生まれたことが示されている。

　2017年度には石巻市立の全小中学校を対象に「第一回復興・防災マップづくり」コンクールが行われ，市内の7小学校，2中学校から67作品の応募があっ

た。「復興・防災マップづくり」をとおして，石巻市の子どもたちが，自分たちの暮らす地域の地形や災害の歴史を学び，地域の一員として復興や防災への関心や参加意欲を高めていくことが期待されている。

［ 4 ］　学校ぐるみ，地域ぐるみによる安全の実現

　本章では，学校危機管理についての基本的概念，法律，制度，計画を概観し，東日本大震災の被災地での学校防災を中心とした学校安全の実際の取組みを学んだ。危機管理の難しい点は，実際に事が起きるまで，対策が有効であったかどうかを確認することができないことである。しかし，私たちは過去の教訓から学ぶことができる。本章では東日本大震災からの2つの教訓が示されている。第一に，学校安全の取組みは，形式的ではなく実践的な活動として，日頃の学校活動の中に位置づけられ学校ぐるみの活動とする必要がある。第二に，日頃からの学習をとおして保護者や地域住民と学校との顔の見える関係づくりを図り，地域ぐるみで子どもたちの安全を守るための環境づくりが必要である。学校安全危機管理の大前提は，計画やマニュアルの策定とともに，子どもたちをとおした学校と地域の関係づくりなのである。

引用文献

江原悦子（2012）「児童生徒等の事故災害による死亡発生率の8年間の比較——学校安全統計及び人口動態統計より」兵庫県立大学レポジトリ（http://repository.hyogo-u.ac.jp/dspace/bitstream/10132/6017/1/YV31501001.pdf 2018年2月14日アクセス）。

大阪教育大学附属池田小学校（2017）『学校における安全教育・危機管理ガイド』東洋館出版社。

国連防災戦略事務局（UNISDR）（2015）「仙台防災枠組2015－2030（仮訳）」（http://www.bousai.go.jp/kokusai/kaigi03/pdf/10sendai_kariyaku.pdf 2019年8月20日アクセス）。

桜井愛子・佐藤健・村山良之・北浦早苗（2016）「災害体験から学ぶ防災教育——石巻市における『復興・防災マップづくりプログラム』の広域化に向けて」地域安全学会『東日本大震災特別論文集』第5号，19～22頁。

東北大学災害科学国際研究所防災教育国際協働センター（2016）「『復興・防災マップづくり』実践の手引き——郷土の自然と暮らしを知るために」（http://drredu-collabo.sakura.ne.jp/ja/mapping 2018年2月14日アクセス）。

内閣府（2015）『子ども若者白書 平成27年度』（http://www8.cao.go.jp/youth/whitepaper/h27honpen/pdf_index.html 2018年2月14日アクセス）。

南哲（2002）「環境と健康の危機管理② 学校における安全危機管理」日本学術会議環境保健学研究連絡委員会主催公開シンポジウム『公衆衛生』第66巻第11号，873〜877頁。

宮城県教育委員会（2012）「みやぎ学校安全基本指針」（https://www.pref.miyagi.jp/soshiki/supoken/anzen.html 2018年2月14日アクセス）。

文部科学省（2005）「学校における防犯教室等実践事例集」（http://www.mext.go.jp/a_menu/kenko/anzen/1298807.htm 2018年2月14日アクセス）。

文部科学省（2011）「東日本大震災を受けた防災教育・防災管理等に関する有識者会議」中間とりまとめ。

文部科学省（2017）「第二次学校安全の推進に関する計画」（http://www.mext.go.jp/a_menu/kenko/anzen/1383652.htm 2018年2月14日アクセス）。

文部科学省（2019）「安全教育参考資料 『生きる力』を育む学校での安全教育（改訂第2版）」（https://anzenkyouiku.mext.go.jp/mextshiryou/data/seikatsu03_h31.pdf 2019年8月20日アクセス）。

Global Alliance for Disaster Risk Reduction and Resilience in the Education Sector (GADRRR-ES) (2017) Comprehensive School Safety (https://resourcecentre.savethechildren.net/node/12691/pdf/css-framework-2017.pdf 2019年8月20日アクセス).

International Organization for Standards (2009) ISO 31000 : Risk management – Principles and guidelines (https://www.iso.org/iso-31000-risk-management.html 2018年2月14日アクセス).

International Organization for Standards (2014) ISO/IEC Guide 51 : 2014 Safety aspects -Guidelines for their inclusion in standards (https://www.iso.org/standard/53940.html 2018年2月14日アクセス).

第9章　学校危機管理

（学習の課題）

(1)　学校保健安全法を通読し，子どもの安全を守るために，学校はどのような対策を講じるべきであるのかを列挙してみよう。

(2)　学校安全に関して，東日本大震災からどのような教訓が得られているか。教訓を活かすためにどのような取組みが必要かを考えてみよう。

(3)　学校安全の推進のため学校と地域との連携を促進するためには，どのような方法が考えられるだろうか。具体的な連携策をあげてみよう。

【さらに学びたい人のための図書】

渡邉正樹（2013）『学校安全と危機管理［改訂版］』大修館書店。

　　　⇨第一線で活躍する安全教育研究者による一冊。基礎的概念の理解だけでなく，学校現場での危機管理の進め方や教職員の役割の実際を紹介している。

文部科学省×学校安全ポータルサイト（https://anzenkyouiku.mext.go.jp/ 2018年2月14日アクセス）。

　　　⇨文部科学省による取組み，事業に関する資料だけでなく，全国の都道府県，政令指定都市の作成する学校安全に関する豊富な資料を集めた実用的なサイト。

諏訪清二（2015）『防災教育の不思議な力――子ども・学校・地域を変える』岩波書店。

　　　⇨阪神・淡路大震災を受けて2002年に開設された兵庫県立舞子高等学校環境防災科で長く防災教育を実践してきた著者が，豊富な実践経験をもとに防災教育の課題や取組み姿勢等を示している。

（桜井愛子）

145

第10章 学校における多職種協働と教員の役割

——生徒指導に注目して

この章で学ぶこと

　近年，学校では多職種で協働していくことの重要性が強調されている。この章ではまず，このような「チームとしての学校」をめぐる現状と，とくに生徒指導に注目してなぜ現在のような組織体制となったのか，戦後の変遷や背景を学ぶ。次に多職種の配置により教員の役割がどのように変化しつつあるのかを社会学的な専門職論をもとに考える。最後に実際に学校で協働していくために何をすればよいのか，制度的な整備の必要性，目標・情報の共有や各専門職の相互理解を基盤とした役割分担の必要性を学ぶ。多職種協働はこれまでの教員役割に変化を引き起こしうるものである。この章で学んだことを今後の教員役割について考えるための素材としてほしい。

1 生徒指導に関わる職種の多様化

（1）「チームとしての学校」

　生徒指導とは，一人ひとりの児童生徒の社会性を高めるために行われる働きかけを指す。学校において，教員は授業などの学習指導を行うだけでなく，たとえば，日常的に登下校時のあいさつや友人の話に耳を傾けることをうながしたり，いじめや非行などの問題がおこった際には親身に当事者の話を聞き，ときには注意し反省をうながしたりする。このような生徒指導と呼ばれる働きかけは，日本ではこれまで主に教員によって担われてきた。

　しかし，そのような状況は変わりつつある。皆さんもスクールカウンセラーや支援員など，教員以外の人々が学校で活躍しているのを見聞きしたことがあるだろう。およそ，ここ20年ほどで，学校の状況は大きく変化した。1995（平成 7 ）年にスクールカウンセラーが配置されたのを皮切りに，2008（平成20）

年からはスクールソーシャルワーカーも配置されるようになり，学校には教員以外の職種が多く存在するようになった。

　そのきっかけとなったスクールカウンセラーは学校でカウンセリングや子どもの心のケアを担うことが期待されている職種で，主な担い手は臨床心理士である。2015（平成27）年度時点で，スクールカウンセラーはすでに小学校の約57％，中学校の約81％に配置されている（文部科学省，2015より計画値で計算。なお，2017年から公認心理師法が施行されたため，今後，心理に関する国家資格である公認心理師にその担い手が移行していく可能性が高い）。また，最近，一部の学校ではスクールソーシャルワーカーも配置されるようになっている。この職種は主に子どもが置かれた環境への働きかけを期待されており，社会福祉士などが担い手となっている。2015年には予算上2247名が積算された。

　このような状況に加えて，2015年12月には中央教育審議会により答申「チームとしての学校の在り方と今後の改善方策について」（以下，「チームとしての学校」答申）が提出された。これにより，教員だけでなく多職種で協働していくことの重要性がさらに強調されるようになった。図10-1は同答申の中で示されている「チームとしての学校」のイメージ図である。「チームとしての学校」とは「校長のリーダーシップの下，カリキュラム，日々の教育活動，学校の資源が一体的にマネジメントされ，教職員や学校内の多様な人材が，それぞれの専門性を生かして能力を発揮し，子供たちに必要な資質・能力を確実に身に付けさせることができる学校」（中央教育審議会，2015，12頁）を指す。

　この答申の要点は，学校をとりまく複雑・多様化した課題や教師の多忙といった困難に対して，「専門性に基づくチーム」体制の構築を行うことで対応することにある。「専門性に基づくチーム」には，図10-1からもわかるように，事務職員も含めた従来からの教職員のみならず，教員以外の心理や福祉の専門性をもつスタッフ（スクールカウンセラーやスクールソーシャルワーカー），部活の指導員などが含まれている。さらには地域との連携も視野に入れられており，かなり幅広い形で「チーム」が想定されている。紅林伸幸（2007）は「チーム」の専門性を要件とし，柔軟性（フレキシビリティ）を構造特性とする

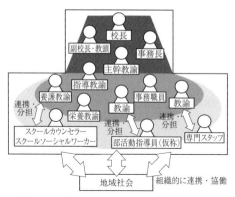

図10-1 「チームとしての学校」のイメージ
出典：中央教育審議会（2015）14頁。

ものとして定義している。その点からすると，問題に対して柔軟に組み替えられるような機動性が弱く，専門家のみならず地域との連携も想定した「チームとしての学校」が本来の意味での「チーム」かどうかには若干の疑問が残る。

とはいえ，いずれにせよ，生徒指導に関連して今回の答申で最も注目されるのは，教員以外の専門スタッフの配置が制度的に位置づけられる可能性があることである。スクールカウンセラーやスクールソーシャルワーカーはこれまでも学校内に配置されてきたものの，その法的な位置づけは明確ではなかった。答申ではこれらの職種を学校に必要な標準的な職として職務内容等を法令で明確化していくこと，将来的には正規の職員として学校教育法等に位置づけていくことが提言されている。このように2018（平成30）年現在，生徒指導に関しては，教員のみが担うのではなく，様々な職種と連携しながら進めていくことが，現場レベルではもちろん，制度的なレベルでも確立されつつある。

（2）戦後日本の生徒指導組織の複雑化

ではなぜ，生徒指導は教員のみが担う形から多職種で担う形へと変わりつつあるのだろうか。丸山和昭（2012）は，戦後日本における生徒指導業務には，①対象範囲の拡大，②対処法（専門的な対応の重点）の細分化，③組織の複雑化という3つの一貫した傾向がみられるとしている。

具体的には表10-1のように変化してきたという（丸山，2012）。まず，戦後から1950年代は，貧困などの社会的要因から起こる非行・長期欠席などの問題を社会改革により改善していこうとする傾向が強く，その担い手は一般の教員であると考えられていた。1960～70年代にかけては，非行が戦後第二のピーク

第10章　学校における多職種協働と教員の役割

表10-1　戦後日本における生徒指導業務の特徴

	戦後〜1950年代	1960〜70年代	1980年代以降
対象範囲	貧困家庭の出身者	普通の子	児童生徒全般の「心」の荒廃
対処法	国家・社会の変革	学校組織の整備	児童生徒個人へのカウンセリング
組　織	一般教員のみ	一般教員から生徒指導主事・進路指導主事の分化	カウンセリング機能における専門スタッフの参入

出典：丸山（2012）より筆者作成。

を迎え，「従来の貧困に加えて中流階級や両親の揃った家庭といった属性を持つ『普通の子』の非行が特徴として認識される」（丸山，2012，76頁）ようになった。そしてそれに対し，学校内の生徒指導組織の整備が進み，1975（昭和50）年には生徒指導主事・進路指導主事が法制化されることで一般教員から分化した。その後，1970年代後半以降校内暴力が激化し，1983（昭和58）年には非行が戦後第三のピークを迎えた。いじめや不登校などの問題も顕在化し，臨時教育審議会の答申（「教育改革に関する第二次答申」1986年）では，いじめ・校内暴力・青少年非行といった諸問題を心の荒廃として捉え，カウンセリングの必要性が指摘された。以降，カウンセリング機能の専門職としてスクールカウンセラーが生徒指導組織に加わることとなった。

　丸山（2012）だけでなく伊藤茂樹（1996）など多くの論者も指摘しているが，確かに1980年代後半以降，生徒指導上の問題を「心の問題」として捉え，スクールカウンセラーを配置していく動きはみられた。しかし，学校における多職種の配置の動きは「心の問題」化や心理主義化といった概念では捉えきれない。実際，近年，生徒指導組織に加わった職種はスクールカウンセラーだけではない。スクールソーシャルワーカーや特別支援教育支援員など，様々なサポート職種が学校現場で生徒指導に関わるようになっている。

　生徒指導に関わる職種の多様化の背景の一つと考えられるのが，生徒指導上の問題の捉え方自体の変化である。たとえば山田哲也（2013）は，1992（平成4）年の学校不適応対策調査研究協力者会議の報告と，2003（平成15）年の不登校問題に関する調査研究協力者会議の報告を比較し，不登校を「問題行動」

149

ではなく多様な様相を含む状態像として捉える傾向が強まることで，不登校とそれ以外の境界が弱化している一方で，不登校カテゴリー内部での分類の境界は強化されていることを指摘している。不登校の中に学習障害（LD）・注意欠陥／多動性障害（ADHD）・虐待などに起因する，他のケースから明確に区分されたカテゴリーがつくり出され，それについては専門家による積極的な介入が推奨されるようになっているという。このような捉え方の変化は，心理職だけではない，多様な職種の配置の背景になっていると考えられる。

　なぜこのような問題の捉え方の変化が生じたのだろうか。ここで確定的に議論することはできないが，たとえば社会学者のギデンズが指摘するように近代において問題がローカルな文脈から切り離され（脱埋め込み），専門家システムが確立していった結果と考えることもできる（Giddens, 1990 = 1993）。しかし，すべての専門職・専門知識が同等に学校に受け入れられたわけではない。その専門職の知識が学校で展開しうるような形式をとれるか，学校現場で十分な説得力をもつことができるかといったことも重要である。たとえば，保田直美（2009）は，スクールカウンセラーやその基盤である臨床心理学の知識が学校において制度化されてきたのは，心理主義化ゆえではなく，1970年代を境とした臨床心理学の知識の変化が背景にあることを指摘している。その変化とは，①科学性についての考え方が学校での非定型な実践を許容しうるものに変化したこと，②客観性の提示の仕方が学校で重視されている子ども中心主義に即したものとなったことの2つである。

　もちろん，社会的な動きも忘れてはならない。そもそも学校に教員以外の職種が入るきっかけとして，1980年代半ば頃からの臨床心理士の資格化およびその職能団体の政治的な動きの影響は大きかった。1947（昭和22）年の学校教育法制定時からすでに学校内には事務職員など教員以外の職種は存在したが，2000年代以降，生徒指導領域を中心に専門職が参入していく動きのきっかけとなったのは1995年のスクールカウンセラーの配置開始であるといえるだろう。丸山（2012）は，そのような臨床心理士資格の組織化と，あと1点，「日教組において多忙化排除のための教員外スタッフの充実を求める傾向」（80頁）が

生まれていたことが，1990年代以降における生徒指導業務への外部スタッフの参入をうながしたと指摘している。また，教員数を増やすことが難しい中で，（できるだけ予算的な負担の少ない）教員以外の職種を増やしケアを充実させていく必要があるといった財政的な面での影響も大きい。

2 多職種の配置による教員の役割の変化

（1）専門職の職業的境界に関わる議論

　では，このように教員以外の職種が学校に入ってくることは，学校に何をもたらすのだろうか。同じ職場で様々な職種の人がともに働くようになると，当然ではあるが，互いに無関係ではいられなくなる。教員の仕事の仕方も変わってくるだろう。またほかの職種の人も教員の仕事の仕方から影響を受けるだろう。アボットは「専門職システム論」という考え方で，多職種が相互に関連する現象を捉えようとしている（Abbott, 1988）。専門職システム論では，職場などで近接する複数の専門職を，職務（タスク）に対する管轄権をめぐって相互作用する１つのシステムとして捉える。職務に対する管轄権は，専門職が公的なメディアや法的な議論，職場での折衝などをとおして，競争的な主張を行うことで確立されるが，確立された管轄権は永続的なものでも完全なものでもないため，近接する専門職は相互作用のシステムをつくる。また，管轄権は多かれ少なかれ排他的な主張でもあるため，システム内のある専門職の管轄権が変化すると，ほかの専門職の管轄権にも影響が及ぶことになると考えられる。

　このような専門職システム内の相互作用の結果，ある専門職が管轄する職務と別の専門職が管轄する職務との間に立ち現れるのが職業的境界である。職業的境界は，学問的な主張やマクロな相互作用の結果，画定されていくものであるが，同時に，職場などにおけるミクロな相互作用の影響を受けるものでもある。とくに近年は，医療社会学の領域を中心として，職場におけるミクロなプロセスが職業的境界に与える影響が注目されている。たとえば従来，医療社会学では，医師と看護師の間には医師が上位のヒエラルキカルな関係があり，そ

の関係性を反映した職業的境界が形成されていると考えられてきたが，実際に職場では，その職業的境界を曖昧化するような現象が，主に時間的・空間的制約の結果，起こっていることなどが指摘されている。

　ナンカロウとボースウィックは，ヘルスケア領域において，複数の専門職間の職業的境界が変化する際に垂直方向と水平方向の2つの方向性がありうることを整理している（Nancarrow and Borthwick, 2005）。前者は，ある専門職集団がより高度な専門知識技術へのアクセスを所有し，それを所有しない従属的な役割を果たす専門職集団を生み出していく，縦の関係を伴う変化を指す。なお，治療技術や治療に必要な資源へのアクセスを独占していくことは専門職のゲートキーピングの現れとして整理できる。ゲートキーピングとは対処すべき問題がどのような問題であるかという解釈と，それに対してどのような処置を行うべきかという判断を決定することを指し，治療に必要なリソースへのアクセスの独占権（主に資格の形で示される）と結びついていることが多い。これは，専門職の権力の主要な源と考えられている。このようにゲートキーピングのもと，複数の専門職が階層化していく形での変化が1つ目の方向性である。2つ目の水平方向の変化は，役割が重なっていく横向きの変化を指す。似た役割をもつ専門職の集団の間で起こりやすい。また，タスクが曖昧であったり，標準化されていなかったりする場合に起こりやすいことが指摘されている。

　では，学校では，生徒指導に関連してどのような職業的な境界の形成が行われつつあるのだろうか。具体的に学校で何が起こっているのかをみてみよう。

（2）多職種の配置がもたらすもの（非常勤の場合）

　職業的な境界といっても，先にもみたように，2000（平成12）年頃までは日本の学校の生徒指導組織は，ほぼ単一の専門職で担われてきた。その中で，日本の教員は独自の文化を形成してきたことが，これまでにも指摘されている。それは，多様な内容を等しく教育的に価値あるものとして「指導」すること，そしてそのための基盤として児童生徒との信頼関係を構築することを重視する「指導の文化」（酒井, 1999）である。そのような文化のもと，教員は教科の指

導のみならず，様々な職務を自らの職務としてきた。結果として，教員の仕事はその職務と責任の範囲が無制限に拡大しがちな「無境界性」（佐藤，1997）をも有してきた。スクールカウンセラーやスクールソーシャルワーカーの配置は，このような教員の役割を変化させる可能性があると考えられる。

　しかし，2018年現在多くの学校で行われている非常勤で週に1日程度学校に配置される（あるいは教育委員会から一時的に派遣される）といった形では，実際には，指導の文化や仕事の無境界性といった，教員がありとあらゆる役割を引き受けて献身的に取り組む文化自体はあまり変化していないと考えられる。非常勤配置の場合，教員は生徒指導上の問題について〈①何を取り上げるか〉と〈②関連する職務を誰に振り分けるか〉を決めるゲートキーピング役割を新たに担うようになっている（保田，2014）。しかし，教員が行うゲートキーピングは先にみたような，治療技術や治療に必要な資源へのアクセスを独占するものとはやや趣が異なる。教員がゲートキーピングを行う際には，ほかの専門職の専門性を優先して振り分けを行い，自らは残ったあらゆる職務を担う形をとりやすい。その結果，教員以外の専門職は（また教員自身も），教員の役割を「授業」などに限定して考えるよりは，教員を「毎日そこにいて子どもと関わる」者（無限定に関わる存在）と位置づけるようになっている。このことには，常勤（教員）と非常勤（そのほかの職種）という雇用形態の差が大きく影響していると考えられる。結果的に，教員が指導という名のもとに様々な役割を引き受け，児童生徒とのコミュニケーションを重視する「指導の文化」は，むしろ強化されているともいえるのである。

　このような形はある意味で理想的でもある。教員が問題をほかの専門職に丸投げをするのではなく，児童生徒に関わり続け，責任をもつ。必要に応じてほかの専門職からのサポートを受け，そのサポートのメリットも実感されている。しかし，ほかの専門職の専門性を活かすという意味では，もう少し児童生徒やその抱える問題に，直接ほかの専門職が関与してもよいのかもしれない。教員には注目されにくいタイプの問題もあるだろう。教員は決してほかの専門職を意図的にシャットアウトしているわけではないが，主に非常勤であるという時

間的理由から，結果的にほかの専門職が子どもにアクセスしにくい状態になりやすい。

（3）多職種の配置がもたらすもの（常勤の場合）

　教員以外の専門職にも自由に子どもや問題へのアクセスを可能にしようとするならば，常勤配置はそのための有効な手段の一つである。今後，政策的にも学校への常勤配置へと進んでいく可能性はある（教育相談等に関する調査研究協力者会議，2017）。学校への常勤配置が進んだ場合，専門職間の関係に新たな変化は起こりうるのだろうか。先にみたように，これまで教員は指導の文化を背景に，自らの職務を幅広く設定する傾向があった。ここにほかの専門職が入ってくることになるが，やはり即座に専門性による明確な分業が起こるとは考えにくい。

　スクールカウンセラーとスクールソーシャルワーカーについて考えるならば，いずれもクライエント中心に全人的・包括的な支援を行おうとする対人専門職であり，その職務の範囲は比較的広く，また本質的に相互の重なりも大きい。もちろん，基本的にはスクールカウンセラーは〈カウンセリングや心のケア〉を，スクールソーシャルワーカーは〈環境への働きかけ〉を期待されているが，実際にはその職務の範囲は大きく重なってくる。たとえば，臨床心理士はその専門業務としてコミュニティの環境調整をあげている（臨床心理士資格認定協会，2014）。また，ソーシャルワーカーがカウンセリングを行わないわけでもない。そして，スクールカウンセラーで社会福祉士や精神保健福祉士の資格をもつ者もいれば，スクールソーシャルワーカーで心理に関する資格をもつ者も多くいる（文部科学省，2015）。

　同じく包括的・全人的な支援を行おうとする教員も含め，このように役割が重なりやすい専門職が常勤で職務を分担し合った場合，どのようなことが起こりうるのだろうか。菊地和則（1999）は，クライエントらのニーズを満たすために協働する複数の専門職からなる少人数の集団を多職種チームと呼び，それを「専門職間の協働・連携の程度」と「チーム内での役割解放の程度」の2つ

の軸を使って，マルチディシプリナリーモデル，インターディシプリナリーモデル，トランスディシプリナリーモデルの３つのモデルに分類した。役割解放とは，意図的な専門職間の役割の横断的共有を指す。菊地（1999）は，なかでも専門職間の協働・連携の度合いが大きく，役割解放の度合いも大きい多職種チームを，トランスディシプリナリーモデルと呼んでいる。なお，マルチディシプリナリーモデルとは，協働・連携の度合いが小さく，役割解放の度合いも小さいモデルで一人の人物の指示のもと与えられた役割を果たすことに重点を置く。本質的に専門職間の階層性を伴う。また，インターディシプリナリーモデルとは，連携の度合いが大きく，役割解放の度合いが小さいモデルである。階層性は存在せず，各専門職は相互作用を頻繁に行いながら，意思決定を行っていく。専門職の役割はマルチディシプリナリーモデルほど明確ではないが，トランスディシプリナリーモデルほど役割代替がメンバー間で許容されているわけでもないので，役割が重複した専門職間での縄張り争いが起こりやすいのである。

　トランスディシプリナリーモデルでは，原則として，意思決定過程における各専門職の相互依存性と平等性が認められる。確かにこのようなフラットな形は，クライエント中心に動く上では望ましい。医療領域では，チームで協働する能力の一つとして，ほかの職種の価値観や見方・考え方を尊重することが指摘されているが，そのような専門職についての見方・捉え方を形成する上で，長期にわたる医師優位の専門職の階層性は障壁の一つともなりうる（田村編著，2012）。フラットな関係性の中で役割が重なってこそ，全人的なケアが成立しうるともいえる。しかし，反面リスクも存在する。このような役割解放の度合いが高い協働の場合，職業的境界の水平方向への変化が起こり，それぞれの役割がさらに重複していく可能性がある。役割が重複していくと，極端な場合，仕事の分担の仕方が自由な競争下でのものに近づいていく可能性がある。

　フリードソンは，誰がどのような仕事を行ってもよい完全に自由な競争下では，仕事は日常的なニーズに合わせた形に変化していくことになると指摘している（Freidson, 2001）。個々のクライエントの要求をいかに満たすかで細かい

差異化が図られるようになり，仕事の標準化や，専門職としての一貫したアイデンティティの形成は行われにくくなると考察する。常勤化して互いの関係がよりフラットになる中で，個々の職種の専門性を強調しない場合，結果的に自由競争のようになり，個々のクライエントの要求を満たすところに焦点化していってしまうかもしれない。

　また，フリードソンは，このような〈完全に自由な競争下での分業〉と〈官僚制組織における分業〉と〈専門知識・技術の内容や特徴に応じて特定のタスクへの正統なコントロール権をもつことにより行われる職業的な分業〉の3つを区別している。職業的な分業が弱まる場合，官僚制組織としての学校に存在する管理的な文脈が強く出てくる可能性もあるかもしれない。たとえば，教育相談等に関する調査研究協力者会議（2017）では，家庭訪問をどのような体制で行うのか（どの専門職が行くのか）を，家庭訪問は学校として行うことなので校長の管理的な権限で最終的に判断することが勧められている。「チームとしての学校」答申では学校のマネジメント機能の強化もうたわれており，管理的な文脈でのコントロールが強まる可能性があるだけに，専門性による分業との意識的な区分けは必要なように思われる。

　今後，これまでのようにほかの専門職は週1回程度の配置で，教員が特殊な形でゲートキーピングを行うことが進むのか。あるいは，ゲートキーピングの形が変わるのか。そのような垂直方向での職業的境界の変化ではなく，常勤配置となり，水平方向での職業的境界の変化が進むのか。ここではあまり言及しなかったが，職業的境界の形成においては，職場での時間的・空間的構造も影響を与える要素となりうる。どのような形で多職種の配置が進み，どのような形で職業的境界が形成されていくのかを社会学的な立場から調査していくことで，協働のより適切なあり方を考えることにつなげることができるだろう。

第10章　学校における多職種協働と教員の役割

3　協働のために何をすればよいのか

（1）多職種協働のための制度づくり

　さて，教職科目を学ぶ皆さんにとって，おそらくより重要なことは，実際に学校で協働するには何をすればよいのかという点であろう。生徒指導に関して協働を進める上で重要な点については，これまでにもいくつか指摘されている。基本的なこととしては，チーム援助を進める上では，教師の被援助志向性——教師がほかの教師やスクールカウンセラーなどに「自ら積極的に助言や援助を求め，それらを活用しながら課題解決を図る態度」（田村，2017，50頁）——が重要となるといった指摘がなされている。つまり，一人で抱え込まないことである。そして，そもそも学校においては，多職種協働のための制度自体が十分に確立しているとはいいがたい。西山久子（2012）は，学校に教育相談活動を定着させるには，教育相談体制の整備や協働的風土の構築が重要であること，そのためには校長のリーダーシップ（変革的・配慮的双方）が重要であることを指摘している。なお，西山（2012）はあわせて教育相談担当者の個人的力量は教育相談活動の定着には直接影響しないことも指摘している。

　また，教育相談等に関する調査研究協力者会議（2017）でも言及されているように，近年「教育相談コーディネーター」配置の重要性も強く指摘されている。教育相談コーディネーターとは「学校全体の児童生徒の状況及び支援の状況を一元的に把握し，学校内及び関係機関等との連絡調整，ケース会議の開催等児童生徒の抱える問題の解決に向けて調整役として活動する教職員」（19頁）を指す。西山（2017）によればアメリカ合衆国（カリフォルニア州）においては，スクールカウンセラーが学校生活全体のモニタリングや各担当者への振り分け，初期対応などを包括的に担う。そもそもアメリカ合衆国のスクールカウンセラーは，治療的・個人的支援が基本となる日本のスクールカウンセラーと比較すると，予防的・集団的支援に対する取組みの比重が高い。しかし，日本の場合，スクールカウンセラーやスクールソーシャルワーカーはいずれも領域を特

157

化した深い専門性を求められており，また常勤であっても複数校を担当することが期待されやすく，包括的援助の担い手となることは難しい。「包括的援助の最前線は学級担任」（西山，2017，29頁）ではあるが，実際には複雑な問題に対応しきることは難しく，教員の役割分担を再構成して教育相談コーディネーターという新たな役割を位置づけていく必要があるとしている（西山，2017）。

　教育相談コーディネーターはまさにゲートキーピング役割を担うものであり，社会学的な立場からみると，その役割は興味深い。丸山（2012）によれば，日本では戦後すぐに，民間情報教育局（CIE）指導下で，指導専任者を専門家として配置することが望ましいといった内容のガイダンスに関する報告書が出ていたものの，最終的には，生徒指導担当者は，教員内部から分化した組織上のリーダーとしての生徒指導主事と，外部から参入した専門的な相談活動を担うスクールカウンセラーに分化するという特殊な発展過程を経ることになった。「教育相談コーディネーター」の制度化により，事実上，アメリカ合衆国のスクールカウンセラーと同様の役割となる教員内部から分化した専門職が半世紀以上の時を越えて成立するのか，あるいは明確な切り離しはなく，包括的な教師役割が保たれたまま，１つの役職として落ち着くのかはわからない。しかし，教師も含めた役割の組み換えが生じつつあるのは確かだろう。実際すでにいくつかの自治体ではコーディネーター役割を専門に担う教員も配置されている。

（2）協働のために——医療現場の知見を参考に

　このような協働のための前提となる制度的な側面をある程度整えた上で，現場で重要となってくることについては，すでに多職種協働の点で先行している医療領域における知見が参考となる。たとえば，篠田道子（2011）は協働するチームをマネジメントする上で，①目標の共有化，②情報の共有化，③相互理解を基盤とした役割分担，という３つの構成要素が必要と考えている（13頁）。そしてこれらを動かす具体的なツールの一部がカンファレンスと記録である（篠田，2011）。カンファレンスとは「現在支援が進行しているケースに対して，支援過程の中で，多職種で構成されたチームによって開催される会議」（篠田，

2011, 42頁）であり，学校内ではケース会議や生徒指導会議の一部といった形で行われている。協働を進める上で定期的なチームカンファレンスが必要であるが，学校の場合，それをとくに対面で行うことを意識することが重要になる。現在，学校では非常勤の職種が多いため，それぞれの職種の勤務曜日が合わない場合も多い。①〜③のいずれを行う上でも実際に顔を合わせているほうが望ましいが，学校では役割が重なりやすい専門職が多いため，とくに③の役割分担を行う上で，対面であることが重要になってくる。その専門職の専門性を踏まえての役割分担は，職務が固定されていない以上，決して簡単ではない。保田（2014）では，スクールカウンセラーやスクールソーシャルワーカーの個々人の特性に応じて役割が細分化し，職務を振り分けるための基準が複雑化している場合があることが指摘されている。

　なお，対面で協働していく際には，専門性の核を強く意識する必要がある。ほかの専門職が非常勤の場合，教員は幅広い役割を担う形で位置づけられやすい（保田，2014）。また，水平的な，役割解放を伴う役割分担は日常的な特化に収斂してしまいやすい。今後ほかの専門職が常勤化した際には，その点はより強まる可能性もある。確かにそれでも人手不足の学校現場では大きな助けになると考えられるが，多職種協働の本来の意義は，人手不足の解消ではなく，各々の専門性を活かしたケアの提供である。

　そして，目標や情報を共有していく上で，記録——カンファレンスシートのような書面に書き落としていくこと——も重要である。カンファレンスやケース会議などで，アセスメントや援助計画を記入するシートを作成することはすでに一部の学校では行われている。スクールソーシャルワーカーを中心にカンファレンスシートを使用する例は多く，また，スクールカウンセラーからも「援助チームシート」（石隈・田村，2003）の使用の提言などがされている。教育相談等に関する調査研究協力者会議報告書でも「児童生徒理解・教育支援シート（試案）」が提示されている。シートの形態にもよるが，多くの場合，目標と同時にそれを誰がどのような形で行うかが明示されている。そこに記入していくことで各々の役割を明らかにすることができる。協働の過程を何らかのモ

ノの形で具体化していくことは，職業的境界を確立していくことにもつながる。対面でのカンファレンスは重要であるが，そこでの相互作用や役割分担は不安定であるため，何らかの形で安定させていくためにも，シートのようなモノの活用は有効であると考えられる。

このようなシートの使用は，もちろん目標や情報の共有，役割分担の明示のためでもあるが，実は，協働を促進するためにも役立つ。専門職が集まった際，ときにあまり互いに関わりをもつことなく，専門職間の境界が保たれてしまうことがある。そういった場合に，モノ（たとえば患者が持ち歩き各専門職が所見を書き込む用紙など）が専門職間の相互作用を促し，協働を促進することがある。また，複雑な個々のケースを一定の枠組みのもと，紙の形にすることで，1つの事例が時間や空間を越えて多くの人に共有される可能性がある。それにより，違う集団間のコミュニケーションも促進されうる。

実際には学校現場は日々忙しく，正式にカンファレンスを設定したり，書面に記録をとったりすることは難しいかもしれない。教員も含めた専門職間で十分にコミュニケーションがとれている場合には，むしろ冗長ですらあるかもしれない。しかし，現在の学校における専門職の協働はどうしても属人的（配置されている人の特徴に依存する）な面が大きい。もし「チームとしての学校」を広く実現したいなら，教育相談コーディネーターの配置や定期的なカンファレンス（あるいはケース会議）の開催，カンファレンスシートの作成など，制度的な面を整備していくことが必要だろう。ただそれは，教員の役割を大きく変えることにつながるかもしれない。その是非自体も含め，これから教員になる皆さん一人ひとりが現場で問われていく課題となるだろう。

引用文献

石隈利紀・田村節子（2003）『石隈・田村式援助シートによるチーム援助入門——学校心理学・実践編』図書文化社。

伊藤茂樹（1996）「『心の問題』としてのいじめ問題」『教育社会学研究』第59集，21〜37頁。

菊地和則（1999）「多職種チームの3つのモデル——チーム研究のための基本概念整

理」『社会福祉学』vol. 39, 273〜290頁。

教育相談等に関する調査研究協力者会議（2017）「児童生徒の教育相談の充実について」。

紅林伸幸（2007）「協働の同僚性としての《チーム》──学校臨床社会学から」『教育学研究』第74巻第2号, 174〜188頁。

酒井朗（1999）「『指導の文化』と教育改革のゆくえ」油布佐和子編『教師の現在・教職の未来』教育出版, 115〜136頁。

佐藤学（1997）『教師というアポリア』世織書房。

篠田道子（2011）『多職種連携を高めるチームマネジメントの知識とスキル』医学書院。

田村修一（2017）「教師の援助要請」水野治久監修『援助要請と被援助志向性の心理学』金子書房, 47〜57頁。

田村由美編著（2012）『新しいチーム医療──看護とインタープロフェッショナル・ワーク入門』看護の科学社。

中央教育審議会（2015）「チームとしての学校の在り方と今後の改善方策について（答申）」。

西山久子（2012）『学校における教育相談の定着をめざして』ナカニシヤ出版。

西山久子（2017）「『チーム学校』における多職種の協働」『生徒指導学研究』第16号, 24〜31頁。

丸山和昭（2012）『カウンセリングを巡る専門職システムの形成過程──「心」の管轄権とプロフェッショナリズムの多元性』大学教育出版。

文部科学省（2015）「学校における教育相談に関する資料」教育相談等に関する調査研究協力者会議（2015年12月4日〜）第1回配布資料 参考資料1。

保田直美（2009）『臨床心理学知識の制度化と学校での受容』大阪大学博士論文。

保田直美（2014）「新しい専門職の配置と教師役割」『教育学研究』第81巻第1号, 1〜13頁。

山田哲也（2013）「心の問題から進路問題へ」久冨善之・小澤浩明・山田哲也・松田洋介編『ペダゴジーの社会学──バーンスティン理論とその射程』学文社, 154〜176頁。

臨床心理士資格認定協会（2014）「臨床心理士の専門業務」（臨床心理士資格認定協会公式ホームページ http://fjcbcp.or.jp/rinshou/gyoumu/ 2018年5月4日アクセス）。

Abbott, A. D. (1988) *The system of professions*, The University of Chicago Press.

Freidson, E. (2001) *Professionalism, the third logic*, The University of Chicago Press.

Giddens, Anthony (1990) *The Consequences of Modernity*, Polity Press（ギデンズ, アンソニー著, 松尾精文・小幡正敏訳（1993）『近代とはいかなる時代か?』而立書房).

Nancarrow, S. A. and Borthwick, A. M. (2005) "Dynamic professional boundaries in the healthcare workforce," *Sociology of Health & Illness*, Vol. 27, No. 7, pp. 897-919.

学習の課題

(1) 学校に配置されている生徒指導に関わる職種を1つ取り上げ，その配置に至ったおおまかな経緯と現在の配置の状況（配置形態・期待されている役割など）をまとめてみよう。

(2) もし，スクールカウンセラーとスクールソーシャルワーカーが学校に常勤で配置されるようになった場合，教員の役割はどのように変化する（あるいは変化しない）か考えてみよう。

(3) 実際に教員以外の生徒指導に関わる職種が配置されている学校を1つ取り上げ，どのような職種が入っているかを整理してみよう。その上で，多職種協働のためにどのような仕組みをつくるとよいか考えてみよう。

【さらに学びたい人のための図書】

石隈利紀監修，水野治久編（2009）『学校での効果的な援助をめざして——学校心理学の最前線』ナカニシヤ出版。
⇨多職種協働を行うにはほかの職種の専門性についてある程度知っておく必要がある。スクールカウンセラーが行うのはカウンセリングだけではない。心理学の知見を活かした学校における取組みを幅広く紹介している。

社団法人日本社会福祉士養成校協会監修，門田光司・宮島喜輝・山下英三郎・山野則子編（2012）『スクール（学校）ソーシャルワーク論』中央法規出版。
⇨日本の学校における支援の実際だけでなく，スクールソーシャルワーカーが重視する根本的な価値・視点，アメリカ合衆国の状況なども紹介されている。

田村由美編著（2012）『新しいチーム医療——看護とインタープロフェッショナル・ワーク入門』看護の科学社。
⇨多職種協働という点で先行している医療領域における，多職種協働の実践（インタープロフェッショナル・ワーク）の理念と実際，関連職種間の連携教育の取組みについて学ぶことができる。

＊　なお，本章は，「生徒指導分野のチーム学校の未来」（保田直美（2017）『学校事務』第68巻第2号，学事出版，42～45頁）に大幅な改訂と加筆を行ったものである。

（保田直美）

第11章 地域社会と教育

この章で学ぶこと

　私たちが暮らす地域社会は時代とともに形を変え，それに伴い学校の役割も変化してきた。この章では，地域社会がもつ教育力がどのように変化してきたのか，そして，それが子どもたちにとってどのような意味をもつのか，さらに現代の地域社会でどのような取組みが行われているのかについて学ぶ。また，地域社会の変化を受けて学校は地域社会と連携する取組みを導入発展させてきたが，これらがどのような形で変化してきたのか，そして，いま私たちに何が求められているのかを検討していく。

1　教育を取り巻く様々な思想

　戦後日本の地域社会と学校については，アメリカ合衆国の哲学者ジョン・デューイの思想が大きな影響を与えた。デューイは，「社会とは，共通の線に沿い，共通の精神において，また共通の目的に関連してはたらきつつあるが故に結合されている，一定数の人々ということである」（デューイ，1957）とし，また，学校は家庭や近隣の社会を縮約した小社会であり，教育は子どもの経験から始まるという活動主義の教育実践論を展開した。

　このほか，学校制度については，オーストリアの哲学者であるイヴァン・イリッチが，教育についてはブラジルの教育思想家であるパウロ・フレイレが，それぞれのあり方について問題提起をした。イリッチは，『脱学校の社会』で，学習者が内発的に動機づけられて学ぶ行動を取り戻すために，学校という制度的な機関からの脱却を提唱した（イリッチ，1977）。また，フレイレは『被抑圧者の教育学』で，学習者自身が自分たちの学ぶ意味に気づき，置かれている状

163

況の社会的背景を理解し，そのような状況をつくり出した世界を批判的に読む方法を身に付けることを説いた（フレイレ，1979）。イリッチやフレイレは，人は学校という制度化された教育組織によって学ばされるのではなく，置かれた状況の中で，内発的に湧き出る学びを重要視した。つまり，教育は必ずしも学校という教育機関で行われるものではなく，学習者が学習者たりえる存在であればどこでも学ぶことができるということである。それはまさに近代教育が導入される前の日本の地域社会そのものであったといえる。

2 地域の教育力

（1）地域の教育力の低下

　地域の教育力が低下したといわれて久しい。果たして地域の教育力はいつから，どのように低下してきたのだろうか。

　最も文化が栄えたといわれる江戸時代までさかのぼると，地域によって様々な産育習俗があったといわれている。村落社会が共同体としての特色を色濃く残し，家や共同体による独自の教育がなされており，子どもが生まれるとその一家だけではなく，近所，村や町の人々が子どもの成長に関心と期待をもってともに通過儀礼を祝ってきた。それと同時に共同生活の中で自立した人間に成長するように，仮親制度と呼ばれる実際の親以外の者を子どもの後見人とし，その養育責任の一端を担ってもらう仕組みにより，地域ぐるみで子どもを育てるといった慣行もあった。この時代には子供組，若者組，中老組，老年組などの世代別，年齢別の集団があり，とくに若者組は「子どもから一人前」になるための通過儀礼として，また親にとっては子離れするための児やらいとして重要な役割を担っていた（大藤，1974）。若者組は，祭祀執行，村落警備，災害時の出動，重病人が出たときの医者迎え，その他の年中行事や共同労働などをとおして年序の規範を，そして集団生活をとおして同年齢者との間の連帯感を養っていくなど，教育的意義を果たしていた。

　これらの村落共同体は，互いに依存し合わなければ存立し得ない家同士が共

同し，一つの統合をなした地域社会であった。そこで行われていた民衆の子育てや若者組を支えていた教育構造は，中央集権的な近代国家の導入とともに消滅していった（池田，1982）。

1872（明治5）年の学制により導入された近代的学校制度は，それまでの地域や家庭での子どもへの教育のあり方に大きな変化をもたらした。それまでの村落共同体で行われていた独自の教育から，小学校区を単位とした児童集団や父兄会，同窓生集団が形成され，学校を中心とした統合的な教育へと変わり，学区が1つの共同体を呈するようになっていった。そうして，近代的学校制度は，明治の終わり頃には就学率がほぼ100％に達するまでに国民生活に根をおろすようになり，戦前戦後においては，学校を単位とした小学校区と地域社会の両者とが子どもたちの教育的な役割を担っていた（池田，1982）。

1930年代にアメリカ合衆国で誕生したデューイのコミュニティ・スクールは，日本では戦後直後にカリキュラム改革の一環で地域社会学校として広がった。また農本主義的な農村文化運動として村ぐるみで学校教育と社会教育を統合して改革する全村学校が各地で実施されるなど，地域社会を取り巻く教育は様々な諸相をみせた。

高度経済成長期になると，農村部から都市部への人口移動が顕著になり，人口過密の都市部においては近隣関係の存続が不可能となった。また同時に居住環境も大きく変わってきた。急速に新興住宅地が増え，集合住宅が林立すると同時に車の需要が増え，交通が過密化するようになったことで，子どもの遊び場や路地，自然が失われ，子どもの行動範囲を狭めることにもつながった。また，都市部から都市郊外部に住居を構え，都市部へ長時間の通勤をする人々も増えた。通勤時間が長くなることにより，家族が集う時間が減少し，父親の仕事を子どもが間近で見る機会も少なくなった。このように，経済が発展する一方で，地域組織や地域集団が弱体化し，核家族化や親族関係の希薄化が進むなど，地域社会における子どもの教育機能が薄れていった。このような地域社会の変化とともに家族についても大きな変化があった。それは，人々が社会や国家，地域といった公共的な問題に対して関心をもたなくなり，代わりに，自分

165

の家族の生活などの私的生活を優先するようになってきたことである。この私的生活重視により，家族と地域社会とのつながりは薄れ，近隣や親族，職場との関係も希薄になり，家族集団は閉鎖的で孤立したものになってきた。さらに，この私的生活重視は深化し，家族単位の生活から個人単位の生活へと変化してきている（住田，2012）。このように生活における個人主義が広がるにつれ，地域社会で人々が同じ地域に居住し生活や文化を共有する共同体組織としての機能は薄れてきた。

　ドイツの社会学者のフェルディナント・テンニエスは，血縁や地縁によって自然発生的に生まれた共同体組織をゲマインシャフト，利益や機能を追求する機能体組織をゲゼルシャフトと呼んだ。ゲマインシャフトでは，そこに暮らす人々が相互に関わり合うことが重要とされるが，ゲゼルシャフトは組織自体が目的をもち，所属する人たちがその目的のために動くことになる。近代化以降，主に都市部においては，後者のゲゼルシャフトが形成されていくと考えられた（テンニエス，1957）。

　高度経済成長期以降の日本の地域社会の問題として，豊かさが得られた一方で，地域社会はゲマインシャフトからゲゼルシャフトへと変化し，共同体としての地域社会から，個々人が居住する場所としての地域社会へと移行していった。その結果，人と人とのつながりが希薄になり，地域の特有性が薄まり，地域社会の教育機能はますます低下してきた。

（2）子どもの社会化と地域

　これらの地域の教育力の低下や人間関係の希薄化は，子どもの成長や社会化，教育に大きな影響を与えている。

　社会化とは，個人が他者との相互作用をとおして，社会や集団の価値態度・技能・知識・動機などの集団的価値を習得し，社会や集団の構成員として，その社会ないし集団における一定の許容範囲の思考・行動様式を形成していく過程を指す。子どもたちにとっての社会化は，社会の様々な人たちとの関わりの中で，その社会での慣習をとおして価値態度や知識などを身に付け，その社会

図11-1　子どもの社会化形態

出典：住田（2001）。

の一人として育っていくことである。子どもたちは生まれて初めて出会う家族，近隣住民，幼馴染みなどの遊び仲間，友人などに加え，地域の子ども会の大人や学校の先生など実に様々な人たちとのふれあいをとおして社会化され，自我が形成されていく。これらの子どもの社会化形態を図11-1のように示すことができる（住田，2001）。

(I)は家族集団を，(II)は日常的に関わりをもつ近隣住民や子どもの遊び仲間といった近隣集団を，(III)は子ども会やスポーツ少年団など地域社会で活動している地域集団を，そして(IV)は学校の教師などの学校集団を指している。なかでも子どもの社会化においては，インフォーマルな身近な人たちの関わり，つまり(I)の家族集団と(II)の近隣集団との関わりが大きな影響を及ぼしているとチャールズ・クーリーとジョージ・ミードは説いている。

アメリカ合衆国の社会学者のクーリーは「鏡に映った自我」という概念を提示し，鏡としての他者がどのように自分を認識し評価しているかを想像することにより自分を知ることができると説明している（クーリー，1971）。また，アメリカ合衆国の社会心理学者であるミードはクーリーの鏡としての他者について，母親，父親，兄弟姉妹，祖父母，また遊び仲間，クラスメイト，先輩，先生など子どもたちにとって身近な人たちを「意味のある他者」とし，この「意味のある他者」が自分に対して抱く期待を取り入れることによって自我が形成されると考え，これを「役割取得」による自我形成と呼んだ（ミード，1973）。

このように，子どもたちの身近に存在する家族や近隣住民は，子どもの自我の形成において重要な役割を担っている。しかし，近隣集団における人間関係の希薄化により，個人主義の台頭や家庭の教育力の低下も相まって，子どもた

ちが社会での慣習をとおして価値態度や知識を身に付ける機会が失われている。

公共の場で大きな声を出したり，走り回るなど他人に迷惑をかける子どもたちを叱っていた近所のおじさんやおばさん，子どもの泣き声やかわいそうな子どもたちを放っておけない面倒見のよいおじさんやおばさんもいなくなった。知らない人でも地域で顔を合わせれば挨拶をするという慣習もなくなった。

その結果，公共の場でのマナーが低下し，地域の住民間や世代間の交流がなくなり，住民がますます孤立してきている。住民同士の交流で防ぐことができたかもしれない高齢者の孤独死や子どもの虐待も多発している。近年では，子どもの声による騒音だけでなく，親のマナーを懸念して保育所設立に対する反対運動が起きたり，小学校の騒音に対しての訴訟も起きるなど，子どもを取り巻く地域の環境はさらに厳しい状況になってきている。

（3）地域におけるソーシャル・キャピタル

このような状況の中で，人々の協調行動を活発にすることによって，社会の効率性を高めることのできる「信頼」「規範」「ネットワーク」といった人と人とのつながりを指すソーシャル・キャピタル（社会関係資本）が注目されている。

アメリカ合衆国の政治学者のロバート・パットナムは，イタリアにおいて市民参加の強い伝統が色濃く残っている地域の政治的パフォーマンスが高い点に着目し，市民社会の核心には，市民連帯の豊かなネットワークや市民参加についての規範や信頼があることを説いた。そして，この目に見えないが重要な概念として，ネットワークや規範，信頼をソーシャル・キャピタルと呼んだ（パットナム，2001）。また，パットナムは，かつては家族や友人らで楽しんだボウリングをいまでは一人でするようになったアメリカ社会においてソーシャル・キャピタルが衰退していることを指摘し，ソーシャル・キャピタルが地域社会の再生のための概念的な支柱になることを示した（パットナム，2006）。

地域社会において，ソーシャル・キャピタルが豊かであれば，ボランティアなどの市民活動へ参加する人たちが増え，市民活動に参加する人たちが増えれ

ばソーシャル・キャピタルが育成されるというプラスの循環があることから，ソーシャル・キャピタルは地域の再生や活性化に有効であるとされている。

たとえば1995（平成7）年の阪神・淡路大震災では，救助隊やその他の公助によって助けられた人々は2.5％に過ぎず，家族や友人，隣人や通行人などの共助によって助けられた人々は62.6％にも上る（日本火災学会編著，1996）。このことは，日常のみならず有事の際にこそ，人とのつながりが命を守ることを示している。また，東京都杉並区和泉地区では，小学校のPTAと町内会が連携して，通学時の児童見守りを行った結果，不審者が現れなくなったばかりか，町内の全世帯が，町内会に病気や暮らし向きに関する情報を提供するようになるなど，地域としてのまとまりが生じた（稲葉，2011）。

このように人間関係が希薄になったといわれる地域社会においても，様々な取組みによってソーシャル・キャピタルが，人命救助，地域社会の活性化や防犯につながることが明らかになっている。

では，子どもを取り巻く環境においては，ソーシャル・キャピタルはどのように有効であるのだろうか。近年の子どもを取り巻く環境の一つに子どもの貧困が大きな問題となっている。子どもの貧困率（相対的貧困の状態にある18歳未満の子どもの割合）は2012（平成24）年の16.3％をピークに，2015（平成27）年には13.9％まで減少するなど改善はみられるものの，ひとり親世帯における貧困率は50.8％と依然として高い傾向にある（厚生労働省，2017）。こうした子どもたちは，十分な医療が受けられなかったり，朝ごはんや晩ごはんを十分に食べられないため集中力が続かず，学校での学習についていけなかったり，また，塾にも通うことができず，結果的に高等学校や大学への進学ができないなど，成長する過程で不利な状況に置かれている。また，自己肯定感が低く将来を悲観的にみてしまうという傾向がある。

こうした子どもたちに対して2012年から地域住民や自治体が主体となって無料または低料金で子どもたちに食事を提供する子ども食堂がスタートし，全国で300〜400カ所で実施されている。兵庫県にある子ども食堂（図11-2）では，給食のない土・日曜日を何とかしのげるようにと毎週金曜日に生活に困ってい

図11-2 子ども食堂
出典：大倉美香子氏提供。

る親とその子どもたち，さらに地域の人たちに対して食事を提供している。生活保護世帯においては区役所で配布されたクーポンを持参することで，無料で食事ができるなど地域行政と連携して地域の貧困問題の解決に貢献している。子ども食堂で調理される食材は地域住民や農家のほかフードバンクや企業などから提供されている。また，子ども食堂の調理や配膳などすべて地域住民のボランティアによって運営されている。さらに，子どもだけではなく，その親や独居の高齢者など様々な地域の人たちに開かれた場所となることで，地域社会の課題が明らかとなり，子ども食堂を支える地域住民の力で課題を解決することにもつながっている。明るい空間で誰をも受け入れる雰囲気をもつ子ども食堂は，みんなの食堂として，子どもたちの食を守りながら地域に暮らす人たちのつながりを強めている。

（4）学びの場としての地域

先に地域社会の教育力の低下についてあげたが，それでも地域が子どもたちの学びの場として教育的機能をもつことは様々な事例から立証されている。

学校で行われている遠足や修学旅行などは，子どもたちが学校の外に出て，地域について学ぶフォーマル教育である。また，2000（平成12）年から段階的に導入された「総合的な学習の時間」では，子どもたちの自ら学び自ら考える力といった生きる力の育成を目指し，体験学習や問題解決学習などが導入されている。小学校の実践事例として，「地域の老人クラブとの交流会」「養護学校との交流」「耳の不自由な人との手話による交流」「目の不自由な人との交流」「地域のクリーン大作戦」などがあり，子どもたちが地域に出て様々な人たちとの交流や地域への貢献活動に取り組んでいる。これに対し，中学校において

第11章　地域社会と教育

はより実践的な問題解決学習としてサービス・ラーニングを導入するケースもある。サービス・ラーニングとは，アメリカ合衆国で1990年代に導入された参加型の学習形態で，教科の学習内容とサービス活動とを統合させ，学校の教育活動の一環として計画的に行われる学習である。子どもたちが地域社会に対して活動をするだけではなく，学校で学んでいることを地域社会の課題解決に生かすことにより，教科の学習に根ざした質の高い学習につながっている。

図11-3　神輿と子ども太鼓によるお囃子
出典：筆者撮影。

　このほかに，職場体験活動では地域社会の人々の働きを実践で学ぶことができる。兵庫県では1997（平成9）年6月に神戸市で起きた中学3年生の男子生徒による連続児童殺傷事件を受けて，子どもたちの「心の教育」に対する取組みとして「トライやる・ウィーク」が発案された。これは，地域社会で中学校2年生の生徒が1週間職場体験をすることを通じて，様々な学びを得るものである。単に働くということを学ぶ以上に，社会の仕組みや地域を知ることにつながったり，自分の力を再発見したり，不登校生徒に好影響を及ぼすなど評価は高い。富山県では1999（平成11）年より「社会に学ぶ『14歳の挑戦』」を実施するなど，この「トライやる・ウィーク」は他県でも形を変えて導入されている。

　また，地域の祭りやボランティア活動に参加することで，子どもたちが地域の伝統や文化に触れたり，地域社会に暮らす様々な人たちとつながりをもつことができる。これらの地域活動への参加は，インフォーマル教育として，結果的に教育的な効果をもたらしている。地域の祭りが人手不足により衰退していく中で，地域の再生のシンボルとして子どもたちを参加させ，祭りを活性化させるという動きや，ボランティア活動にも積極的に参加させる試みも様々な地

域で行われている（図11-3）。

3　地域で支える学校づくり

（1）地域に開かれた学校

　高度経済成長を機に，地域の教育力が低下してきたことは先に述べたが，これに加えて子どもたちを取り巻く環境が変化してきた。住環境の変化により自然が減少し，子どもたちは自然とふれあう機会が減ってきた。核家族化や世代間交流が少なくなり，様々な体験をする機会も減っている。1980年代以降は，いじめ，校内暴力，家庭内暴力，不登校，非行などの教育課題の表面化が顕著になってきた。これらを受けて，学校が家庭や地域と連携協力することで，子どもたちの健やかな成長を図るための「地域に開かれた学校」づくりが進められ，その一つの施策として2000（平成12）年に学校評議員制度が導入された。これは，地域住民から選ばれた学校評議員が，学校や地域の実情に応じて，学校評議会の一員として学校運営に参画するものである。地域住民が参画することで学校教育において，保護者や地域住民等の意向を反映したり，協力を得ることが容易になる。また，学校運営について地域住民に周知することで，学校としての説明責任を果たすことができるようにするものである。これにより，校長が学校運営において，教育目標・計画や地域との連携の進め方などに関し，保護者や地域住民の意見を聞いたり，理解や協力を得て，特色ある教育活動を主体的かつ積極的に展開していくことが期待された。

　そんな折，1999（平成11）年に京都市立日野小学校の校庭に男が侵入し，2年生の児童が刺殺される事件が，翌々年の2001（平成13）年には大阪教育大学附属池田小学校に凶器を持った男が侵入し，児童8名が刺殺，児童13名，教諭2名が傷害を負う事件が続けて起きた。これらの事件により「地域に開かれた学校」を目指していた学校づくりの気運に暗雲が立ち込めた。「地域に開かれた学校」として多くの学校が校門を開放し，新しい学校には校門や塀をつくらないなどの方針に基づいて学校運営が行われていたが，これらの事件以降は，

児童生徒の安全安心を優先すべきであるという声から校門や塀の設置，校門や校舎の日常的な施錠，監視カメラの設置，部外者の立ち入り禁止，警備員の配置，集団登校時の見守り強化，名札の廃止など，子どもたちを犯罪から守るための措置が取られた。まさに「地域に開かれた学校」とは逆の「閉ざされた学校」へと転換していった。

しかし一方で，地域社会が学校や子どもたちを見守ることによって不審者の侵入を防いだり，子どもたちの通学路の安全を確保することで地域の防犯につながるのではないかという考えが強まり，学校施設面における安全確保といったハード面と危機管理マニュアルの作成や連絡体制の整備，訓練・研修，安全に配慮した学校開放等のソフト面での安全管理などが並行して行われ，安全に配慮をした「地域に開かれた学校」づくりの強化へとつながっていった。

（2）地域とともにある学校へ

2004（平成16）年の「地方教育行政の組織及び運営に関する法律」の改正では，よりいっそうの学校と地域と家庭の連携を強化するために，学校運営協議会の導入が規定された。学校運営協議会とは，保護者や地域住民などから構成される組織で，学校運営の基本方針を承認したり，運営や教職員の任用に関する意見を述べることができるなど，学校評議会よりも強い権限と責任をもつものである。学校運営協議会をもつ学校はコミュニティ・スクールと呼ばれており，学校評議会が意見を述べるにとどまっていたのに対して，保護者や地域住民が学校運営にまで踏み込んで参画できるようになった点で，よりいっそう地域と学校との協力関係を築き，開かれた学校づくりを実現することが可能となった。

2006（平成18）年に行われた教育基本法の改正は，このコミュニティ・スクールの推進を後押しするものになった。教育基本法が制定されて以降，子どもたちや教育を取り巻く環境が大きく変わってきたことを受けての改正であるが，その中で，現代の子どもたちの環境に応じた文言として新たに「学校，家庭及び地域住民等の相互の連携協力」と「家庭教育」についての規定が加えら

れた。これらの新たな規定は，地域とともにある学校づくりを後押しすると同時に，子どもの教育に対する責任が学校に置かれてきたことに対するアンチテーゼとして，改めて家庭と地域社会への責任を問いかけたものとなった。

　2017（平成29）年4月1日現在，367市区町村および11道県の教育委員会が導入し，幼稚園，小学校，中学校，義務教育学校，中等教育学校，高等学校，特別支援学校を合わせて3600校がコミュニティ・スクールとして指定されている（文部科学省ホームページ）。これほどにコミュニティ・スクールが増えた理由の一つに2015（平成27）年12月に中央教育審議会が学校・保護者・地域が協働して子どもの教育にあたる「地域とともにある学校」を目指したことにある。それは，少子化により統廃合される学校や過疎地域の問題，地域社会の再生を目指す地方創生の一環として提示されたものであるが，社会教育分野において地域学校協働本部を設立し，子どもたちの教育という共通の目標に向けて協働することによる「学校を核とした地域づくり」がねらいとされている。地域が学校や子どもたちを支援するという一方向の関係ではなく，地域と学校が連携・協働することで，地域の将来を担う人材育成と地域住民のつながりをとおして自立した地域社会の安定を図ることが期待されている（文部科学省ホームページ）。

（3）地域で支える学校づくり

　コミュニティ・スクールにおいて，地域住民やPTAの下部組織として，または独立した組織として，保護者のボランティア組織なども学校を支える重要な役割を担っている。その一つが学校支援ボランティアである。学校支援ボランティアは，学習支援として授業補助や教員補助，部活動支援として部活動の指導補助，環境整備として図書館や校庭などの校内環境整備，子どもの安全確保のために登下校時の通学路における見守り，学校行事支援として会場設営や運営補助など幅広い活動を行っている。

　その中でも，保護者ボランティアとして児童生徒の父親を中心とした地域組織に「おやじの会」がある。PTAが母親を中心とした活動になりがちである

ことから，父親が参加しやすい形態として全国で発足した。「おやじの会」の活動内容は多種多様であり，校庭での鬼ごっこ大会や餅つきイベント，学校の運動会などの準備や片づけなどがあげられる。

兵庫県にある小学校の「おやじの会」は，発足して10年以上活動を続けている。夏には2日間，子どもたちを対象に校庭での鬼ごっこ，プー

図11-4 おやじの会によるクリスマスツリーの設置
出典：鈴木信之氏提供。

ル遊び，飯盒炊飯，カレーづくり，肝試し，すいか割り，高学年のお泊り会などのイベントを実施している。このほか，校舎や校庭の整備，プール清掃，畑の草取り，クリスマスツリーの設置（図11-4）など，小学校で過ごす子どもたちのための環境整備やレクリエーションの活動を行っている。メンバーは8名ほどで，イベントごとにボランティアを募る。「人数が少なく苦労は絶えないが，それでも子どもたちのためになるのならやりがいがある」と父親の一人は話す。

このほか，大学の新たな使命として「社会貢献」が重要視されており，近隣の大学生がボランティア活動を行うケースも少なくない。常葉大学浜松キャンパスのボランティアサークル Thunder Birds は，子どもの下校見守り活動「まもろーる」を行っている。学生たちは，警察署から事前の研修を受け，学生の視点と行動力で地域の安全を守る活動に取り組んでいる（図11-5）。

これらの学校支援ボランティアやおやじの会などの保護者や大学生のボランティアが，「地域とともにある学校」のパートナーとして協働するためには，受け入れる学校の教職員の協力体制が最も重要である。

学校支援ボランティア，保護者や大学生のボランティアは，基本的に学校の外部の人たちであるため，活動の際には学校と連携していく必要がある。そのためには，第一に学校の子どもや施設について詳細を把握している学校の教職

図11-5　Thunder Birds による「まもろーる」
出典：木村佐枝子氏提供。

員による，適切な情報提供やサポートが不可欠である。第二に学校とボランティアとのつなぎ役となるコーディネーターの重要性があげられる。コミュニティ・スクールでは地域コーディネーターが置かれているが，それ以外では教職員がコーディネーターとして学校とボランティアの連携を図る必要がある。そして，第三に「地域とともにある学校」にしようとする学校側の姿勢である。学校外部の人と連携するためには，先にあげたコーディネーターを置いたり，活動を調整する時間も要する。教員の負担軽減が求められる中で，この取組みには負担が増すといった考えから，学校側が積極的にならないケースもある。しかしながら，学校支援ボランティアや保護者や大学生のボランティアは教員の負担軽減につながるものであり，何より子どもたちにとっての学校環境の改善に寄与するものである。

　少子高齢社会において，犯罪の発生や遊び場所の減少など子どもを取り巻く環境が決してよいとはいえない昨今，地域社会の構成員として地域住民や保護者，教職員が一丸となって子どもたちの教育環境の改善に取り組むことが求められている。

引用文献

池田寛（1982）「地域社会における教育」友田泰正編『教育社会学』東信堂，81〜100頁。
稲葉陽二（2011）『ソーシャル・キャピタル入門』中央公論新社。
イリッチ，イヴァン著，東洋・小澤周三訳（1977）『脱学校の社会』東京創元社。
大藤ゆき（1974）『児やらい』岩崎美術社。
クーリー，C. H. 著，大橋幸・菊池美代志訳（1971）『社会組織論』青木書店。
厚生労働省（2017）「平成28年 国民生活基礎調査の概要」（http://www.mhlw.go.jp/

第11章　地域社会と教育

toukei/saikin/hw/k-tyosa/k-tyosa16/dl/16.pdf 以下，2019年8月1日アクセス）。

住田正樹（2001）『地域社会と教育――子どもの発達と地域社会』九州大学出版会。

住田正樹（2012）『家庭教育論』NHK出版。

デューイ，ジョン著，宮原誠一訳（1957）『学校と社会』岩波書店。

テンニエス，フェルディナント著，杉之原寿一訳（1957）『ゲマインシャフトとゲゼルシャフト――純粋社会学の基本概念　上』岩波書店。

日本火災学会編著（1996）『1995年兵庫県南部地震における火災に関する調査報告書』日本火災学会。

パットナム，ロバート・D.著，河田潤一訳（2001）『哲学する民主主義――伝統と改革の市民的構造』NTT出版。

パットナム，ロバート・D.著，柴内康文訳（2006）『孤独なボウリング――米国コミュニティの崩壊と再生』柏書房。

フレイレ，パウロ著，小沢有作ほか訳（1979）『被抑圧者の教育学』亜紀書房。

ミード，C. H.著，稲葉三千男ほか訳（1973）『精神・自我・社会』青木書店。

文部科学省ホームページ「コミュニティ・スクール（学校運営協議会制度）」（http://www.mext.go.jp/a_menu/shotou/community/shitei/detail/1386362.htm）。

学習の課題

(1)　地域社会がもつ教育力は，時代とともにどのように変化してきたのかを調べてみよう。

(2)　子どもたちが地域社会で学ぶために，いま求められていることは何かを考えてみよう。

(3)　これからの地域社会と教育のあり方として，あなたの立場で何ができるのかを考えてみよう。

【さらに学びたい人のための図書】

住田正樹編著（2010）『子どもと地域社会』（子ども社会シリーズ4）学文社。
　　⇨子どもを取り巻く地域社会について，その意味や役割，そしてそこで起きている問題に対する解決策をわかりやすく解説している。

子どもの参画情報センター編（2002）『子ども・若者の参画――R. ハートの問題提起に応えて』萌文社。
　　⇨子どもによる社会への参画というR. ハートの参画理論を，日本の社会の中でどのように生かすのか，様々な分野で活躍する著者により解説されている。

仲田康一（2015）『コミュニティ・スクールのポリティクス――学校運営協議会における保護者の位置』勁草書房。

⇨保護者や地域住民が学校運営に参加するコミュニティ・スクールについて，その実態を明らかにし，今後の学校改革のあり方を検討している。

(江田英里香)

|第12章|子どもの成長を支える「地域の教育力」とは
――子どもと地域の大人のつながりがもつ教育効果の分析

この章で学ぶこと

　「地域の教育力」という言葉は，教育に関わる人，教育を学ぶ人ならば，どこかで聞いたことがあるだろう。わが国において，地域社会が子どもたちの成長の基盤であるとの見方は広く受け入れられており，「地域の教育力」もこの見方を反映した概念である。しかし，それがどのように子どもを支えているのかと問われると，その答えは人によって異なるかもしれない。本章では，「社会化」や「教育コミュニティ」「ソーシャル・キャピタル」などのキーワードを用いて，子どもと地域の大人のつながりがもつ教育機能について学んでいく。そして，ある調査データの分析をもとに「地域の教育力」のありようを具体的に考え，学校と地域が協働することの意義をより深く学んでもらいたい。

1 いま，なぜ地域の教育力に注目するのか

　近年，子どもの教育に関わる地域社会の役割が改めて注目されている。2017（平成29）年3月の社会教育法改正により，地域学校協働活動が同法の中に位置づけられ（第5条の2），その推進にむけた国の事業も始まっている。さらに，2018（平成30）年6月に国が出した第3期教育振興基本計画においては，学校，家庭の教育力の向上とともに，「地域の教育力」の向上が子どもの成長，とりわけ自己肯定感を高める上で重要だとの見方が示されている。そして，それぞれの教育力を高めていくためにも，学校と地域の連携・協働の拡充が不可欠であると述べられている。

　このように，教育における地域の役割が見直される中，地域の教育力という考え方が改めて浮上していることは興味深い。では地域の教育力とは何か，そ

れがどのように子どもの成長を支えているのかを具体的に示すとなると意外に難しい。実は，この点が曖昧であるため，これまでの地域の教育力を高めることを目標に掲げた施策も，十分な目標設定や評価ができないまま終わっていることが多かった。また，この問題は教育施策の問題に限らず，研究の領域でも同様である。たとえば，教育社会学において，地域の教育力は研究上の重要概念の一つだったが，それをどのように定義し，どのように測るかという点で実証研究に対する課題が大きく，研究が十分に進まなかった。

　そのように曖昧で，評価や分析が難しいのならば，地域の教育力という概念を使わなければよいという意見もあるだろうし，それはエビデンス重視の現代では至極もっともな意見である。しかし，筆者は，この地域の教育力という長年の手垢のついた概念を，日本の教育および教育研究の中で引き続き大事にしていくべきだと考えている。

　その理由の一つは，地域の教育力という「日本的」な教育の概念が，今後もわが国の公教育の展開に対して大きな意義をもつと考えられるからである。日本の教育では，伝統的に地域社会の有形無形の教育活動や人のつながりが重視され，学校教育もそれに根ざしたものだと考えられてきた。地域の教育力は，そのように地域社会には子どもの成長を支える機能があると捉え，その役割に期待する概念である。こうした教育の捉え方は，日本では広く受け入れられているが，国際的には必ずしもそうとはいえない。地域の有形無形の教育活動や人のつながりが子どもの成長を支える機能をもつとする考え方は，欧米の教育学の古典にも確かにそのルーツがみられる。しかし，そうした考え方は，現在の欧米各国の教育界では希薄になりつつあり，むしろ，教育改善に対する学校の責任をいっそう重視しつつあるのが現状である。そうした状況の中，地域の教育力という概念は相対的に「日本的」な考え方になりつつあるといえる。しかし，比較して考えてみると，学校だけでなく，地域も一つの教育の主体として捉え，子どもの教育を支える機能があるとする考え方のほうがより健全であり，学校教育の行き詰まりを打破する可能性をもつと考えられる。

　第二の理由は，地域の教育力が現実に子どもを支える力として存在している

との実感を筆者がもっていることである。筆者は，これまで関西を中心に多くの学校でフィールド調査を行ってきた。それらの学校の中には，校区の社会経済的背景は厳しいものの，地域の住民が学校に対して協力的であり，子どもと地域の大人がつながる様々な機会があることで，子どもの成長が地域の力に支えられている状況が明らかなケースが存在した。筆者自身，そうした「地域の教育力」の存在を客観的な形で示すことはいまだ十分にできていないが，そうした概念で表される教育効果は確かにあると考えている。

　ここまで地域の教育力の概念としての意義を述べてきたが，それが今後も客観的に評価・分析できない状況が続けば，いつかは教育界から消失する可能性もあるだろう。そうした中，本章では，地域の教育力の考え方について改めて先行研究をもとに整理した上で，筆者の研究成果の中から，子どもの育ちと地域の教育力の関係に関する分析の一部を紹介する。それらの知見により，本書の読者には，子どもの成長を支える「地域の教育力」の役割を再認識してもらい，今後の教育実践に活かしてもらいたいと考えている。

2　地域社会が果たす教育上の役割とその変容

（1）子どもの成長・発達を支える地域社会

　「地域の教育力」でいうところの「地域」とは，一般的には，その中での人のつながりや文化を含む「地域社会」を表すと考えられる。もちろん，地域社会の内実は多様であり，場所によってライフスタイルや住民の人間関係，あるいは「原風景」と呼びうるような生活環境や遊び，文化行事も異なっている。

　子どもの成長の場としての地域社会の役割については，これまでにも多く指摘されてきた。教育社会学の分野で，地域社会と教育をテーマに研究を続けてきた住田正樹（2015）は，子どもの「社会化（socialization）」の観点から地域社会の役割について論じている。住田によれば，社会化とは，人が他の人々とのやりとり（相互作用）を通して「その社会の行動様式や価値規範・態度・知識・技能などの文化を習得し，その社会の成員としての行動様式や価値規範を

習得していく過程」（住田, 2015, 11頁）である。むろん, 子どもの社会化において, 親や学校の教員はとくに重要な役割を果たすが, それに加えて, 子どもの地域の仲間集団や大人たちも大きな影響力をもつ。とくに, 子どもが生活の様々な場面で出会う地域の大人——その関わりは子どもにとってすべて肯定的とはいえないかもしれないが——は, 子どもの親とは違った方法で, 価値や規範, 行動様式を伝え, 子どもを社会化する存在である。家庭での社会化がそれぞれに個別的で違いがあるのに対して, 地域の大人たちとの交流による社会化は, 子どもがより一般的な大人社会の価値や規範, 行動様式を知り, 習得する機会を与えるものであり, 子どもが社会の中で自立していく足がかりを得るものだと住田は述べている（住田, 2010, 15頁）。

　また, 後述する「教育コミュニティ論」の立場から, 子どもの成長にとっての地域の役割を論じたのが池田寛（2000）である。池田は, 学校教育, 家庭教育と対置される, 地域社会で営まれる様々なインフォーマルな教育を地域教育と呼んだ。池田によれば, 地域教育の主な要素は, ①遊び, ②仲間集団, ③労働体験（様々な地域の作業や手伝い）, ④大人とのふれあい, の4つであり, それぞれが子どもの心身の成長を支える重要な役割をもつ。その中で, ③や④は, 子どもと大人の交流を通して, 子どもが大人のもつ文化にふれ, モノの見方や感じ方, コミュニケーションの仕方などを習得する場をもたらす。池田は, ジョン・デューイの教育理論に基づきながら, そうした地域の大人と子どもの交流は, 子どもの周りにある事物, そして子どもが関わる仕事や学習そのものに「意味づけ」を行い, 共同体の文化や社会観の伝達を媒介する役割があると指摘する。

　このように, 地域社会は, 様々なインフォーマルな教育により子どもの心身の成長を支えるとともに, 子どもが社会に適応し参入していく力を育む役割を担っている。とくに, 後者は, 子どもの社会的自立を目標とするキャリア教育の観点からいえば, 子どもの「キャリア発達」に大きく関わるものだといえる。このように, 子どもの心身の成長を支え, 社会の一員として教育する機能の総称が「地域の教育力」であると捉えられる。

（2）地域の教育力の衰退と教育問題

　以上のように子どもの成長にとっての地域社会の役割について概観したが，高度経済成長期が終わった1980年代より，多くの教育研究者が指摘してきたのは，社会環境やライフスタイルの変化，地域社会のつながりの希薄化などを原因に，地域の教育力が大きく低下したことである。池田（2000）によれば，地域教育の四要素（遊び，仲間集団，労働体験，大人とのふれあい）がいずれも衰退し，子どもの成長の土台が著しく弱体化してきた。

　そして，こうした子どもの成長の土台の弱体化は，1980年代以降，教育をめぐる様々な問題の深刻化にもつながってきたとされている。先に紹介した住田（2010）は，そうした教育危機を前述の「社会化」の観点から分析している。すなわち，学校と家庭のはざまにある，地域での社会化を担う仲間集団や子どもと大人のつながりの衰退によって，より統制的・画一的な方法で行う学校の社会化と，より個別的で多様な家庭での社会化のギャップが大きくなった。その結果，子どもは学校の側の社会化（すなわち規律や秩序への適応）にうまくフィットできず，不登校などを引き起こしてしまうと住田（2010）は指摘する。

　また，池田（2000）は，上記の地域教育の四要素の衰退を「地域教育の地盤沈下」と呼んでいる。そして，これによって引き起こされた別の問題は，地域教育が引き受けてきた教育やしつけの要素を「学校」と「家庭」がそれぞれに背負いこむことになり，各々の負担と責任が増したことである。何か問題が起これば，学校もしくは家庭の責任がよりクローズアップされる状況が生じ，それぞれが教育やしつけの責任を押しつけ合う「閉じた教育」が進行していったとされる。

　このように，1980年代以降，地域の教育力の低下が大きく懸念されることとなった。そして，地域の教育力をどう再生させるかは政策上の課題となり，様々な地域の教育活動の振興策が国や自治体により実施されてきた。そうした中，池田は，地域社会を昔の状態に回帰させるというのではなく，学校と地域が協働することを通して，子どもの成長を支える新たなつながりを築いていくビジョンを提示した。そうした教育・子育てを核にした新たなつながりやその

仕組みを，池田は「教育コミュニティ」と呼ぶ（池田，2000）。そのようにして，学校・家庭・地域が垣根を越えてつながることにより，子どもと大人のふれあいを回復し，子どもを支える教育力全体を高めることがその主たる目的である。

3 子どもを取り巻くつながりがもつ教育効果の検証

さて，ここまで子どもの成長を支える地域の教育力の概念について振り返ってきた。他方，地域の教育力に関する研究の領域に目を向けると，その理論的な側面についてはそれなりに研究の蓄積があったが，データに基づき実証的に分析・検証する試みはそれに追いつかなかった。より正確にいえば，追いつこうとは試みたものの，分析上のつまずきが多く，あまり成功しなかった。

この分析上のつまずきとして，大きなものの一つは「地域社会」をどう分析対象として把握するかであった。地域社会を構成するのは，基本的には「住民」であると考えられるが，地域の誰に何人ぐらいデータをとれば地域社会を把握したことになるのか，あるいは，彼／彼女らに何を尋ねれば地域社会の特徴を知りえるのか，明確な基準は存在せず，調査設計の難度が高い（また，地域社会が対象となると，調査は大がかりになり費用もかかる）。加えて，子どもへの教育効果を測るとすれば，何らかの指標でそれを評価せざるを得ないが，そこで何か効果が確認されたとしても，それが，学校，家庭，地域のいずれに起因するものか把握することは実はかなり難しい。これらの課題がある中，地域の教育力の検証を試みる研究は十分に蓄積されていないのが現状である。

他方で，子どもを取り巻く人のつながりや関係性がもつ教育効果に関する研究が，近年，増えてきている。その契機の一つは「ソーシャル・キャピタル」の概念の登場である。

ソーシャル・キャピタル（社会関係資本）は，社会科学全体で，人々のつながりや関係性がもつ様々な効果の検証の鍵となる概念である。とくに，この概念を教育研究で広めたのは，アメリカ合衆国の社会学者，ジェームズ・コールマンである。コールマンは，アメリカ合衆国のカソリック系の私立高等学校が，

公立高等学校に比べて学校の財政基盤は弱いにもかかわらず，中退率が低いことに注目した。コールマンは，中退率が低い背景には，カソリック系の生徒たちが，宗教活動を基盤にしたコミュニティとつながっており，それが生徒の向学校的な態度を支えていると考えた。コールマンは，そうした人のつながりが資本（資源）となって人間や集団のパフォーマンスを支える力をソーシャル・キャピタルと呼んだ。

　コールマンのソーシャル・キャピタルの理論以降，子どもを取り巻く人のつながりがもつ教育効果を検証しようとする研究が日本でも増えている。たとえば，露口健司（2014）は，ソーシャル・キャピタルという概念を用いて，子どもを取り巻く人間関係が子どもの学習意欲等に与える影響に関する計量的分析を試みている。また，教育社会学者の志水宏吉（2014）も，学力格差の背景要因として子どもを取り巻く多様な「つながり」の影響に着目し，「つながり格差」の問題を指摘している。一方で，ソーシャル・キャピタルと似た用語として，子どもを取り巻くつながりを「ソーシャル・ボンド」（社会的紐帯）という概念で捉え，とくにいじめなどの問題行動や不登校の予防につなげようとする研究もある。

　これらの研究は，子どもを取り巻く多様な人間関係を対象にしており，子どもと地域のつながりのみに焦点を当てたものではない。しかし，たとえば，先の露口（2014）が検証を試みている「子ども‐地域間のソーシャル・キャピタル」は地域の教育力の一側面を表すものだといえよう。

4　地域の教育力の分析とその知見

（1）福岡県Ａ市の質問紙調査の分析から

　ここからは，筆者自身の「地域の教育力」に関する分析を紹介したい。筆者も，露口らのソーシャル・キャピタル論をヒントにしながら，子どもの日常生活における子どもと地域の大人のミクロなつながりに着目し，それが子どもの育ちの状態や意識にどのような影響を与えているかを検討したいと考えている。

表 12-1　分析に用いる変数と元になる質問項目

(a)**地域①**「地域の人（家族や先生以外の大人）であいさつをしてくれる人がいる」	(g)**社会貢献意識**「人の役に立つ人間になりたいと思う」
(b)**地域②**「地域の人は、ほめたり励ましたりして応援してくれる」	(h)**学びの有用感**「授業で学習したことは将来社会に出た時に役に立つと思う」
(c)**地域③**「公民館や集会所などの地域の活動に参加している」	(i)**自己肯定感**「自分にはよいところがあると思う」
(d)**モデル像**「仕事などをがんばっていて、あの人のようになりたいと思う大人がいる」	(j)**レジリエンス**「新しいことに興味を持ってチャレンジする方だ」「イライラしても気持ちを切り替えられる」「失敗しても『次がんばろう』と思う」の３項目の回答結果から主成分分析を行い、得点化。
(e)**将来展望**「将来の夢や目標を持っている」	
(f)**共感性**「人の気持ちが分かる人間になりたいと思う」	

注：上の(a)～(i)については、児童生徒の「あてはまる」「ややあてはまる」「あまりあてはまらない」「あてはまらない」の回答に対してそれぞれ４～１点の得点を割り当て、変数化した。

以下、ここ数年筆者が取り組んでいる計量的分析の結果の一部を紹介しよう。

　分析に用いるのは、福岡県Ａ市で取り組まれる「学力向上プロジェクト」において、市内の全小中学校の児童生徒を対象に実施されている質問紙調査のデータである（表12-1）。この質問紙は毎年１学期の中頃に各学校で児童生徒に配布され、児童生徒の学校生活や家庭生活の状況、学習に対する意識等を尋ねており、その結果を各校の教育改善につなげようとするものである。筆者は、研究協力者として、2015（平成27）年度よりこの学力向上プロジェクトのデータ分析に携わっている。ここでは、2016（平成28）年度に実施された質問紙調査における小学生（３～６年生）1767名、中学生（１～３年生）1145名のデータを分析に用いる。

　「地域の教育力」の検討にあたり、分析したいのは「子どもと地域のつながり」と「子どもの育ち」の関係である。まず、前者の「子どもと地域のつながり」に関する変数については、質問紙中の変数(a)「地域の人であいさつをしてくれる人がいる」、変数(b)「地域の人は、ほめたり励ましたりして応援してくれる」、変数(c)「公民館や集会所などの地域の活動に参加している」の３項目に関する回答結果に得点配分を行い変数化した（得点配分の方法については、表12-1の注を参照）。その中で、変数(b)は、(a)や(c)のような子どもと地域の接点の有無ではなく、子どもがもつ「地域の大人からの被サポート感」（子どもが地

第12章　子どもの成長を支える「地域の教育力」とは

域の大人から応援されているという感覚）を捉えるものである。

　次に，「子どもの育ち」のほうをどう捉えるかであるが，第2節で紹介した住田や池田の論に基づき，地域社会が子どもの成長を社会への参加・適応にむけて支える役割があるとの見方に従い，表12-1の(d)～(h)にあるように「モデル像」「将来展望」「共感性」「社会貢献意識」「学びの有用感」といった変数を分析に用いた。これらは，子どもの社会への参加・適応にむけて，そのモデルとなる大人がいるか（モデル像），夢や目標をもっているか（将来展望），どのような人間になりたいか（共感性・社会貢献意識），そして，学校での学習を社会参加にとって有用と感じているか（学びの有用感）を問う項目である。これらは，キャリア教育の観点からいえば，子どもの「キャリア発達」に深く関わる項目でもある。

　加えて，「子どもの育ち」の「いま」の状態を捉えようとするのが(i)「自己肯定感」と(j)「レジリエンス」である。前者は「自分にはよいところがあると思う」という項目で尋ねているが，後者については，その概念について少し説明しておく。

　レジリエンスとは，近年の教育学や心理学の領域で，子どもの心理的な回復力や柔軟性を表す概念として注目されるものである。レジリエンスが高いとは，生活場面で出合ういろいろな課題やそれに伴う感情の動きを自ら受容しつつ，うまくそれを調整し，課題に向き合う力が大きいことを意味する。それは，具体的にいえば，喜怒哀楽もみせながら「いきいき」「のびのび」と学校や家庭で生活している子ども，また，周りの子どもや大人とつながり，課題をのりこえ成長していく子どものイメージである。

　とくに，近年の研究では，子どものレジリエンスについて，①新奇性追求，②感情調整力，③肯定的な未来志向の三要素がその柱であると捉えられており，本質問紙中の項目では，この①～③についてそれぞれ「新しいことに興味を持ってチャレンジする方だ」「イライラしても気持ちを切り替えられる」「失敗しても『次がんばろう』と思う」の3項目を割り当てた。そして，それぞれの回答結果に得点配分を施した後，主成分分析という手法を用いて得た1個の主

187

成分の得点を「レジリエンス」として変数化した。

（2） 2変量相関係数の分析

　では，分析結果に移りたい。子どもと地域のつながりに関する諸変数（表12－1の(a)～(c)）と子どもの育ちに関する変数（表12－1の(d)～(j)）の2変量相関係数を小・中学生に分けて示したのが表12－2，表12－3である。この2つの表から何が読み取れるかを，3つのポイントに分けてみていきたい。

　第一のポイントは，子どもと地域のつながりに関する3つの変数が，子どもの育ちに関する変数すべてに対して統計的に有意かつ正の相関を示していることである。まず，地域に関する変数（(a)～(c)）は，社会参加・適応に関する変数（(d)～(h)）に対して正の相関を示しているが，これは，地域の大人とあいさつをする関係にある児童生徒ほど，また，地域の大人が「応援してくれる」と感じている児童生徒ほど，「モデル像」「将来展望」「社会貢献意識」など社会参加・適応の項目に対する回答がポジティブになる傾向を表している。

　また，地域に関する変数（(a)～(c)）は，子どもの「自己肯定感」「レジリエンス」とも正の相関がある。端的にいえば，地域とのつながりがある児童生徒ほど，自己肯定感やレジリエンスが高い傾向がみられる。注目したいのが，変数(b)（地域の大人からの被サポート感）とレジリエンスの相関であり，小学生では0.409，中学生では0.373と，表中の相関係数の中でもとくに高い値を示している。つまり，地域の人が「応援してくれる」と感じている子どもほど，そのレジリエンスは高く，いきいきと学校生活を送っている状況があると考えられる。

　第二のポイントは，小学生（表12－2）と中学生（表12－3）で値がやや異なっていることである。とくに，地域に関する変数(a)～(c)と「モデル像」「将来展望」「共感性」「社会貢献意識」「学びの有用感」「自己肯定感」の間の相関係数は，小学生よりも中学生の方が全体的に高い傾向にある。一般に，小学生よりも中学生の方が，日常生活における地域との接点は薄いと考えられるが，この分析結果は，中学生においても「あいさつをしてくれる地域の人の存在」や「地域の大人からの被サポート感」がもつ意味が大きいことを示している。

第12章　子どもの成長を支える「地域の教育力」とは

表12-2　地域①～③と子どもの育ちに関する諸変数の相関係数（小学生）

	(a)地域①	(b)地域②	(c)地域③	(d)モデル像	(e)将来展望	(f)共感性	(g)社会貢献意識	(h)学びの有用感	(i)自己肯定感	(j)レジリエンス
(a)地域①		0.327*	0.128*	0.215*	0.163*	0.221*	0.213*	0.234*	0.219*	0.281*
(b)地域②			0.147*	0.189*	0.104*	0.227*	0.221*	0.216*	0.269*	0.409*
(c)地域③				0.104*	0.087*	0.073*	0.063*	0.124*	0.115*	0.155*

注：＊相関係数は1％水準で有意（両側検定）であることを表す。表12-3についても同様。

表12-3　地域①～③と子どもの育ちに関する諸変数の相関係数（中学生）

	(a)地域①	(b)地域②	(c)地域③	(d)モデル像	(e)将来展望	(f)共感性	(g)社会貢献意識	(h)学びの有用感	(i)自己肯定感	(j)レジリエンス
(a)地域①		0.570*	0.212*	0.282*	0.262*	0.311*	0.354*	0.363*	0.258*	0.387*
(b)地域②			0.321*	0.327*	0.258*	0.244*	0.312*	0.351*	0.275*	0.373*
(c)地域③				0.087*	0.089*	0.086*	0.107*	0.137*	0.163*	0.169*

　また，これらの「モデル像」や「将来展望」「社会貢献意識」「学びの有用感」などは，将来の社会への参加や自立，それにむけた学習の意識に関する変数であるが，中学生において，地域の諸変数とそれらの間に正の相関が強いことは，子どもと地域のつながりが彼らの「キャリア発達」に深く関わることを示している。

　さらに，「キャリア発達」という点で興味深いのが，「学びの有用感」と地域に関する変数(a)(b)との相関についてである。ここでは，中学生に対象を絞って，「学びの有用感」の回答と変数(a)(b)の回答をクロス集計してみた（図12-1および図12-2）。図12-1をみると，変数(a)に対して「あてはまる」と回答した生徒では，「学びの有用感（授業で学習したことは社会に出た時に役立つと思う）」について，57.3％が「あてはまる」，27.1％が「ややあてはまる」となっているのに対して，変数(a)に「あてはまらない」と回答した生徒では，そのパーセンテージがそれぞれ，17.9％，20.9％と非常に小さいことがわかる。同様の関係は，図12-2の変数(b)と「学びの有用感」のクロス集計にもみられ，地域から

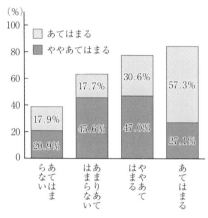
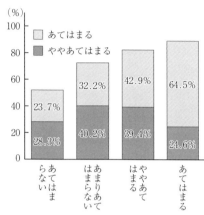

図12-1 「授業で学習したことは社会に出た時に役立つと思う」(学びの有用感)の回答パーセンテージ(中学生・変数(a)の回答結果とクロス集計)

図12-2 「授業で学習したことは社会に出た時に役立つと思う」(学びの有用感)の回答パーセンテージ(中学生・変数(b)の回答結果とクロス集計)

の被サポート感の少ない児童は「学びの有用感」を感じにくいという回答結果がみられる。これらの結果は,「あいさつをしてくれる地域の大人」の存在や,地域の大人からの被サポート感が,子どもが学校での授業を「社会的に役立つもの」として認識する上で強く関係していることを示している。これは,地域の大人とのふれあいが子どもの学びを社会的に意味づける役割を果たしているという池田(2000)の見方を支持するものである。

最後に,第三のポイントは,地域に関する変数同士も,正の相関関係をもっていることである。とくに,表12-2,表12-3ともに,変数(a)と変数(b)の相関が非常に強く,中学生では,それが0.570というきわめて大きな値となっている。このことが,「あいさつをしてくれる地域の大人」の存在という,日常的な地域の大人と子どものふれあいの機会が,「地域の大人からの被サポート感」の裏づけになっているのではないかと考えられる。

以上の分析結果をまとめてみたい。本章の「地域の教育力」に対する関心にそってみると,2変量相関の分析から,地域の大人とつながりがある児童生徒

第12章　子どもの成長を支える「地域の教育力」とは

ほど，また，地域の大人からの被サポート感が高い児童生徒ほど，将来の社会参加や学習に対する意味づけなどの項目で肯定的な回答をする傾向が確認された。また，そうした児童生徒ほど，自己肯定感やレジリエンスも高い傾向がある。これらの結果は，子どもの育ちに対して「子どもと地域のつながり」がもつ教育効果，すなわち「地域の教育力」の存在を支持するものである。しかしながら，本章の分析では，統計分析上，いまだ相関関係の存在を明らかにしたに過ぎず，因果関係の解明につながる分析を行うことが今後の課題である。

（3）地域の大人からの被サポート感の高い小中学校の特徴

　上述のように，「子どもと地域のつながり」がもつ教育効果（地域の教育力）について因果関係による説明はまだできていない。しかし，おそらく地域との協働が活発な学校では，子どもと地域とのふれあいが多いこと，また，そうしたふれあいが，子どもの地域の大人からの被サポート感を強め，子どもの自己肯定感やレジリエンスを支える役割を果たしていることは，本調査が行われたＡ市の小中学校の取組みの様子をみると，想像に難くない。

　Ａ市では全体で十数校の小中学校があるが，「地域の大人からの被サポート感」の平均値が突出して高かった学校が２校ある。この２校は一方が小学校，他方が中学校で，お互いに一小一中の同じ校区内にある学校である。そして，この２校は，市内の教員の多くが，学校と地域の協働が市内で最も活発で，「地域の教育力が高い」と認識している学校である。実はこの２校は，第２節で紹介した池田の「教育コミュニティ」の考え方に基づき学校と地域の協働に取り組んできた学校であり，長年の取組みにより，総合的な学習の時間や行事を通して，子どもが地域の人々と出会う機会が数多くある。また，学校と地域の関係は良好で，地域の人々はいろいろな機会に子どもに声をかけ「ほめること」を大切にしているという。また，例年中学校を会場にして行われる校区フェスティバルは地域住民が楽しみにしている一大イベントであり，児童生徒と地域の大人がふれあう重要な行事である。

　こうした学校の事例は，明らかに学校と地域の協働とそれによる子どもと地

191

域の日常的なつながりが，子どもの地域の大人からの被サポート感を高めていること，さらに，そうした子どもと地域の大人のつながりが，かれらの学校生活や成長を支えていることを示している。

5 子どもが地域の大人から得る「栄養分」

以上のように「地域の教育力」に焦点を当てて述べてきたことを踏まえながら，最後に教育関係者（とりわけ教員志望者）の方へのメッセージという形で，本章を締めくくりたい。

本章における「地域の教育力」の分析は，様々な「地域の教育力」の一端を示したに過ぎないが，ただ，この限られた知見からも，私たちが得る示唆は大きい。つまり，子どもの教育は，学校，家庭だけで支えているのではなく，子どもと地域の人々との日常的なふれあいの役割も非常に大きいということである。筆者は，しばしばこれを栄養素のイメージで教育関係者に語ることがある。一つのたとえであるが，学校・家庭が子どもの体を形づくり，エネルギーを与えるたんぱく質や炭水化物を与えるとすれば，地域が与えるのはビタミンやミネラルのようなものではないだろうか。たとえば，炭水化物中心の生活でも生きていけなくはないが，ビタミンやミネラルが欠乏すれば，心身が落ち着かなかったり，病気にかかりやすくなるなど，健やかに成長しにくくなる。地域の人々は，学校や家庭では補えない，子どもの成長に必要な何かを確かに与えてくれる存在である。

以上を踏まえると，改めて，学校が地域と連携・協働する意義もより明らかになる。それは，学校という場を通して，子どもと地域の人々の出会いを豊かにつくりながら，すべての子どもに地域の人々が栄養素を伝えることである。そして，子どもが地域の多様な大人に支えられ，また，社会に参加していく力を得られるような教育活動を展開することは，子どもの成長をより確かなものにし，かつ，学校教育自体をより崩れにくいものに，つまりより持続可能なものにすると筆者は考える。子どもの成長が，学校・家庭・地域の各々の教育力

第12章　子どもの成長を支える「地域の教育力」とは

によって支えられていることを確認し，相互の協働を重視した教育活動を展開していく必要がある。

引用文献

池田寛（2000）『地域の教育改革——学校と協働する教育コミュニティ』解放出版社。

志水宏吉（2014）『「つながり格差」が学力格差を生む』亜紀書房。

住田正樹（2010）「地域社会と子どもの発達——子どもの社会化の視点から」住田正樹編『子どもと地域社会』学文社，3〜21頁。

住田正樹（2015）「子どもの発達と社会化」住田正樹・高島秀樹編『変動社会と子どもの発達——教育社会学入門』北樹出版，2〜18頁。

露口健司（2014）「ソーシャル・キャピタルと教育」稲葉陽二ほか編『ソーシャル・キャピタル——きずなの科学とは何か』ミネルヴァ書房，97〜126頁。

（学習の課題）

(1)　表12-2・表12-3の相関係数の値を読み取り，子どもの成長に地域の大人とのつながりが与える影響に関して，本文に示した分析結果以外にさらに何がいえるか，自分で考えてみよう。

(2)　図12-1・図12-2のグラフから，地域の大人とのつながりがある生徒のほうが，「学びの有用感」（授業で学ぶことが社会に出て役に立つという感覚）が高いことがわかるが，なぜそうなるのか自分で考えてみよう。

(3)　子どもの自己肯定感やレジリエンスを高めていくために，学校と地域がどのように連携・協働していけばよいのか考えてみよう。

【さらに学びたい人のための図書】

露口健司編（2019）『ソーシャル・キャピタルで解く教育問題』ジダイ社。

　　⇨子どもの成長・教育を支えるソーシャル・キャピタルについて詳細に分析し，ソーシャル・キャピタルを高めるための学校・地域の教育実践をわかりやすくまとめた一冊。

志水宏吉・若槻健編（2017）『「つながり」を生かした学校づくり』東洋館出版社。

　　⇨子どもと学校を支える様々な「つながり」の効果に着目し，それを高めるための全国各地の学校の取組みを紹介しており，教育実践のヒントとなる。

（濱元伸彦）

第13章

ジェンダーと教育

この章で学ぶこと

　ジェンダーとは，生物学的に分類される性別に対し，社会的につくられた性別（男女のありよう）を指す概念である。あるいは，「男」「女」という2種類のカテゴリーに与えられた社会的な意味や規範を指す場合もある。ここで重要なのは，ジェンダーは絶対的なものではなく，国や地域によって異なるし，時代によっても変化するということだ。この章では皆さんが見慣れている学校教育の「当たり前」の中にどのようなジェンダーの問題があるのか，ほかの国々との比較や歴史的な背景も踏まえながら学習していく。さらには，ジェンダー・アイデンティティやセクシュアリティに関連した困難を抱える児童生徒についても理解を深めることにする。

1　教育の分野におけるジェンダー・ギャップ

（1）教育分野のジェンダー・ギャップ指数

　日本は国際的にみて，ジェンダー・ギャップ（男女格差）の大きい国である。世界経済フォーラム（WEF）が各国のジェンダー不平等状況を分析した『世界ジェンダー・ギャップ報告書（The Global Gender Gap Report）2018』によると，日本の「ジェンダー・ギャップ指数（Gender Gap Index：GGI）」の順位は，調査対象144カ国中110位であるという。同指数は女性の地位を経済，教育，政治，健康の4分野で分析したものであり，ランキングでみると日本は明らかに下位国に位置づいている。日本の順位がここまで低いのは，経済的分野（117位）と政治的分野（125位）が大きく足を引っ張っているからである。ちなみに健康分野は41位，教育の分野は65位で中位あたりになっている。

　この教育分野の順位を知って，皆さんはどう思うだろうか。「本当？」と

第13章　ジェンダーと教育

思った人も少なくないのではないだろうか。実は日本の教育分野の評価は，項目による優劣が大きい。読み書き能力，初等教育就学率，中等教育（中学校・高等学校）就学率は男女間に不平等はみられないという評価で世界１位となっている。その一方で，高等教育就学率についてはジェンダー・ギャップが大きいとの評価で103位になっている。この結果についても意外に思う人が多いかもしれない。

　日本の高等教育就学率のランクが低いのは，大学と大学院就学率に男女差があるからである。女子も進学しないわけではないが，短期大学に進学する女子が一定数いることと，大学院にまで進学する女子が少ないため，女子の高等教育就学率が男子よりも低くなっている。ちなみに先進諸国のほとんどの国では，女子の高等教育就学率のほうが高い。

（2）進学率にみるジェンダー・ギャップの推移

　図13-1は，「学校基本調査」をもとに学校種類別進学率の推移を示したものである。女子の高等学校進学率も大学進学率も，男子の進学率を追うように上昇してきたことがこの図からわかる。

　高等学校進学率については，戦後復興期にあたる1950（昭和25）年で女子36.7％に対し男子は48.0％であり，10ポイント以上の差がみられた。しかし，高度経済成長期にあたる1960年代から1970年代前半にかけて，高等学校進学という点においてはジェンダー・ギャップがみられなくなった。

　注目したいのは，高等教育機関への進学である。1955（昭和30）年の値をみると，大学進学率は男子が10％台前半，女子は３％にも満たない状況だった。それが高度経済成長期に入ると，男女とも高等学校進学率の上昇とともに高等教育機関への進学率も上昇する。しかしその進学先は男女で異なっていた。「男子は大学，女子は短期大学」という，日本独特の進路選択のパターンが1990年代半ばまで続いたのだ。その後は大学進学率のジェンダー・ギャップは縮小していくが，それでも女子の短期大学進学率は2016（平成28）年度調査で8.9％あり，大学進学率の男女差は7.4ポイントある。

195

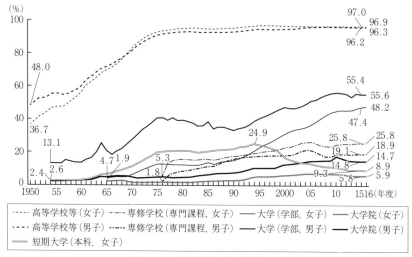

図13−1　学校種類別進学率の推移

出典：内閣府（2017）より。

（3）STEM分野におけるジェンダー・ギャップ

　教育分野のジェンダー・ギャップは，教育年数の差だけではない。男女で学ぶ内容にも差異がみられるのだ。典型的なのが，「女子は文系，男子は理系」という，高等学校で行われる文理選択とその後の進路形成である。

　図13−2はOECD（経済協力開発機構）加盟国における高等教育新入学者のSTEM分野に占める女子学生の割合を示したものである（2014年調査）。STEMというのは，Science（自然科学），Technology（技術），Engineering（工学），Mathematics（数学）の頭文字をとった理工系分野を総称する言葉であり，この分野の女性比率を高めることは国際的な課題となっている。そしてこの点においても，日本は最低ランクとなっていることが図からわかる。OECD加盟国におけるSTEM分野の女性平均も30％と決して高くないが，日本はさらにその半分程度の16％しかない。

　もう少し詳しい数字をあげると，「自然科学・数学・統計学」分野のOECD加盟国平均が50％に対し日本は25％，「工学・製造・建築」分野のOECD加盟国平均が24％に対し日本は13％と，どちらの分野も日本は最下位になっている。

第13章　ジェンダーと教育

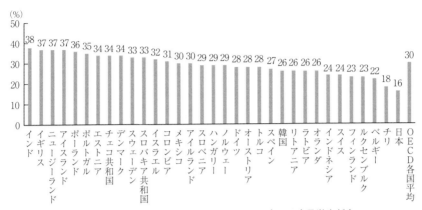

図13-2　高等教育新入学者のSTEM分野に占める女子学生割合

注1：博士課程の新入学者を除く。
　2：調査年は2014年。
出典：経済協力開発機構（OECD）（2017）より筆者作成。

（4）女子学生はなぜ理系分野に進まないのか

　女子学生がSTEM分野に少ないのはどうしてだろう。皆さんの中には「女子は生まれつき理系に向いていないのでは？」と思っている人がいるかもしれない。ここでOECDのPISA調査の結果と見解を紹介しよう。

　PISA調査は15歳児（日本では高等学校1年生）に対して3年ごとに行われる国際的な学習到達度調査であり、調査内容は読解力、数学的リテラシー、科学的リテラシーの3分野に分かれている。結果が出るたびにテレビや新聞で日本の順位が「上がった」「下がった」と大きく報道されるので、PISA調査の存在については知っている人も多いだろう。

　たとえば2012（平成24）年と2015（平成27）年の男女別得点の結果についてみていくと、読解力はすべての調査国で女子の得点のほうが高くなっている。数学的リテラシーと科学的リテラシーは男子の得点の高い国のほうが多いが、男女逆転している国もある。男女の理数系学力は、それぞれの国の文化や教育政策、教育方法によって異なるのだ。

　PISAの報告書では「学業成績の男女差は生まれつきの能力によるものではない」と結論づけており、男女の学力差は、親や教師の期待や働きかけの違い

197

によるところが大きいと述べている。たとえば同じ成績であれば，女子よりも男子に STEM 分野に進んでもらいたいと考える親のほうが多いことが報告されている。そこには，「STEM 分野は男子に向いている」という，思い込みや偏見（ジェンダー・ステレオタイプ）の存在がある。それゆえ多くの国において，女子は男子よりも数学や科学に対する自信がなく不安感を抱いており，それは成績上位の女子にも当てはまるという。とりわけ日本の女子生徒は，学力面では先進諸国の中でトップクラスに位置しているにもかかわらず，科学が「楽しい（内発的動機づけ）」「将来に役立つ（道具的動機づけ）」という意識が低く，男女差も大きいことが指摘されている。

　日本における数学の学力と意欲のジェンダー差について検討した伊佐夏実・知念渉（2014）は，小学校では学力も意欲もほとんど性差はみられないが，中学校段階ですでに数学の学力も意欲も女子は男子を下回るようになると指摘している。そしてさらに，女子はその意欲自体が親の社会階層の影響を男子よりも強く受けているという。女子が STEM 分野に進むには，学力だけでは不十分であり，親の支援を受けながら周囲の偏見や自分自身の不安感にも打ち勝たねばならない。親の支援の得られない女子が STEM 分野に進むためには，男子よりも随分と高いハードルを越えなければならないのである。

（5）その他の専攻分野のジェンダー・ギャップ

　日本における専攻分野のジェンダー・ギャップは，STEM 分野だけに限らない。「商学・経営学・法学」という社会科学系の分野においても，OECD 加盟国の女子学生平均が54％であるのに対し日本は35％しかない。さらにいうと，理系に分類される保健分野の中にもジェンダー・ギャップが存在する。「学校基本調査（2016（平成28）年）」によると，医学部の女子学生はおよそ3割なのに対し，薬学部は6割以上，看護学部では9割以上を占めている。ほかに女子が多い分野は，人文科学系，教員養成系（初等教育・幼児教育），家政系（栄養・保育・住居），芸術系（音楽・美術・デザイン）である。男女の専攻分野はジェンダー化されているのである。

第13章　ジェンダーと教育

　では，なぜこのような大学進学率と専攻分野のジェンダー・ギャップが存在
し，現在まで続いてきているのだろうか。この点について理解するため，第2
節では教育分野におけるジェンダー・ギャップが歴史的にどのようにつくられ
てきたのか，第3節ではそれらが維持，再生産されている学校文化について学
んでいきたい。

2　教育制度に埋め込まれていたジェンダー

（1）性別による「排除」「分離」「差異化」の時代

　近代以降に成立した学校教育は，身分や家柄など個人の出身背景に基づく属
性主義ではなく，能力によって地位達成が行われるメリトクラシー（＝業績主
義）を理念としてきた。しかしその理念は，戦前期の間，男女に等しく適用さ
れることはなかった。背景にあったのは家父長制に基づく男性優位な社会制度
である。その当時，男女はもって生まれた能力も役割も異なると考えられてい
たため，国民の基礎的教育を行う義務教育（小学校）を終えた後に進学する学
校は，複線型の男女別体系・男女別学・男女別カリキュラムとなっていた。近
代における教育制度では，女子は男子が受けることのできる教育から排除・分
離・差異化されていたのである（木村・児玉，2005）。

　たとえば小学校卒業後に普通教育を受ける中等教育機関には，男子には旧制
の中学校（5年制のみ），女子には高等女学校（多くが4年制）があった。しかし
両者の教育目的は大きく異なっており，中学校はさらに進学を目指す学校，高
等女学校は主婦養成を目的とした「良妻賢母」教育を行う学校だった。教育目
的の違いにしたがって，教育内容も難易度も男女で差異化されていた。男女で
共通する学科目はあるものの，高等女学校にのみ「裁縫」「家事」など家庭生
活に関わる学科目が相当時間数設定されており，中学校にはその分，外国語や
理数系科目の授業時数が多く，さらに難易度も高く設定されていたのである
（小山，1991，小山編，2015）。

　それゆえ中等教育卒業後の進路も男女で明確に分かれていた。女子が進学で

199

きるのは女子専門学校までで、大学進学からは基本的に排除されていた。そもそも高等教育を受けることができる女子は男子に比べて非常に少なく、進学できたとしても職業に直結する医学や薬学を学ぶ女性よりも、家政学や文学を学ぶ女性のほうがはるかに多かった。つまり戦前は、中等教育・高等教育ともに教育を受ける機会も年限も分野も性別によって大きな格差と差異があり、そのことは教育制度の中に明確に組み込まれていたのである。ただし、この頃のこうした女性に対する差別的な扱いは日本社会だけに限られたものではなく、欧米諸国をはじめ他の国々でも程度の差こそあれ共通してみられた。

（2）男女共学・男女共修カリキュラムの時代へ

第二次世界大戦敗戦後は GHQ（連合国軍最高司令官総司令部）主導のもとで、男女共通の6・3・3・4制の単線型教育体系となった。女子の大学進学も認められるようになり、中等教育・高等教育における男女共学が実現した。基本的には女子にも男子と同じ教育機会とカリキュラムが提供されるようになったのだ。ただし中等教育においては男女で扱いの異なる科目もあった。それが家庭科と体育である。ここでは家庭科に注目することにする。

1947（昭和22）年、1948（昭和23）年の学習指導要領における家庭科は、戦後の民主的な家庭建設という理念のもと、小学校は男女共修、中学校は職業科の選択科目、高等学校では実業科の選択科目という位置づけだった。つまり中等教育以上の男子も制度上は家庭科の履修が可能だった。ところが中学校については、1951（昭和26）年の改訂で「職業・家庭科」となり、地域や性別によってカリキュラム編成を行えるようになった。次いで1958（昭和33）年の改訂で「技術・家庭科」となり、「技術は男子用・家庭科は女子用」に変更された。女子が調理や裁縫を学んでいる同じ時間中に、男子は電気配線や木工工作を学ぶことになったのである。高等学校の家庭科については、1960（昭和35）年の改訂で普通科に在籍する女子にのみ「家庭一般」が必修化され、1970（昭和45）年改訂からはすべての課程に在籍する女子にまで必修化が拡大された。ちなみに女子が家庭科を履修する分、男子は体育の履修単位が多く設定されていた。

女子が家庭内のことを学んでいる間，男子は体を鍛えていたのだ。小山静子（2009）が指摘するように，教育機会は男女平等であっても，教育内容に差異がみられる「二重構造」になっていたのである。

　背景には何があったのか。家庭科が女子向け科目として制度化されたのは，高度経済成長期である。第一次産業から第二次，第三次産業への産業構造の転換により，自営業の家庭が減少した。それにかわって役所や会社，工場勤めのサラリーマン家庭が増加したことで，「サラリーマンの夫と専業主婦」という，性別役割分業を基盤とする家族形態がこの時代の主流となりつつあった。また産業界からの要請に基づき，男子の進学を念頭においた工業高校の増設と科学技術振興政策としての高度な理工系人材養成が進められた。そこで持ち出されたのが男女の特性教育だった。「男女は生来的に異なる特性をもっている」という性別特性論によって，男子向き教育と女子向き教育という性別分離と差異化教育が再び正当化されるようになったのである。そこでは男子を基幹労働者とし，女子はいずれ家庭に入る（または子育て後の）補助的労働者，もしくは家庭内における女性役割と関連する領域で働くことが想定されていた（小山，2009）。

　文学・家政・保育・幼児教育を中心にした短期大学が女子向けの高等教育機関として定着していったのも，ちょうどこの時期にあたる。四年制大学に進学をしても，一般企業への就職口が女子にはほとんど開かれていなかった時代だった。上の世代の人たちの進学先と専攻分野のジェンダー・ギャップは，社会的につくられた部分が大きいといえよう。

　中等教育での家庭科の男女共修が実現するのは，1990年代に入ってからである。契機となったのは，1979（昭和54）年に国連で採択された「女子に対するあらゆる形態の差別の撤廃に関する条約」（略称：女子差別撤廃条約）（1981（昭和56）年発効）への署名だ。日本は1985（昭和60）年に締結している。時代は先進諸国を中心に，性別役割分業や固定的なジェンダー・ステレオタイプの解消を目指す方向に進んでいた。同条約では男女別カリキュラムを差別とみなし禁止していたため，日本政府は家庭科の男女共修化を進める必要に迫られた。その結果，1989（平成元）年の学習指導要領改訂でようやく中学校と高等学校の家

庭科が男女共修化されるに至った（堀内，2013）。

3　学校文化とジェンダーの再生産機能

（1）ジェンダーの社会化と隠れたカリキュラム

　男女共学，男女共通カリキュラムが当たり前になったいまもなお，ジェンダー・ギャップが続いているのはなぜなのか。ここでは，社会化の観点から，隠れたカリキュラムによるジェンダーの再生産の問題について学んでいきたい。

　社会化とは，個人が所属する集団や社会に適合的な価値観や規範を身に付けていく過程のことである。ジェンダーに関しても，私たちは家族やマスメディア，仲間集団，教師などの社会化エージェント（担い手）から，様々なメッセージを受け取りながら，それぞれの性別にふさわしいとされる価値観や振る舞いを身に付けていく。

　子どもたちが出合う最初の社会化エージェントは親である。親がつける子どもの名前には，女の子と男の子で異なる願いが込められたものが多い。子どもたちは人生のスタート地点から，様々なジェンダーのメッセージを受けて育つ。その他，子ども向けのテレビ番組（プリキュアシリーズや仮面ライダーシリーズなど），それに関連したおもちゃ，キャラクターグッズなど，子ども向けのものは実際の男女の姿や振る舞いよりも誇張された形でジェンダー化されたものが多い。ジェンダーの社会化はまず家庭内で家族やマスメディアを通じて行われる。

　社会化は学校集団の中でも行われる。学校には公式のカリキュラム（official curriculum）とは別に，「隠れたカリキュラム（hidden curriculum）」と呼ばれるものがある。学習指導要領をもとに編成される公式のカリキュラムは，正式な教育課程として明示されたものである。一方の隠れたカリキュラムとは，学校教育を通じて暗黙のうちに伝えられる価値観や態度，規範を指す。ジェンダーに関するあり方も，教師─生徒関係や教師の態度などの日常的な実践を通じて児童生徒たちに伝達される。ジェンダーの社会化は，教師たちが気づかないうちに学校教育の中で行われている。

第13章　ジェンダーと教育

（2）教員構成にみるジェンダー

　具体的にどのようなものが隠れたカリキュラムにあたるのか，いくつか例をあげながらみていきたい。最初に取り上げるのは教員構成である。理由は，学校の教師というのは，児童生徒たちが接する身近な役割モデルの一つになりうると考えられるからである。

　図13－3は文部科学省の「学校教員統計調査（2016（平成28）年度）」をもとに，幼稚園から高等学校までを対象に，学校で働くすべての教員と管理職教員に占める女性の割合を示したものである。この図をみると，次の2点に気づく。1点目は学校段階が上がるにつれて女性教員の占める割合が減っていくことである。幼稚園の教員全体は，92.7％が女性であるが，小学校で61.6％，中学校で42.3％，高等学校になると31.2％となる。ちなみに大学・大学院の女性教員の割合は助手も含めて23.7％しかない。ここには男女の教育年数の差も関係している。幼稚園の教員は短期大学出身者が多いからだ。そして2点目が，女性管理職割合の低さである。ほぼ女性教員で占められている幼稚園でも，園長の女性割合は6割に低下する。この傾向は中学校と高等学校でより顕著になり，女性校長はどちらも1割未満しかいない。

　性別による偏りはそのほかにもある。養護教諭と栄養教諭はほぼ女性で占められており，小学校では低学年が女性教員，高学年を男性教員が担当しやすい傾向がある。さらに中学校・高等学校の教科担任もジェンダー化されている。中学校・高等学校で女性教員が受け持つ教科は，国語，英語，家庭，音楽に多く，男性は理科，数学，社会（高等学校は地歴・公民），体育，技術（中学校）に多い。

　このような教員配置は児童生徒たちの目にどのように映るだろうか。ジェンダーの社会化という観点からすると，児童生徒たちは，①学校内で管理職となってリーダーシップを発揮するのは男性であること，②学年や学校段階が上がると女性教員が少なくなること，③子どもたちの健康管理や栄養に気を配るのは女性であること，④男性は理系科目に多く女性は文系科目に多いということなど，性別による職務上の位置関係や役割分業のありようを暗黙のメッセージとして受け取るのではないだろうか。

203

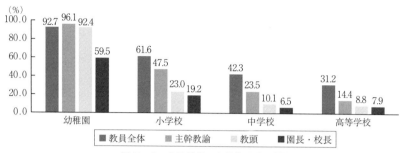

図13-3　女性教員・女性管理職の割合

出典：文部科学省（2016）より筆者作成。

（3）学校にある男女分離と男子優先文化

　学校の中には慣習として，男女を分けた上で男子を優先する文化が長く続いてきた。なかでも象徴的なのは男女別名簿である。現在では男女混合名簿を用いる学校も多くなっているが，学校現場では「男子が先で女子が後」という名簿が長く慣習的に使われていた。男子が先に呼ばれるという経験を繰り返すことで，児童生徒たちは性別による区分けと男子が先という文化を学ぶことになる。ちなみに，日本以外の先進諸国に男女別名簿はほぼ存在しない。

　また1990年代あたりまでは，共学の学校であれば「生徒会長は男子・副会長や書記は女子」「学級委員長は男子・副委員長や書記は女子」が不文律になっている学校がほとんどだった。教員組織だけでなく，児童生徒集団の中においても男子がリーダーシップをとり，女子が補佐するという役割実践が当たり前のように行われていたのである。

　部活動も，とりわけスポーツ系のものは男女別になっているものが多い。なかでも男女非対称な役割分担として続いているのが，女子マネージャーの存在である。女子マネージャーが行っている仕事内容は，男子部員の世話や練習補助などである。彼女たちの存在と働きぶりは，私たちには見慣れた光景かもしれない。しかし逆の立場の男子，すなわち女子部員の世話をする男子マネージャーに出会うことはまずない。女子マネージャーのいる男子スポーツ部では，主役である男子選手のケアと補佐役割を女子が担っていることになる。

第13章　ジェンダーと教育

（4）男女別対応の文化

　隠れたカリキュラム研究では，教員と生徒の相互行為の中にある，性別による不均衡や男女別対応が実証的に分析されている（サドカー，サドカー，1996，木村，1999）。たとえば，教室では男子が女子よりも教師の注目を集めやすく，質・量ともに教師との相互作用（教室統制のための叱責も含む）が多いことや，教室内で男子が発言権を握ることで女子が「沈黙」することが明らかにされている。

　体育の授業もそうである。高等学校の持久走の授業を参与観察した片田孫朝日（2008）は，生徒たちの走る距離自体が「長い距離は男子，短い距離は女子」とジェンダー化されており，男性教師の声かけや態度も「男子に厳しく，女子に甘い」という男性優位の期待と指導が行われていたことを指摘している。もちろん男女に体力差はある。しかしそれはあくまでも平均値の差である。一人ひとりの体力はそれぞれ違うにもかかわらず，持久走のような個人競技においても男女別設定と男女別対応が行われているのである。

　さらには，進路指導においても男女別対応が行われている。男子には多少無理をさせても大学進学や理系学部を勧め，女子には現役合格できそうなところや，自宅通学が可能なところ，従来からの女子向けとされる進路を勧めることがある。

４　ジェンダーの多層性とセクシュアリティの複雑性への視点

（1）多様な女子と男子の存在

　ここまでは，学校教育における男子の優位性や専攻分野の偏りが歴史的につくられ，維持・再生産されてきたことを問い直してきた。とはいえもちろん，すべての児童生徒たちにこれらが当てはまるわけではない。また，児童生徒たちは一方的に社会化されるだけの存在ではなく，主体的にジェンダーを形成し実践していることも近年は実証的に解明されてきている。全体的な傾向はいまみてきたとおりであっても，個々の能力や背景，環境によって児童生徒たちのジェンダーのありようや学校内での立ち位置，進路形成は様々である。

　「ジェンダーと教育」研究は，従来軽視されてきた女子に注目するところか

205

らスタートした経緯があり，女子集団内部の多様性に着目した研究に蓄積がある。学校が期待するような明るくまじめで気遣いのできるタイプの女性性をもつ女子がいれば，校則で禁止されている化粧やパーマ，異性との交際で女性性を発揮する女子もいる。将来についても，バリバリ働きたい女子がいれば，専業主婦を望む女子もいる。学校が期待する女性性への適応／不適応と，学業達成への適応／不適応で女子をタイプ分けした木村涼子（1990），女子校内のジェンダー・サブカルチャーを描いた宮崎あゆみ（1993），ジェンダー観の違いによって起こる女子の進路分化を「ジェンダー・トラック」と名づけた中西祐子（1993）などが，一枚岩ではない女子の姿を明示した。

　一方で近年，男子の多様性に注目する研究が増えつつある（多賀，2016）。土田陽子（2008）はタイプの異なる私立高等学校の調査から，学業成績とスポーツの得意／不得意によって，男子集団内部でジェンダー観や自尊感情に分化傾向がみられる実態を示した。さらに勉強，スポーツ，自己主張のいずれも苦手な周辺化された男子生徒の存在を浮かび上がらせ，もはや「男の子が優位で女の子が劣位といった単純な構図」（土田，2008，74頁）ではジェンダー構造を捉えきれないことを指摘している。また知念（2017）は〈ヤンチャな子〉と〈インキャラ〉の対比から男性性をめぐるダイナミズムを描き，序列化された〈キャラ〉の存在とそれらが固定的なものではないことを明らかにしている。

　コンネル（2008）は，男性優位なジェンダー・ヒエラルキーの中に，複数の男性性と女性性の序列が内包されていると指摘している。ジェンダー構造の複雑性に注目することが今後の大きな研究課題の一つとなるだろう。

（2）性的マイノリティの子どもたちへの配慮と支援

　さて，最後にジェンダー・アイデンティティ（性自認，心の性）やセクシュアリティに関連した困難を抱える児童生徒について注目したい。

　これまでみてきたように，学校は性別で分けた活動が多い。とくに性別で分ける必要のない場面であっても，「男子はこっち，女子はこっち」と男女で分けた指導が行われる。また性教育では異性愛が前提となっている。こうした性

別二分法と異性愛主義の文化の中では，自分自身の性別に違和感をもっていたり，性自認が定まらなかったり，あるいは同性に恋愛感情を抱いたりする児童生徒は，日常的に苦痛や緊張，葛藤状態におかれることになる。

近年ようやく性的マイノリティ（セクシュアル・マイノリティともいわれる）という言葉がLGBTという名称とともに知られてきたが，社会的な取組みはまだ始まったばかりである。ここで念のために説明しておくと，LGBTとは，女性間の同性愛者であるレズビアン，男性間の同性愛者であるゲイ，両性愛者のバイセクシュアル，身体的性別に違和感をもつトランスジェンダー（ここに性同一性障害が含まれる）の頭文字をとったものである。その他，性的指向や性自認が定まらないXジェンダー（エックス・ジェンダー），性的欲望をもたないアセクシュアルなど，LGBT以外にも性的指向や性自認には多様なバリエーションが存在する。

学校現場においても性的マイノリティの児童生徒に対する配慮を求める動きが起こってきている。というのは，性的マイノリティの児童生徒たちはいじめの標的になりやすく，自殺念慮の割合も高いことが指摘されているからである。男性同性愛者を対象とした調査（日高，2007）では，「学校で仲間はずれにされていると感じた経験」42.7％，「教室で居心地の悪さを感じた経験」57.0％，「"ホモ""おかま"などの言葉の暴力被害」54.5％といった結果が報告されている。思春期にあたる10代の回答者に限ってみると，ほかの年齢層よりも抑うつ傾向が強く自尊感情も低い傾向がみられ，実際に「自殺を考えたことがある」64.7％，「自殺未遂の経験がある」16.2％となっている。ところが，学校生活の中でこうした性的マイノリティに関して「一切習っていない」という回答が62.5％，習ったとしても「異常なもの＋否定的情報」が22.6％であり，「肯定的情報」はわずか11.6％となっている。性的マイノリティの児童生徒は学校に「いないこと」にされたり，教師たちからネガティブな情報を与えられたりしているのである。

性同一性障害については，文部科学省が2015年に「性同一性障害に係る児童生徒に対するきめ細かい対応等の実施について」という通達を出している。さ

らに翌年には「性同一性障害や性的指向・性自認に係る，児童生徒に対するきめ細かな対応等の実施について（教職員向け）」という，より幅広い性的マイノリティを対象としたパンフレットを作成し，性自認と性的指向を混同しないよう注意を促した上で対応例や支援例を掲載している。

　実際，学校によっては，男女別トイレの他に多目的トイレを設けたり，スカートしかなかった女子用の制服にスラックスを加えるなどの取組みを始めているところがある。少しずつではあるが変化の兆しがみられる。

　しかし，そもそもなぜ，性的マイノリティの児童生徒たちがこれほどまでに生きづらい思いをしなければならないのだろう。ことさらに男女を分けようとする学校の慣習や文化の「当たり前」について，いま一度それらが本当に必要な男女分離・別対応なのか，問い直してみる必要があるのではないだろうか。

引用文献

伊佐夏実・知念渉（2014）「理系科目における労力と意欲のジェンダー差」『日本労働研究雑誌』56（7），84～93頁。

片田孫朝日（2008）「『男子は4周を目標に』──体育授業の性別カリキュラムと男女生徒への性差別」木村涼子・古久保さくら編著『ジェンダーで考える教育の現在──フェミニズム教育学をめざして』解放出版社，96～109頁。

木村涼子（1990）「ジェンダーと学校文化」長尾彰夫・池田寛編『学校文化──深層へのパースペクティブ』勁草書房，147～170頁。

木村涼子（1999）『学校文化とジェンダー』勁草書房。

木村涼子・児玉亮子（2005）『教育／家族をジェンダーで語れば』白澤社。

経済協力開発機構（OECD）（2017）『図表でみる教育　OECD インディケーター（2017年度版）』明石書店。

小山静子（1991）『良妻賢母という規範』勁草書房。

小山静子（2009）『戦後教育のジェンダー秩序』勁草書房。

小山静子編（2015）『男女別学の時代──戦前期中等教育のジェンダー比較』柏書房。

コンネル，R. W. 著，多賀太監訳（2008）『ジェンダー学の最前線』世界思想社。

サドカー，M., サドカー，D. 著，川井あさ子訳（1996）『「女の子」は学校でつくられる』時事通信社。

世界経済フォーラム（WEF）（2018）『世界ジェンダー・ギャップ報告書（The Global Gender Gap Report）2018』。

多賀太（2016）『男子問題の時代？──錯綜するジェンダーと教育のポリティクス』

学文社。

知念渉（2017）「〈インキャラ〉とは何か——男性性をめぐるダイナミクス」『教育社会学研究』第100巻，325〜345頁。

土田陽子（2008）「男の子の多様性を考える——周辺化されがちな男の子に注目して」木村涼子・古久保さくら編著『ジェンダーで考える教育の現在——フェミニズム教育学をめざして』解放出版社，62〜77頁。

内閣府（2017）『男女共同参画白書 平成29年版』。

中西祐子（1993）「ジェンダー・トラック——性役割観に基づく進路分化メカニズムに関する考察」『教育社会学研究』第53巻，131〜154頁。

日高庸晴（2007）厚生労働科学研究費補助金エイズ対策研究推進事業「ゲイ・バイセクシュアル男性の健康レポート2」。

堀内かおる（2013）『家庭科教育を学ぶ人のために』世界思想社。

宮崎あゆみ（1993）「ジェンダー・サブカルチャーのダイナミクス——女子高におけるエスノグラフィーをもとに」『教育社会学研究』第52巻，157〜177頁。

文部科学省（2016）「学校教員統計調査」。

【学習の課題】

(1) 本章の中であげた例のほかに，学校教育の中でとくに必要がある場面以外で男女を分けたり，役割分担をしたりという例がないかを考えてみよう。

(2) 「男のすること」「女のすること」の常識は時代によって変わる。どのようなものがあるかを調べてみよう。

(3) 性別を理由に嫌な思いをしたことや，得をした経験はないだろうか。それらが相互にどういう関係になっているのかを考えてみよう。

【さらに学びたい人のための図書】

木村涼子（1999）『学校文化とジェンダー』勁草書房。
　　⇨学校教育とジェンダーの問題を理解するためには必読の書である。理論部分の説明も詳しくわかりやすい。

千田有紀・中西祐子・青山薫（2013）『ジェンダー論をつかむ』有斐閣。
　　⇨学校教育だけでなく，家庭，職場，日常生活の中にもジェンダー現象はたくさんある。ジェンダーに関する興味の幅を広げるのに適している。

遠藤まめた（2016）『先生と親のための LGBT ガイド——もしあなたがカミングアウトされたら』合同出版。
　　⇨性的マイノリティについての説明が非常にわかりやすい。また実践的な対応策も示されていて資料も詳しい良書である。

（土田陽子）

第14章	カリキュラム改革の社会学

この章で学ぶこと

　2020年度より，日本の学校教育のカリキュラムは大きく変わる。新学習指導要領が実施され，主体的・対話的で深い学び（アクティブ・ラーニング）やカリキュラム・マネジメントなどのカリキュラム改革が行われる。また，大学入試センター試験を廃して，大学入学共通テストが実施されるなど，大学入試も大きく様変わりする。

　カリキュラムや大学入試の改革は，ともに，2030年代・40年代の人材育成に向けて，知識・技能，思考力・判断力・表現力，学びに向かう力・人間性という「学力の三要素」（2007年改正の学校教育法）の実現を目指した内容で，その理念は幼児教育から高等教育まで一貫している。

　本章では，カリキュラムや大学入試などを含む一連の教育改革の是非を，科学的知見を根拠に検討しながら論じてみたい。とりわけ児童生徒の出自が多様化する中，カリキュラム改革や入試改革の問題点を社会的格差の視点から明らかにすることで，教師になる者として，一連の改革にどのように向き合うべきか，その課題について考えよう。

1 　授業が変わる　入試も変わる

　「2020年。学校の授業や大学入試が大きく変わる！」——多くの人がこのような塾や予備校の宣伝広告を見たことがあるのではないだろうか。

　それは，カリキュラムの国家基準である学習指導要領が2017（平成29）年・18（平成30）年に改訂・告示，2020（令和2）年4月より小学校，翌年より中学校，高等学校において順次実施され，授業のあり方をはじめ教育活動が大きく変わることを意味している。その学習指導要領では，主体的・対話的で深い学

び（いわゆるアクティブ・ラーニング）の視点を通じて，知識や技能に加えて，思考力・判断力・表現力，学びに向かう力・人間性といった「学力の三要素」の実現を目指している。その理念は，幼児教育における「幼児期の終わりまでに育てたい10の力」，初等・中等教育段階の「主体的・対話的で深い学び」，そして大学などの高等教育機関で奨励されているアクティブ（・）ラーニングまで貫かれて，それに基づいて授業をはじめ教育活動が行われることになった（なお，本章にみるアクティブ〈・〉ラーニングの表記については，参照した文献や資料に準拠した）。

　学校の授業では，教科の別を問わず，グループワークやディスカッション，課題解決型学習など，子ども主体の活動を伴う学びが採用されている。その目指すところは，活動的な学び（アクティブラーニング）を通じて，主体的に学ぶ（アクティブラーニング）ことができる子どもを育て，2030年代・40年代の未来社会を担う「人材」を育成することにあるという。

　また，大学入試改革では，知識量だけを測るものとみなされた大学入試センター試験（以下，センター試験）を廃し，2020年度（2021年1月）より，思考力・判断力・表現力を評価する大学入学共通テスト（以下，共通テスト）や，高等学校時代の経験や活動内容の記録が評価の対象になるなど「主体性評価」の入学選抜の実施が検討された。

　カリキュラム改革や入試改革に掲げられた未来志向の言説やキーワードを目にするだけでも，学校の授業や入試が大きく改善され，子どもたちが希望にあふれて学習や授業に取り組めるのではないか，そんな期待が込められているように映る。

　しかし，カリキュラムを改革すれば，学校教育における授業は好ましい方向に展開，実現されるのだろうか。そこに確かな根拠（エビデンス，evidence）はあるのだろうか。

　本章では，改革目標や政策内容の説明にとどまらず，一連の改革についての妥当性を科学的な裏づけを取りながら論じていきたい。そしてそれは昨今の教育研究で高い関心を集めている「エビデンスに基づく教育（Evidence-based Education）」にほかならない（国立教育政策研究所編，2012）。簡潔に説明すれば，

これは，量的調査による統計データ，質的調査による観察やインタビューデータなど，社会科学的手法を通じて得られた知見を根拠に，あるべき教育実践や政策のあり方を考える調査研究を指す。本章でも，主に調査統計データを根拠として示しながら，カリキュラムや大学入試改革の課題について検証したい。

2   理想の教育活動や授業からカリキュラム改革を考える

（1）平等・意欲・成果をどのように達成するか

　日本に学校教育が導入された起点を1872（明治5）年の学制とすると，間もなく150年が経過しようとしている。この間，教育関係者は理想の学校教育や望ましい授業のあり方を思い描く一方で，その実現にずっと頭を悩ませてきた。いったい，私たちはどのような学校教育や授業のあり方を，理想的または善きものとして考えてきたのだろうか。

　それは，以下3点のxyzを満たす「方程式」として示すことができるのではないだろうか（小針，2019）。すなわち，

　　x：可能な限り多くの子どもが，
　　y：授業に意欲的に取り組み，
　　z：高い成果（学力や体力の向上）を達成する。

　少なくとも1970年代までの日本の義務教育段階の学校教育は，世界の学校教育と比較したときに，各家庭の教育熱と，教師やカリキュラムなどの学校の人的・物的インフラが相補しつつ，(x) 平等主義と (z) 高学力の経路cを比較的高いレベルで達成し，日本の近代化や戦後の経済発展に貢献したと高く評価されてきた（図14-1）。

　しかし，その中で (y) 学習意欲が不十分だとして，長らく批判されてきた。

　日本の近代化や経済発展の過程で，子ども本人の興味・関心・意欲よりも，むしろ能力主義を背景とした受験競争を動機づけに，学校の一斉授業や塾・予

第14章　カリキュラム改革の社会学

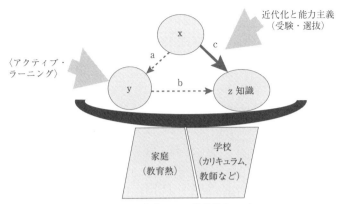

図14-1　1970年代までの学校教育モデル
出典：筆者作成。

備校などを通して，大量の知識を子どもに注入させることが強く求められた。その結果，国際的にみても，日本の子どもは，総じて高水準の学力を達成したが，学習内容への興味や関心を含めた意欲の低さが問題とされてきた。

ところが，(y) 学習意欲の問題は，(z) 学力の問題と同様に，子どもの家庭環境などの社会的背景についてはほとんど考慮されることのないまま，教師による授業改善やカリキュラム改革を通じて，向上するはずだ——日本の教育界では長い間，固くそう信じられてきた。そのため，教科書の棒暗記を求める受験勉強，知識の一方的な注入や一斉授業が槍玉にあげられ，その改善が学校や教師に対して求められてきたのである。

その対案や (y) の最適解として，子ども主体の学びへの転換が提案され，活動や体験を採り入れたアクティブラーニング型の授業は明治期にも，大正期にも，戦時下でも，戦後すぐにも実施された。そうすれば，子どもたちは，受験教育や教師による一方的な知識の注入から解放され，真に子どもらしく，意欲的に学べるはずだと単純素朴に考えられてきたのである。しかし，現実はなかなか思惑通りにはいかなかった（小針，2018）。

213

（2）活かされなかった平成教育史の教訓

　直近の国策レベルの教育改革で，(y) 学習意欲の問題に対応したのは，いまからおよそ30年前，1989（平成元）年３月に告示された学習指導要領における「新しい学力観」であった。

　それは，知識・技能の習得を目指す従来の「旧い学力観」と対立するものとして示された「自ら学ぶ意欲や，思考力，判断力，表現力などを学力の基本とする学力観」（文部省，1993，傍点は筆者）であり，子どもたちの主体的な体験や活動を通じて，(y) 学習意欲の問題を改善する狙いがあった。その表現からも明らかなように，のちの「学力の三要素」やアクティブ・ラーニングあるいは「主体的・対話的で深い学び」の素地は，すでに平成初期にあったとみることもできる。

　この「新しい学力観」は，1998（平成10）年告示の学習指導要領にも引き継がれた。それこそ，いまだ記憶に新しい，完全学校週５日制の実施に伴う学習内容の３割減を断行した「ゆとり教育」のカリキュラムである。同時に子どもたちの「生きる力」を育むために，総合的な学習の時間が実施され，自ら調べ考える活動や体験を通じて，(y) 学習意欲と (z) 新しい学力を高めること（経路 b）が目標とされた。

　ところが，当時の国際学力調査（PISA など）の結果によると，日本の子どもの基礎学力は低下傾向にあるばかりか，世界的にみても家庭の社会経済的背景による学力格差が非常に大きい国になりつつあった。つまり，(x) 多くの子どもたちが (z) 高学力を達成するという経路 c を特色とした日本の学校教育は大きく後退した上に，懸案の (y) 学習意欲の問題もほとんど改善されることはなかった。

　つまり，「新しい学力観」や「生きる力」を改革のスローガンに掲げて，(y) の最適解として，児童生徒の主体性や活動・体験を重視する学習を行っても，学習意欲が向上するとは限らない。これまでの実証研究の知見に基づいていえば，それぞれの子どもの家庭環境によって，学力や意欲が向上する子どももいれば，そうではない子どももいるという，(x) 学力・教育機会の格差の問題が

改めて浮き彫りになった（苅谷・志水編，2004）。

　ところが，アクティブ・ラーニングをはじめ今回のカリキュラム改革をみる限り，(x) 教育機会や学力格差の問題が省みられた形跡はほとんどない。それどころか，文部科学省は，学校教育に未来社会の「人材」育成を求める経済産業省や財界とともに，(x) の問題を等閑にしたまま，アクティブ・ラーニングの実施によって，(y) 学習意欲向上の強化を図り，経路 b の完成に向けた改革を断行したのであった。

　なお，アクティブ・ラーニングが子ども全般の学習意欲を高め，人材養成機能を有するかどうかについての検証は十分に行われたわけではないので，そもそも確たる根拠はない。それどころか，試行的にアクティブ・ラーニングを受けてきた現在の大学生の学習意欲は低下傾向にあり，キャリア意識も含めて学生間の意欲や意識の格差が明らかになっている（溝上，2018）。それにもかかわらず，アクティブ・ラーニングの「徹底」を通じて，その問題を克服しようとする動きや主張も一部でみられる。

3　カリキュラム・マネジメントと学校責任論の強化

（1）カリキュラム・マネジメント

　今次の学習指導要領の実施によって，小学校から高等学校の授業では，「主体的・対話的で深い学び」の視点が求められるようになった。それとともに，カリキュラム・マネジメントや大学入試改革が実施される。いずれも相互に連動した改革である。

　ところが，そうした一連の改革が理想の学校教育や授業の三理念 xyz の支柱をさらに脆弱にさせる危険を伴っていることも同時に指摘されてよい（図14－2）。教師にとっては，授業時間の増加とともに，現場の教師を過度に拘束し，多忙化とともに，授業実践の画一化を招きかねない。

　学習指導要領の説明によれば，カリキュラム・マネジメントとは，地域や子どもの実情を踏まえて，各学校が教育目標を実現するために，学習指導要領な

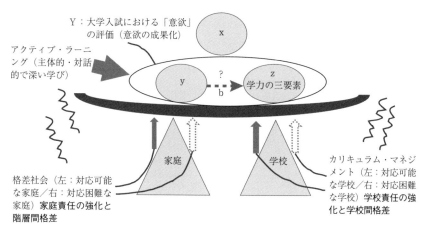

図14-2　2020年教育改革の学校教育モデル

出典：筆者作成。

どに基づいて，教育課程を編成し，実施・評価・改善していくことを指す。つまり教育目標・内容にとどまらず，指導や授業の方法や改善の視点に言及するなど，「カリキュラム」という概念は，これまでの教育計画（Plan）や教育実践（Do）に加えて，子どもの学習に対する評価（Check）やそれを受けた改善（Action），すなわちPDCAサイクルの管理・運用にまで拡大している。

　ところが，同時に注意すべきは，学習指導要領というカリキュラム編成基準を国が強く統制したまま，学習内容の構成や人的な配分，問題が生じた場合は，教育課程の編成主体である各学校が責任をもって対応すべきであることを明確にしたということでもある。

　昨今，自治体の財政や地域の人的資源は，格差を伴いながら多様化している。それにもかかわらず，資源の乏しい自治体や学校は，豊かな自治体や学校と同じように，カリキュラム改革に対応し，十分な成果がなければ，学校がその責任を負わなければならない。

（2）プログラミング教育の地域間格差

　その可能性を示唆する事例の一つが，2020年度より全国の小学校において全

面実施されるプログラミング教育の地域間格差であろう。文部科学省は，全国
の教育委員会に対し，本格実施前の2019年現在の実施状況を調査した（文部科
学省ホームページ「平成30年度教育委員会等における小学校プログラミング教育に関す
る取組状況等について」）。

　それによれば，2020年より先行して小学校でプログラミングの授業を実施し
ていた自治体は52.0％だった。そのうち政令指定都市・中核都市・市・特別区
の大規模自治体の教育委員会では，71.5％が先行実施していたのに対し，町・
村部などの小規模自治体の教育委員会においては31.9％と，地域間の格差が目
立った。また，大規模自治体ではプログラミング教育の担当者に占める教員経
験者の割合が88.5％に対し，小規模自治体では48.6％にとどまるなど，教員の
配置など人材の面でも地域間格差が教育課題として明らかになった。

　十分な財源や人材の確保が困難であろう地方の町・村部やそこに立地する学
校は，国家主導のプログラミング教育の実施に，どのように対応すべきだとい
うのだろうか。地域間の資源の差がそのまま学校設備や教育活動の格差になり
うる現状のもとでは，カリキュラム・マネジメントは一方的な学校の責任強化
になりかねないのである。

4　家庭環境による学力や学習意欲の格差と家庭責任論の強化

（1）アクティブ・ラーニングと家庭環境

　カリキュラム・マネジメントによる学校責任論が強化される一方で，主体
的・対話的で深い学びの授業や新たな大学入試が実施されることで，出身階層
など家庭環境による児童生徒の学力や学習意欲の格差も，懸念される問題であ
る。

　その問題を明らかにする上で，2017（平成29）年に東京大学教育学部比較教
育社会学研究室が東京都内のX区立（公立）中学生1932名を対象に行った調査
結果を参照，考察しよう。

　「調べ学習に積極的に参加する」「グループ学習でまとめ役になる」「自分の

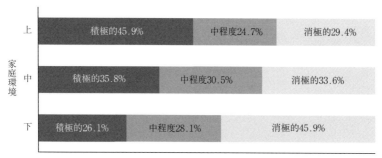

図14-3　アクティブ・ラーニングへの参加態度と家庭環境
出典：東京大学教育学部比較教育社会学コース（2018）における小芦昇子の分析による。

意見を書く授業に積極的に参加する」「自分の意見を発表する」に対する生徒の回答より，アクティブ・ラーニング参加態度を積極的／中程度／消極的に分類し，それと家庭環境（上位／中位／下位）や自己主張の得意／不得意（自己申告）とを関連させて分析すると，家庭環境上位の生徒ほど，アクティブ・ラーニングに積極的に参加する傾向が明らかにされた（図14-3）。

また，自己主張が得意だと自己評価する生徒ほど，アクティブ・ラーニングに積極的に参加し（積極的45.8%，中程度28.0%，消極的26.2%），自己主張が苦手な生徒の場合，その参加態度は，積極的13.7%や中程度27.5%に比して，58.8%が消極的だという。さらに，自己主張の得意な生徒は，家庭環境上位の者の73.2%であるのに対し，中位70.3%と下位63.3%と，やはり家庭環境の影響が見て取れる（東京大学教育学部比較教育社会学コース，2018における小芦昇子の分析による）。

アクティブラーニング型の授業では，思考力・判断力・表現力，すなわちグループディスカッションなども含めて，他者の意見や考えに傾聴しつつ，自らの意見や考えをまとめ，発言・表現しようとするコミュニケーション能力が求められる。

しかし，自ら思考・判断し，それを意見や考えとして発言する態度や構えは，子ども本人にとっては如何ともし難い家庭環境による格差を伴いながら，規定されている。自己主張が苦手で，アクティブラーニング型の授業に積極的に参

加できない子どもは，「口下手」や「遠慮がち」といった児童生徒各個人のパーソナリティの問題というよりも，家庭環境などの社会的背景が大きく関わっている。こうした点を十分に考慮せずに，個々の子どものコミュニケーション能力は学校や家庭を通じて高められるはずだ／高めるべきだという一連の授業改革論議では，能力の有無や伸長の度合いが子ども本人の自己責任の問題として帰属されてしまい，それを不得手とする子どもをさらに追い詰めかねない危険をはらんでいる。

　また，発言の仕方や内容については，教師による評価のみならず，クラスメイトによるインフォーマルな相互評価が行われるだろう。学習指導要領の教育目標・内容や教師の意図を思考・判断（忖度！）した上で，それを積極的に表現・発言すれば，教師からは「できる子ども」と評価されるだろう。それが困難な場合や目的・意図に反する場合にはクラスメイトからも「できない子ども」という負の評価を受けることもあるだろう。「できない」烙印を押された子どもたちの劣等感や自己肯定感についても検証されなければならない。

（2）大学入試改革と格差問題

　大学入試改革では，2020年度より，センター試験に代わる共通テストが実施される。共通テストの国語や数学の試験では，一部で記述式問題を採用し，(z) 知識のみならず，思考力・判断力・表現力が問われることになった。また，入学選抜にあたって，高等学校時代の経験や活動内容の記録から，大学入学後の意欲や適性を評価し，一般入試における選抜の資料に加えるなど（yの大文字化としてのY意欲の成果化），いわゆる「主体性評価」の導入も進められようとしていた。

　しかし，約50万人の受験が予定される共通テストについては，記述式問題の採点・評価の公平性などの観点から入試体制のあり方が問われ，記述式問題の出題は見送られた。また「主体性評価」も，評価の方法などへの疑義が提起され，一旦中止されることになった。

　これら見送られた大学入試改革案はいずれも生徒各自の出身の階層や地域に

よる格差の観点からも検討を要する問題である。それというのも，学習意欲や思考力・判断力・表現力は，個人の能力や努力だけで向上させるには限界があり，他者とのネットワークや関わり方も含めて，出身階層や地域などの生徒の家庭環境による格差の問題として考えるべき事項だからである。

　PISA の読解リテラシーにおいて，15歳の日本の生徒たちは，文章の中から情報を見つけ，選び出すなど，これまでの国語教育に通じる知識・技能重視の問題を得意とする一方，文章の中から異なる部分やその意味を理解し，文章の内容と自らの知識・経験を関連づけて思考したり，それを言葉で説明する思考力・判断力・表現力を問う問題を不得意とする傾向にある。

　その PISA の読解力テストの得点傾向と出身階層との関連を分析した研究（鳶島，2016）によれば，思考力・判断力・表現力に関する設問の得点ほど，出身階層の効果がより顕著になるという。つまり，それは，生徒の家庭環境，とりわけ親の学歴・職業などの出身階層が共通テストに対する生徒自身の思考力や，記述式問題に対する構え・得点に影響を与える可能性を示唆している。これまで知識・技能重視とみなされてきたセンター試験以上に，共通テストでは家庭環境による格差がより顕著になるだろう。

　さらにいうと，カリキュラム改革や大学入試改革にあたって，家庭によっては，主体的・対話的で深い学びによる授業への対応や共通テストなどの大学入試対策として，教育環境に恵まれた私立学校や，入試対策に特化した塾や予備校などの学校外教育施設の活用を通じて，思考力・判断力・表現力を高めようとするものもいるだろう。否，すでに都市部では，塾や予備校などが，授業や入試で求められる資質・能力の向上をセールスポイントにして，積極的に児童生徒の募集を行っている。学校外教育産業の地域間格差を伴いつつ，こうした事態はすでに始まっているのかもしれない。

　以上，アクティブラーニング型の授業や思考力・判断力・表現力重視の入試改革が進むと，家庭の教育責任がこれまで以上に強化されることになる。それは児童生徒の家庭環境（経済力やコミュニケーション力）や居住地域による（x）教育格差・学力格差の問題として危惧すべき課題になるだろう。

第14章　カリキュラム改革の社会学

5　カリキュラム改革と教師の役割

　本章で示した学校教育の未解決問題「xyz の方程式」は，解決困難な難問として，これからも様々な解法が模索されるだろう。その際に重要なのは，根拠のない未来志向の改革論議ではなく（苅谷，2018はこうした教育論議のスタイルを「(エセ) 演繹型思考」と呼ぶ），歴史上の経験と丁寧な現状分析による科学的知見を根拠にした「帰納型思考」でしか，これからの望ましい教育のあり方は構想できないということである。それを踏まえるならば，「方程式」の xyz の最適解がアクティブ・ラーニングや「主体的・対話的で深い学び」（だけ）ではないことはもはや自明だろう。

　教室や教師の実践は「主体的・対話的で深い学び」以外の多様な視点や方法があってよいし，そもそも各教室における実践を支える堅固な人的・物的な土台（インフラ）が十分に整備されていなければならない。その上で，いかなる教科や単元であれ，授業の実践場面では，学級の状況や，アクティブラーニング型の授業の可能性と問題点（とくに学力や意欲の格差）の双方を教師自身が把握，理解した上で，教師による一方的な指導があってもよいだろう。あるいはアクティブ・ラーニングの視点を採り入れてもよいし，それぞれの教師が各自の裁量で柔軟に対応すべき事柄である。それは教師こそが，授業のあり方とクラス全体の子どもの資質・能力の伸長との因果関係を想定しながら，教育活動を展開できる専門職にほかならないからである。

　今後，児童生徒の出自はさらなる多様化が予想される。家庭環境の様々な課題を抱える貧困層の子どももいれば，日本語によるコミュニケーションが困難な外国籍の子どもの増加も予想される。また，都市部の人口集中と地方の人口減少はさらに顕著になり，地域的な差異や多様性が教育環境の格差となって現れるおそれもある。

　多様化する子どもや学校・学級に対して，アクティブ・ラーニングまたは主体的・対話的で深い学びの視点のみの授業改善や PDCA によるカリキュラ

221

ム・マネジメントを全国一律に求める改革は，全国の教室や各教師の実践にどれほど適合的あるいは効果的なのだろうか。一連の改革を推進する文部科学省やそれを支持する教育研究者などから，改革に向けた演繹型スローガンを聞くことはあっても，改革を支える客観的根拠（エビデンス）が十分に示されてきたとはいいがたい。

それまでの学校教育のあり方を変革しようとするならば，可能な限り，確実な根拠に基づくことが不可欠である。それは現場での教育活動や授業実践についても当てはまる。

教師は，「上」から下りてくる教育改革の動向を漫然と受け止めるだけではなく，それを批判的に「思考」しながら，目の前の多様化する児童生徒にとって最善の授業を主体的に「判断」し，問題や課題を「表現」（言語化や発信）する意欲や資質が，これまで以上に求められるだろう。教師のそれなくして，児童生徒の思考力・判断力・表現力の育成や学習意欲の向上など望むべくもないだろう。

引用文献

苅谷剛彦・志水宏吉編（2004）『学力の社会学——調査が示す学力の変化と学習の課題』岩波書店。

苅谷剛彦（2018）「『大学性悪説』による問題構築という〈問題〉——大学改革における言語技法の分析」佐藤郁哉編『50年目の「大学解体」20年後の大学再生——高等教育政策をめぐる知の貧困を越えて』京都大学学術出版会，47〜104頁。

国立教育政策研究所編（2012）『教育研究とエビデンス——国際的動向と日本の現状と課題』明石書店。

小針誠（2018）『アクティブラーニング——学校教育の理想と現実』講談社（現代新書）。

小針誠（2019）「アクティブラーニングの教育史——未来の学校教育を考えるために」『体育学教育』6月号，大修館書店，12〜16頁。

東京大学教育学部比較教育社会学コース（2018）『中学生を探る——質問紙調査から見る彼らの本音』（教育社会学調査実習報告書）。

鳶島修治（2016）「読解リテラシーの社会経済的格差——PISA2009のデータを用いた分析」日本教育社会学会編『教育社会学研究』第98集，東洋館出版社，219〜237頁。

溝上慎一（2018）『大学生白書2018——いまの大学教育では学生を変えられない』東

第14章　カリキュラム改革の社会学

信堂。

文部省（1993）『新しい学力観に立つ教育課程の創造と展開』東洋館出版社。

文部科学省ホームページ「平成30年度教育委員会等における小学校プログラミング教育に関する取組状況等について」（http://www.mext.go.jp/component/a_menu/education/micro_detail/__icsFiles/afieldfile/2019/05/28/1417283_002.pdf　2019年10月1日アクセス）。

──**学習の課題**──

(1)　あなた自身が児童生徒として経験してきたアクティブラーニング（主体的・対話的で深い学び）を振り返り，どのような長所と短所（問題点・課題）があったのか，その理由も含めて考察してみよう。

(2)　あなたが志望する学校種の学習指導要領（教科と特別活動など）や教科書において，「主体的・対話的で深い学び」がどのように記述されているのか，調べてみよう。

(3)　共通テスト（施行調査を含む）で出題された国語と数学の試験問題を解いて，従来のセンター試験とどのような点がなぜ異なるのか，問題点や課題を含めて話し合ってみよう。

【さらに学びたい人のための図書】

教育課程研究会編（2016）『「アクティブ・ラーニング」を考える』東洋館出版社。

　　　➪本書はおもに文部科学省職員，中央教育審議会委員，教育研究者，教師など，アクティブ・ラーニング「推進派」を中心に執筆されている。執筆者が，いかなる理由でアクティブ・ラーニングを必要だと考えているのか，その論理と内容の理解に役立つだろう。

小針誠（2018）『アクティブラーニング──学校教育の理想と現実』講談社（現代新書）。

　　　➪本書は，教育学者からも，アクティブラーニングの批判書として誤読されている。著者の真意は，歴史上のアクティブラーニング型の実践の「意図せざる結果」を考察し，今次の改革を見直し，検討に向けた一助とすべきだということだったのだが……。読者諸賢には，深く正確な読みとその上に立った批判を期待しつつ，先掲の教育課程研究会編（2016）と読み比べてみてもよいだろう。

（小針　誠）

索　引

（＊は人名）

あ 行

アクティブ・ラーニング　211
＊麻生誠　11,22
　あたたかな関係　75
　新しい学力観　214
　アメリカ合衆国　1,2
＊荒牧草平　11
　安全管理　132
　安全教育　132
　生きる力　105,214
＊池田寛　182,183
＊石原慎太郎　37
　いじめ　207
＊石本秀一　13
　いじり　53
　一億総中流時代　66
　イノチェンティ・レポートカード　65
　意味のある他者　167
　意欲の格差　70
＊イリッチ, イヴァン　163
　医療化　125
＊岩川直樹　42
　インセンティブ・ディバイド　121
　インターディシプリナリーモデル　155
　ウェルビーイング　74
＊内田樹　17
＊梅田正己　42
＊江夏豊　12
　エビデンス　211
　エリート　22
　　──段階　1
　オープンエンド　59
　おやじの会　175

か 行

　鏡に映った自我　167
　格差　67

学習指導要領　210
学力の三要素　107,211
学力問題　113
学歴　115
　　──下降回避説　101
　　──分断線　101
隠れたカリキュラム　202
学校安全　132
　　──計画　137
　　──の推進に関する計画　134
学校運営協議会　173
学校が地域と連携・協働する意義　192
学校危機管理　131
学校と地域の協働　191
学校評議会　173
学校文化　122
学校防災マニュアル　139
学校保健安全法　131
家庭科　200
＊加藤幸次　42
カナダ　1
カリキュラム　76,77
　　──・マネジメント　215
カンファレンス　158
　　──シート　159
機会の保障　75
危機管理マニュアル　137
＊菊池城司　10
危険社会　96
希望格差　70,97
＊木村和久　5
キャリア発達　182,189
教育格差　99
教育コミュニティ　184,191
教育産業　1
教育支援　73
教育振興基本計画　102
教育相談コーディネーター　157

教育投資　102
　　──論　19, 20
教育費負担　99
教員の役割　146, 153, 158
共感力　77
共同体　164-166
京都経済同友会　38
緊張理論　83
＊クーリー, チャールズ　167
ぐ犯少年　80
＊クルーン, マーク　12
訓練可能性（トレイナビリティ）　15, 21
ケアする学校　74
経済産業省　21
経済資本　118
啓発活動　60
経路　71
ゲートキーピング役割　153, 158
ゲゼルシャフト　166
ゲマインシャフト　166
言語コード　116
効果のある学校　59, 120
公式のカリキュラム　202
厚生労働省　22
交通安全　132
＊コールマン, ジェームズ　184
個人モデル　114
子どもの貧困　64
子供の貧困対策に関する大綱　72
子どもの貧困対策の推進に関する法律（子ども
　　の貧困対策法）　71, 123
子どもの貧困問題　71
＊小松夏樹　45
コミュニケーション能力　51
コミュニティ・スクール　165, 173, 174, 176
児やらい　164

さ　行

サービス・ラーニング　171
災害安全　132
災害リスク軽減（Disaster Risk Reduction）
　　131

再生産　100
　　──論　72
＊斎藤貴男　37
＊紫門ふみ　6
＊サファテ, デニス　12
参加　77
ジェンダー　194
　　──・アイデンティティ　206
　　──・ギャップ指数　194
　　──・ステレオタイプ　198
＊汐見稔幸　42
思考力・判断力・表現力　211
自己肯定感　70, 188, 219
事後の危機管理　131
事前のリスク管理　131
自尊感情　70
指導の文化　152
島宇宙　53
＊志水宏吉　185
社会化　181, 202
社会階層　116
社会解体論　82
社会関係資本　63, 118, 168, 169, 184
社会経済的地位　100
社会人基礎力　21, 36, 45
社会的排除　68
社会的剝奪　68
社会的反作用　88
社会的包摂　77
社会に開かれた教育課程　77
社会モデル　114
就職基礎能力　22, 36, 45
主体的・対話的で深い学び　77, 211
出身階層　220
職業的境界　151, 152, 155, 160
触法少年　80
女子差別撤廃条約（女子に対するあらゆる形態
　　の差別の撤廃に関する条約）　201
人権　76
人的資本論　14
スクールカースト　53
スクールカウンセラー　72, 147, 154

225

スクールソーシャルワーカー　72，73，147，154
スクールバスモデル　122
スクリーニング理論（仮説）　15，16
＊スタルヒン，ヴィクトル　12
スティグマ　69
＊住田正樹　181，183
生活安全　132
性的マイノリティ　206
性同一性障害　207
制度化された手段　84
性別役割分業　200
セーフティプロモーション　134
セクシュアリティ　205
セルフコントロール理論　90
セレクティブ・サンクション　89
総合的な学習の時間　170
想像力　77
相対的貧困率　64，108
ソーシャル・キャピタル（社会関係資本）→
　　社会関係資本
ソーシャル・ボンド　185
疎外感　70
組織活動　132

た　行

第３期教育振興基本計画　179
大学入学共通テスト　211
＊タウンゼンド，ピーター　67
＊高浦勝義　42
多職種協働　146，157-159
多様性の保障　75
男女共修カリキュラム　200
男女別カリキュラム　199
地域学校協働活動　179
地域教育　182
　　──の地盤沈下　183
地域社会　163-166，168-171，173，174，181
地域の大人からの被サポート感　188，191
地域の教育力　164，166，172，179，180
チームとしての学校　147
中和化の技術　87
重複する不利　69

つながり格差　118
＊露口健司　185
低学力　69
＊デューイ，ジョン　163
＊寺脇研　44
＊テンニエス，フェルディナント　166
統計的差別理論　16
同質性　52
同調圧力　52
特性教育　200
閉じた教育　183
トランスジェンダー　207
トランスディシプリナリーモデル　155
＊トロウ，マーチン　1

な　行

＊中曾根康弘　37
仲間集団　182
＊西村和雄　40
ネットいじめ　55

は　行

排除　73
働き方改革　125
＊パットナム，ロバート　168
ハビトゥス　116
犯罪化　89
犯罪少年　80
被援助志向性　157
非行下位文化論　84
非犯罪化　89
漂流理論　87
貧困の相対的定義　67
貧困問題　108
富国強兵　3
＊藤本定義　13
不平等　114
プラットフォーム化　71
不良行為少年　80
＊フレイレ，パウロ　163
プログラミング教育　217
文化葛藤理論　58